"十三五"高等院校经济与金融专业规划教材

房地产金融与投资

（第二版）

乔志敏 宋斌 李德峰◎编著

立信会计出版社
LIXIN ACCOUNTING PUBLISHING HOUSE

图书在版编目(CIP)数据

房地产金融与投资/乔志敏,宋斌,李德峰编著.—2版.—上海:立信会计出版社,2018.7(2025.1重印)
"十三五"高等院校经济与金融专业规划教材
ISBN 978-7-5429-5859-4

Ⅰ.①房… Ⅱ.①乔…②宋…③李… Ⅲ.①房地产金融—高等学校—教材②房地产投资—高等学校—教材 Ⅳ.①F293.3

中国版本图书馆 CIP 数据核字(2018)第 152593 号

策划编辑	方士华
责任编辑	孙 勇
封面设计	南房间

房地产金融与投资(第二版)
FANGDICHAN JINRONG YU TOUZI

出版发行	立信会计出版社			
地　址	上海市中山西路 2230 号	邮政编码	200235	
电　话	(021)64411389	传　真	(021)64411325	
网　址	www.lixinaph.com	电子邮箱	lixinaph2019@126.com	
网上书店	http://lixin.jd.com		http://lxkjcbs.tmall.com	
经　销	各地新华书店			
印　刷	常熟市华顺印刷有限公司			
开　本	787 毫米×1092 毫米	1/16		
印　张	13.5			
字　数	273 千字			
版　次	2018 年 7 月第 2 版			
印　次	2025 年 1 月第 3 次			
书　号	ISBN 978-7-5429-5859-4/F			
定　价	39.00 元			

如有印订差错,请与本社联系调换

第二版前言

　　编写一本简明适用的房地产金融与投资教材,是我们自 2006 年在中央财经大学开始该课程的教学、研究工作以来的夙愿。本教材的内容曾经在中央财经大学的投资学、金融学、资产评估、房地产经营管理、工程(项目)管理等专业的本科教学中讲授。本教材的编写主要由中央财经大学投资系宋斌博士、应用金融系李德峰博士和本人共同完成。本书第一、第二、第三、第四、第九章后面的推荐阅读资料,旨在加深对所学章节内容的进一步了解,对更具实务操作性的第五、第六、第七、第八章没有推荐阅读资料。我们认为,除了服务于教学之外,本教材也"简明适用"于实务工作者阅读。本教材的出版得益于立信会计出版社方士华副编审的盛情邀稿,在此深致谢忱! 书中不当之处敬请指正(zhmin68@126.com)。

乔志敏
中央财经大学资产评估系
2018 年 7 月

目 录

第一章 导论 1
第一节 房地产概述 2
第二节 房地产金融概述 5
第三节 房地产投资概述 7
第四节 本书内容的逻辑体系 10
建议阅读材料 10
练习思考题 11

第二章 房地产抵押贷款理论与模式 13
第一节 房地产抵押制度 14
第二节 购房抵押贷款 20
第三节 固定利率抵押贷款 24
第四节 利率可调整抵押贷款 28
第五节 美国的住房抵押贷款 30
建议阅读材料 34
练习思考题 34

第三章 房地产抵押贷款风险 37
第一节 房地产抵押贷款风险分析 38

第二节 房地产抵押贷款的审核及贷后管理	48
第三节 房地产抵押贷款中的欺诈	51
建议阅读材料	54
练习思考题	54

第四章

住房抵押贷款的二级市场 … 55

第一节 住房抵押贷款证券化	56
第二节 住房抵押贷款二级市场	61
第三节 住房抵押贷款证券的类型	67
第四节 美国的次贷危机	72
第五节 我国住房抵押贷款二级市场的建立	76
建议阅读材料	78
练习思考题	78

第五章

住房公积金和住房储蓄银行 … 79

第一节 新加坡的中央公积金制度	80
第二节 我国的住房公积金制度	82
第三节 住房公积金贷款——以北京市住房公积金贷款为例	85
第四节 住房储蓄银行	93
练习思考题	103

第六章

房地产投资分析技术 … 105

第一节 房地产投资标的及策略	106
第二节 房地产投资财务分析	111
第三节 房地产投资决策	113
第四节 房地产投资风险	115
练习思考题	118

第七章

房地产开发投资管理 ········ 119

- 第一节　房地产开发概述 ········ 120
- 第二节　房地产开发过程 ········ 123
- 第三节　房地产(开发)投资区位选择 ········ 128
- 第四节　房地产开发融资管理及开发风险控制 ········ 138
- 第五节　房地产开发投资的其他融资方式 ········ 144
- 练习思考题 ········ 150

第八章

房地产开发投资可行性研究 ········ 151

- 第一节　房地产开发投资可行性研究概述 ········ 152
- 第二节　房地产开发投资市场可行性研究 ········ 154
- 第三节　房地产开发投资财务可行性研究 ········ 161
- 第四节　房地产开发投资的环境影响评价 ········ 171
- 第五节　可行性研究报告的编写 ········ 175
- 练习思考题 ········ 177

第九章

房地产投资信托 ········ 179

- 第一节　现代信托制度的发展 ········ 180
- 第二节　美国的房地产投资信托 ········ 181
- 第三节　亚洲国家和地区的房地产投资信托 ········ 192
- 第四节　房地产财产信托 ········ 197
- 练习思考题 ········ 205

参考文献 ········ 206

第一章

导 论

第一节 房地产概述

一、房地产与不动产的概念

(一) 什么是房地产

确切地讲,房地产是指房屋及其附属物(与房屋相关的建筑物如小区设施、建筑附着物、相关林木等)和承载房屋及其附属物的土地,以及与它们相应的各种财产权利。在许多文献中,将房地产定义为房产与地产的合称或总称。这种说法是不够准确的,因为并非所有的地产都与房产有关,从而可以称为房地产,如耕地、林地等,也并非所有的地上改良物都与房产有关,如铁路、高速公路、桥梁、水库大坝等。

(二) 什么是不动产

在民法中,将财产分为不动产和动产两大类[①]。不动产是指不能移动或移动后会引起性质、形状改变,损失其经济价值的物及其财产权利,它包括土地、土地改良物(建筑物及建筑附着物、生长着的树木及农作物、已经播撒于土地中的种子等)、与土地及其改良物有关的财产权利。建筑附着物主要是指已经附着于建筑物上的建筑装饰材料、电梯,以及各种给排水、采暖、电气照明等与建筑物的使用密切相关的物。建筑附着物在没有附着于建筑物前是动产,而一旦附着于建筑物上,就成为不动产的一部分。判断是否属于建筑附着物,取决于附着程度和是否适用于不动产的经营和使用。如果一件物品的拆除或移动,会损坏建筑物或严重影响到建筑物的使用,则该物品属于建筑附着物。把建筑附着物归属于不动产,也可以表述为动产的不动产化,其法律效果在于:抵押权可以扩大适用于建筑附着物;在不动产的买卖、赠与、借贷或共有物分割时,如果权利证书对具体范围未作明确规定时,应包括建筑附着物[②]。

在英文中,不动产有 real estate、real property、realty 三种表述。一般认为,realty 是 real estate 或 real property 的缩写形式[③]。对 real estate 与 real property 之间的异同有两种观点:一种观点,认为两者是相同的,均既指不动产实物,又指不动产产权;另一种观点认为,real estate 仅仅指不动产实物,real property 则是指"real estate 加上不动产产权"。在美国有些州的不动产法律中,real estate 和 real

---

[①] 历史上各国法律对不动产和动产的划分主要是依据两个因素:一是物能否移动这一物理标准;二是物的价值大小,比如在法国、德国等国家,价值巨大的船舶、飞机也适用不动产法律规则。也有学者认为这种划分只是基于商品交换的需要。(马俊驹等:《不动产制度与物权法的理论和立法构造》,《中国法学》1999 年第 4 期)

[②] 尹田:《法国物权法》,法律出版社 1998 年版,第 78—79 页。

[③] Henry Cambell Black, M. A.: *Black's Law Dictionary*, West Publishing Co., 1979, p. 1137; Jerome S. Gross: *Webster's World Illustrated Encyclopedic Dictionary of Real Estate*, Prentice-Hall, Inc. 1987.

property 相同,而另一些州的不动产法律中 real estate 包括在 real property 之中①。

通过以上阐述,可以看出房地产和不动产之间是既有区别又有联系。它们之间的关系可以如图 1-1 所示。

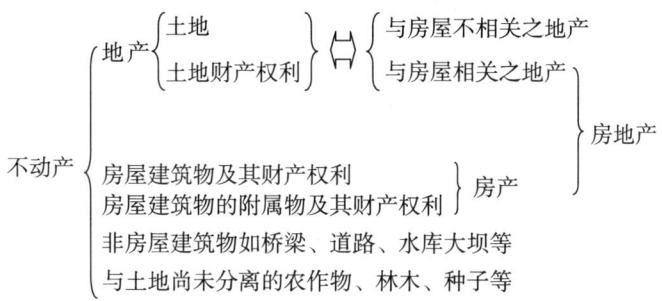

图 1-1 土地、地产、房地产、不动产之间的关系

二、房地产类型

房地产按照用途,可以划分为以下几类。

(一) 居住类房地产

居住类房地产是指专供人们生活居住的房地产,包括普通住宅、高级公寓、别墅等。

(二) 商业类房地产

商业类房地产是指用于商业经营活动的房地产,包括写字楼、商店、旅馆及酒店等。写字楼可以按照规模大小、内部装修及服务设施档次等因素分为普通写字楼和高档写字楼;商店可以分为专卖店、商场、批发商店、超级市场、购物中心、地下商业街、展览中心等;旅馆及酒店可以分为宾馆、饭店、酒店、招待所、会务中心等。

(三) 休闲类房地产

休闲类房地产是指娱乐、健身类活动用房地产,包括体育馆、娱乐中心等。

(四) 公共事业类房地产

公共事业类房地产是指文教卫生、行政、社会福利、交通、邮政等用途房地产,包括校舍、教堂、医院、博物馆、公园及风景区管理用建筑物、政府办公楼、养老院、客货运站点及邮局用建筑物等。

(五) 工业类房地产

工业类房地产是指生产活动用房地产,包括生产用工业厂房、仓库等。

---

① 乔志敏:《关于土地、地产、不动产、房地产与房地产业概念的观点摘编与述评(下)》,《不动产纵横》1996 年第 3 期。

三、房地产特点

房地产与其他经济物品或财产相比,具有不同的特征,主要表现如下。

(一) 不可移动性(位置固定性)

房地产属于不动产,它的空间位置是固定的。构成某一房地产的土地的位置显然是不可能移动的,而移动建筑物特别是长距离移动,通常情况下也是不切实际的。因此,不可能像其他商品那样,通过运输来供给一个地区的房地产需求,或调剂不同地区之间的余缺。不可移动性使区位环境条件在房地产质量、功能及交易价格的分析中格外重要。房地产的不可移动性,决定了房地产市场的地区性特征,因而对房地产市场的分析更应该注重某一城市或地区的分析,而一般不能笼统地说中国的房地产市场如何。

(二) 耐用(耗)性

土地具有不可毁灭性,在正常使用条件下可以永久使用。房屋一经建成,也可以使用至少数十年。可以说房地产是最具有耐耗性的物品。当然,也许会发生地震、山崩、火灾等自然或人为灾害,可能使某一宗土地消失[1],但以这些偶然事件来否认其正常状态,则是荒谬的。耐用性决定了在供过于求的情况下,房地产市场供给减少的调节具有滞后性。

(三) 异质性(差异性、个别性)

两宗房地产可能由于位置的不同、建筑面积不等、建筑风格差异、新旧程度不同、产权性质不同等原因而不同。在房地产市场上不可能有两宗完全一样的房地产,即使它们可能在外形上一模一样,但也肯定存在朝向、层位、产权等方面的差异。但不要因此而否认不同房地产之间的市场可替代性。

(四) 高价值性

无论从个人、家庭还是从一个国家来看,房地产价值都高于一般商品或财产的价值。在市场经济条件下,一套面积、位置适中的住房的合理价格,至少是一个中等家庭年收入的3～6倍,即使发达国家的大多数家庭,也要靠长期贷款来购买住房。到目前为止,房地产仍然是普通家庭中价值比重最大的财产,如法国现代家庭的财产价值中,房地产价值所占比例仍高达62.5%[2]。1919年,美国的城市房地产总价值占国内物质财富总额的30.8%,城乡不动产总价值占国内物质财富总额的

---

[1] 1999年9月21日,中国台湾发生里氏7.3级地震,灾区地壳变动,有的产生位移,有的土地隆起产生新生地,有的土地消失,还有别人家的房屋跑到自己的土地上来。(《中外房地产导报》,1999年第23期,第31页)2008年5月12日汶川大地震中也发生了许多土地灭失的情况。

[2] 尹田:《法国物权法》,法律出版社1998年版,第88页。

51.9%,不过这一比例在 1909—1919 年有下降趋势①。在 1990 年美国不动产总价值大约为 8.8 万亿美元,占国内物质总财富的 56%②。有学者粗略估计我国 2001 年的房地产(含农业土地)资产总价值大约 56 万亿元人民币,其中,土地资产价值约 35 亿万元,房屋资产价值约 21 亿万元③。高价值性决定了房地产市场会受到金融政策的强烈影响。

(五) 供给有限性

虽然房屋可以建造、高楼大厦可以高耸入云,但是可供建筑房屋的土地面积是有限的。

(六) 投资与消费双重性

房地产既可以用于居住、使用,产生消费性,也可以用于投资以达到保值、增值的目的④。几个世纪以来,房地产一直是一种有吸引力的投资对象。房地产的投资性和消费性不易区分,在房地产价格长期上涨的情况下,常被视为投资工具;反之,则更具有消费性。房地产不可能像其他物品一样被窃取,因而还是一种相对安全的投资品。强调房地产的投资性,并不是倡导房地产的投机性,我们应当抑制其投机性,但不应当打击其投资性。当然,这就对房地产经济调控政策制定的科学性提出了很高的要求。

(七) 房地产实体构成的二元性

房地产实体是由纯自然土地、土地中人类劳动的结果、房屋建筑物构成,因而它是由非劳动产品和劳动产品构成的。在房地产的增值中,往往体现出的是土地而非建筑物增值。马克思说,在迅速发展的城市内,建筑投机的真正对象是地租,而不是房屋。可谓一言中的。

第二节 房地产金融概述

一、房地产金融的概念

(一) 什么是金融及金融学

"金融"在英文中为"finance",包含了用钱、管钱、以钱生钱等活动内容。抽象点

---

① [美]伊利、莫尔豪斯:《土地经济学原理》,商务印书馆 1982 年版,第 221 页。
② Denise Dipasquale, William C. Wheaton: *Urban Economics and Real Estate Markets*, Prentice-Hall, Inc. 1996, p.5.
③ 沈悦、刘洪玉:《房地产资产价值与国家财富的关系研究》,清华大学学报(哲学社会科学版)2004 年第 1 期。
④ 为保值、增值而投资房地产,往往是在通货膨胀或房地产价格长期上涨时期。但要注意的是,房地产也会贬值。房地产的增值主要是地价的上涨。

说,金融是与货币的运动及信用有关的一切经济活动范畴。直白点说,金融是以钱生钱的经济活动范畴。因而,金融学研究个人、企业及政府之间进行货币和信用转移的过程、机构、市场以及工具,研究货币和信用的流通如何有利于生产和分配,属于应用经济学。从经营角度或微观角度讲,金融学侧重的不是企业的利润最大化,侧重的是企业所有者的权益价值最大化、货币的时间价值及融资决策、与资产价值有关的现金流量而不是利润。金融学的分支包括:投资和证券(包括房地产)分析及组合理论;金融制度和金融服务;担保及风险管理;公司或社团金融;动产金融;房地产金融。因而,房地产金融是金融学的重要分支。

(二) 什么是房地产金融

从金融的概念可以推论出,房地产金融是与房地产经济活动有关的一切货币融通和信用经济范畴,房地产金融研究的范围是与房地产开发及取得有关的货币和信用转移市场、机构、工具。金融工具用于与房地产开发及取得有关的货币和信用转移。金融机构创造并购买金融工具,金融工具的转移形成金融市场。金融工具、金融机构、金融市场组成了房地产金融环境。把经济作为一个整体来考虑的话,房地产金融环境就是储蓄-投资循环(见图1-2)。按照融资途径,房地产金融可以分为房地产直接金融和间接金融。房地产直接金融是指直接从投资者手中筹集资金用于房地产开发或取得;房地产间接金融是指通过银行等金融中介机构取得资金用于房地产开发或取得。按照房地产的使用目的,可以划分为经营性房地产金融与非经营性房地产(居民自住、非经营性单位自用等)金融。

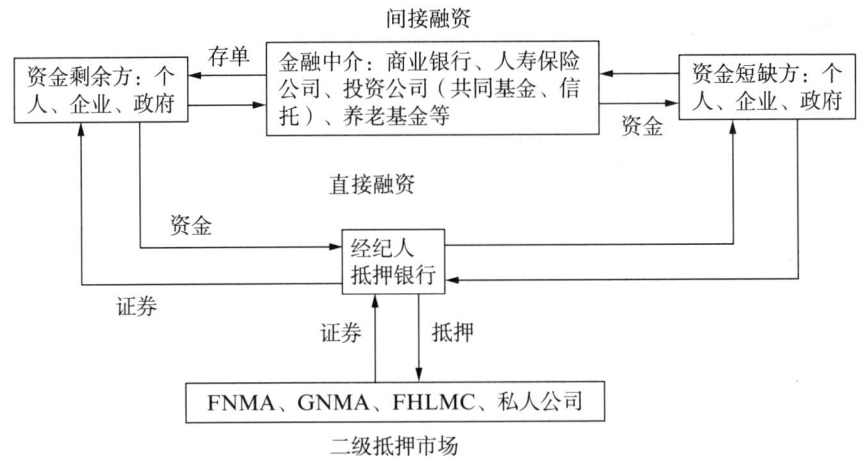

图1-2 房地产金融环境

二、房地产金融的作用及特点

(一) 房地产金融的作用

概括而言,我国房地产金融的作用主要有三个方面:①为房地产消费及房地产业的发展,提供有效的资金支持;②国家通过房地产金融政策,实施对房地产业的调控;③通过发展房地产金融,引导城市居民的消费观念和结构的调整,促进住房的商品化和私有化。

(二) 房地产金融的特点

与一般金融相比,房地产金融具有以下特点:

(1) 安全性。房地产具有位置固定、耐耗、价值高、可保值等特性,因而以房地产作抵押进行的贷款项目,对贷款机构来讲具有很高的安全性。

(2) 长期性。由于房地产投资价值巨大,使用期限长,其投资价值的回收需要相当长的时间,因而以房地产作抵押品进行贷款融资的偿还期限,可以在较长时间范围内进行安排。在一般情况下,除了房地产开发建设贷款外,房地产金融市场上的融资相对而言都是长期性的。

(3) 政策性。不仅国家可以通过房地产金融政策来调控房地产业的发展,而且居民的住房消费及房地产业的发展,往往也需要房地产金融的政策性优惠和支持。

(4) 多样性。房地产金融的形式除了一般的生产性建筑贷款、消费性抵押贷款,还有房地产证券、信托投资、房地产保险、住房公积金、合作建房、回租、回购等多种形式。就消费性抵押贷款来说,还有固定利率抵押贷款、利率可调整抵押贷款等形式。

第三节 房地产投资概述

无论我们是花钱购买股票、债券,还是购建一宗房地产,甚或购买图书资料、缴纳学费等,我们的行为都有一个共同的特征,就是付出一定的资金以期未来获得更大收益,或者说是以牺牲一定量的即期(也说当前)消费为代价,来换取未来更多的预期消费,这些行为都是投资。不过,我们所关心的房地产投资是涉及巨额开支的资本支出决策。

一、房地产投资特征

房地产投资特征是房地产作为一种投资工具所具有的。了解房地产投资特征,有利于作出正确的投资决策。

(一) 直接投资费用较高

无论是进行房地产开发投资,还是购置投资,一般都需要花费几十万、上百万、上千万乃至上亿元的资金投入,资金投入额一般靠一个家庭或企业的自有资本是远远不足的。因而任何一项房地产直接投资都需要慎重决策。

(二) 直接投资回收期长

房地产开发投资资金的回收,需要市场调查研究、筹资、规划设计、建筑施工、出售等一系列过程,完成这些过程一般需要 3~5 年甚至更长的时间。如果开发建设完成后采取租赁经营方式,则投资资金的回收期更长。

(三) 投资资本的购买力价值不易损失

房地产具有一定的保值性,而且也不像其他资产那样容易丢失、遭受抢劫或偷盗,在进行了财产保险的情况下,其价值损失的可能性较小。据美国经济学者的分析表明,直接投资房地产可以防御未能预期到的通货膨胀对资本价值的影响,但也并非总是如此。不过需要注意的是,在通货紧缩时期投资于房地产上的资本价值一般会下降。也就是说,房地产投资具有一定的保值性,但增值性在通货紧缩时期很难有所表现。

(四) 易于取得贷款支持

有价值相对安全的房地产作抵押担保,金融机构一般愿意提供较高数额的贷款。国内外许多金融机构所提供的贷款额占房地产投资价值的 70% 以上,这使许多自有资金远远不足的投资者,也能够通过利用财务杠杆工具满足其投资房地产的愿望,达到投资盈利的预期目的。

(五) 直接投资资本的流动性差

一旦投资开发或购买房地产,大额的资金在较长时间内就沉淀在房地产上,要通过出售已投资房地产项目来抽回资金即变现,相对于股票、债券等投资工具来讲,需要较长的时间。如果急于变现,可能还会遭受一定的经济损失。

(六) 影响投资的不可分散性风险因素较多

由于房地产的不可移动性,使房地产投资将长期受到未来的宏观经济、政治社会、法律法规,以及自然、环境等影响其价值的外在因素可能产生不利变化的冲击,而遭受巨大损失。

(七) 需要专业知识和经验

房地产开发、交易、管理的复杂性,使无论是开发还是购置房地产,甚或购置后的管理活动,都需要用到法律、经济、管理、建筑等方面的专业知识,以及丰富的房地产投资和经营管理经验,这些知识和经验或者是投资者具备,或者是投资者雇佣的职员、咨询人员具备。

(八) 房地产投资方式和标的类型的多样性

从投资方式上看有房地产开发或购置投资、合伙投资、房地产信托投资、房地产抵押放款、房地产证券投资等方式。从投资标的类型上看,有土地投资、住宅投资、写字楼投资、购物中心或零售店投资、旅馆酒店投资、工业厂房投资、娱乐性房地产投资、房地产所有权投资、房地产使用权投资等。

二、房地产投资方式

(一) 房地产开发投资

房地产开发投资是将所筹资金投入房地产开发建设,以期建成后通过房地产出租或出售的方式,收回投资并获得预期报酬的投资方式。该投资可以采取独自出资或贷款投资方式,也可以采取合伙投资等方式。

(二) 房地产购置投资

房地产购置投资的目的,既可能是为了自己使用,也可能是为了租赁经营,广义上讲,都是投资行为。

(三) 房地产抵押放款

向愿意以房地产作偿还借款担保的借款人发放贷款,相对提高贷款本息回收的安全性,是一种能够分享借款人投资收益,且承担较低风险的投资方式。房地产抵押放款这种投资方式主要是银行、保险公司、投资基金等金融机构投资房地产的主要方式之一。

(四) 购买房地产证券

投资于房地产证券,一般可以具有相当好的流动性,而且仅承担有限的债务清偿责任。房地产证券主要包括房地产开发经营类企业发行的证券、房地产信托证券、辛迪加、抵押贷款证券、以抵押贷款证券为基础的衍生证券。房地产信托证券、抵押贷款证券及其衍生证券,目前在国内还没有向公众投资者公开发行。美国学者研究认为,房地产证券不具有防御通货膨胀影响的能力,房地产证券投资(信托、可转让辛迪加)的收益与房地产直接投资效益的关系也不密切,但也有学者认为房地产证券投资收益与证券市场的关系不密切[1]。

(五) 房地产投资信托

房地产投资信托是某一股份有限公司,在证券市场上以共同基金的形态发行受益凭证,向大众募集资金进行房地产投资,房地产投资经营的利润以股利方式分派给收益凭证持有人,作为大众的投资报酬。基金收益凭证持有人为基金的股东,他们是基金所投资房地产的真正所有者,但却不能直接处分该房地产,只能通过自由转让收益凭证,达到转让其所有权之目的。所募集的资金主要投资于直接购置房地产、房地产抵押放款、购买房地产抵押贷款证券。投资信托为小额资金进入房地产投资市场提供了便利渠道,且大大降低了流动性风险。

---

[1] Steven D. Kapplin et al.: *Recent Performance of U.S. Real Estate Securities*, Alternative Ideas in Real Estate Investment, Kluwer Academic Publishers, 1995.

（六）有限合伙投资

有限合伙投资是通过至少一位普通合伙人的组织发起，将其他若干有限合伙投资人的股本资金集中起来进行房地产投资。有限合伙不同于普通合伙，在普通合伙情况下，每一合伙人的地位是相同的，利益与损失由每个合伙人按照其所投入资金的比例，或按照事先的约定进行分配或分担，合伙人之间负与合伙投资有关的连带责任和无限责任，每个合伙人都有参与投资决策和管理的权利。而有限合伙中，主要合伙人负责投资运作和管理，并负无限清偿责任，有限合伙人则无权过问投资决策及管理活动，也无须负无限清偿责任，利益分配按出资比例或事先约定分配。有限合伙制使小额资金投资人也可以介入房地产投资领域，有限合伙人不需要精通房地产投资的专业知识和技能，且仅以所投资金负有限清偿责任。该投资方式的流动性不如信托投资。有限合伙投资在美国也称辛迪加，可转让辛迪加（master limited partnerships）则可以在二级市场上交易，具有股票的灵活性。

第四节　本书内容的逻辑体系

本书内容共分9章，全书内容的逻辑体系如下。

第一章导论，主要对房地产、房地产金融、房地产投资的概念及特征等，进行概要介绍。

第二至第五章的内容主要涉及房地产金融。第二章在阐述房地产抵押制度的基础上，介绍了购房抵押贷款流程、合同，以及固定利率和可变利率抵押贷款模式；第三章在分析房地产抵押贷款风险基础上，阐述了房地产抵押贷款的审核及贷后管理，进而介绍了抵押贷款中的欺诈行为；第四章主要分析了住房抵押贷款二级市场、抵押贷款证券化及其证券类型和定价，介绍了美国次贷危机和我国住房抵押贷款二级市场的建立；第五章介绍了新加坡的中央公积金制度、我国的住房公积金制度、德国的住房储蓄银行及中德住房储蓄银行（SGB）的住房储蓄业务。

第六至第九章的内容主要涉及房地产投资。第六章介绍了房地产投资的策略、财务分析、决策及风险等投资分析的基本方法；第七章主要从开发过程、（开发）投资区位选择、融资管理及开发风险控制等方面，对房地产开发投资管理进行了较为系统的阐述；第八章从房地产开发投资的市场分析、财务分析、环境影响评价等方面，对房地产开发投资过程中的可行性研究这一重要环节进行了详细介绍。第九章从信托制度发展的视角，介绍了美国和亚洲国家及地区的房地产投资信托。

建议阅读材料

[1] Joseph T. Williams: *What is real estate finance*? Journal of Real Estate Finance and

Economics, July 1999, Vol. 19, Iss. 1, p. 9.

[2] 张宇、刘洪玉:《美国住房金融体系及其经验借鉴》,《国际金融研究》2008年第4期。

练习思考题

1. 房地产有哪些特点?
2. 什么是房地产金融? 房地产金融有哪些特点?
3. 房地产投资方式有哪些?

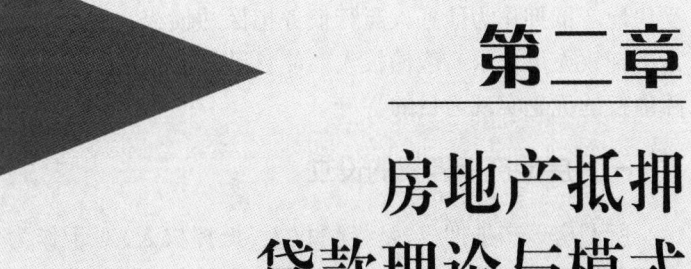

第二章

房地产抵押贷款理论与模式

第一节 房地产抵押制度

房地产抵押是指债务人或者第三人将其合法拥有的房地产,以不转移占有的方式,向债权人(即抵押权人)提供债务履行担保的行为。在债务人不履行到期债务或发生当事人约定的实现抵押权的情形时,债权人有权依法以该抵押房地产折价或者拍卖、变卖的价款优先受偿。提供担保房地产的债务人或第三人称为抵押人,而接受房地产抵押作为债务人履行债务担保的债权人称为抵押权人。所谓优先受偿,是指抵押权人可优于一般债权人而使自己的债权得到先位清偿,这里的"优先"是以保障债权的优先实现为目的。

一、房地产抵押权的设立

所谓房地产抵押权,是指债权人(抵押权人)对于作为债务履行担保的房地产,在债务得不到履行或发生当事人约定的实现抵押权的情形时,可以与抵押人协议以抵押房地产折价或者以拍卖、变卖该抵押房地产所得价款优先受偿的权利。抵押房地产折价或者变卖的,应当参照市场价格。协议损害其他债权人利益的,其他债权人可以在知道或者应当知道撤销事由之日起1年内,请求人民法院撤销该协议。该权利可以对抗该抵押房地产的所有权人和第三人。抵押权人可以是自然人,也可以是法人或非法人团体,不过目前我国房地产产权登记管理机构受理登记的抵押权人多为商业银行。抵押人可以是债务人本人,也可以是债务人和债权人以外的第三人,该第三人又称为物上保证人。该物上保证人只是以其拥有的特定房地产为主债务的履行提供担保,对债务履行仅仅在抵押房地产的价值范围内负有限责任。

以依法取得的房屋所有权或在建工程已完工部分抵押的,该房屋或在建工程占用范围内的建设用地使用权必须同时抵押。以出让方式取得的建设用地使用权可以设定抵押权,若该土地上有建筑物,则也同时设定抵押。乡(镇)、村企业的建设用地使用权不得单独抵押。房地产抵押后,该抵押房地产的价值大于所担保债权额的余额部分,可以再次抵押,但抵押人应当将已经设定过的抵押情况告知抵押权人。

以两宗以上房地产设定同一抵押权的,视为同一抵押房地产。以共有房地产抵押的,抵押人应当事先征得其他共有人的书面同意。以已出租的房地产抵押的,抵押人应当将租赁情况告知抵押权人,并将抵押情况告知承租人,原租赁合同继续有效。抵押权设立后将所抵押房地产出租的,该租赁关系不得对抗已登记的抵押权。预购商品房贷款抵押的,商品房开发项目必须符合房地产转让条件,并取得《商品房预售许可证》。

以享受国家优惠政策购买的房地产抵押的,如经济适用住房,其抵押额以房地产抵押人可以处分的和收益的份额比例为限。国有企事业单位法人以国家授权其经营管理的房地产抵押的,应当符合国有资产管理的有关规定。以集体所有制企业的房地产抵押的,必须经过集体所有制企业职工(代表)大会通过,并报其上级主管机关备案。以中外合资企业、合作经营企业和外商独资企业的房地产抵押的,必须经董事会通过,但企业章程另有规定的除外。以有限责任公司、股份有限公司的房地产抵押的,必须经董事会或者股东大会通过,但企业章程另有规定的除外。

有经营期限的企业以其所有的房地产设定抵押的,所担保债务的履行期限不应当超过该企业的经营期限。以具有土地使用年限的房地产设定抵押的,所担保债务的履行期限不得超过建设用地使用权出让合同规定的使用年限减去已经使用年限后的剩余年限。

不得抵押的房地产有:土地所有权;耕地、宅基地、自留地、自留山等集体所有的土地使用权,但法律规定可以抵押的除外;学校、幼儿园、医院等以公益为目的的事业单位、社会团体的教育设施、医疗卫生设施和其他社会公益设施;所有权、使用权不明或者有争议的房地产;依法被查封、扣押、监管的房地产;法律、行政法规规定不得抵押的其他房地产。

房地产抵押权应当办理抵押登记,房地产抵押权自登记时设立。

二、房地产抵押合同的订立

进行房地产抵押,抵押当事人应当签订书面抵押合同。房地产抵押合同应当载明的主要内容有:抵押人、抵押权人的名称及住所,被担保主债权的种类和数量,债务人履行债务的期限,抵押房地产的处所、名称、状况、建筑面积、用地面积及产权状况等,抵押房地产的价值,抵押房地产的占用管理人、占用方式、占用管理责任以及意外损毁、灭失的责任,抵押期限,抵押权灭失的条件,违约责任,争议解决方式,抵押合同订立的时间与地点,双方约定的其他责任。以在建工程抵押的,抵押合同中还应当载明的内容包括:《建设用地使用权证》《建设用地规划许可证》和《建设工程规划许可证》的编号,已缴纳的建设用地使用权出让金或需缴纳的相当于建设用地使用权出让金的款额,已投入在建工程的工程款,施工进度及工程竣工日期,已完成的工作量和工程量。抵押权人要求抵押房地产保险的,以及在抵押后限制抵押房地产出租、转让、用途转变的,也应当在合同中载明。抵押权人在债务履行期届满前,不得与抵押人约定债务人不履行到期债务时抵押房地产归债权人所有。房地产抵押合同自抵押登记之日起生效。

三、房地产抵押权登记

房地产抵押当事人签订抵押合同后,应当到房地产所在地的建设(房地产)主管部门或者其设置的负责房屋登记工作的机构,办理房地产抵押权登记。办理抵押权登记时,应当交验的文件有:登记申请书,申请人的身份证明,房屋所有权证书或者房地产权证书,抵押合同,主债权合同,登记机构认为必要的其他材料。以预售商品房或者在建工程抵押的,除前述登记有关文件外,还需要交验建设用地使用权证书或者记载土地使用权状况的房地产权证书,以及建设工程规划许可证。在建工程竣工并经房屋所有权初始登记后,当事人应当申请将在建工程抵押权登记转为房屋抵押权登记。抵押权转移、变更或抵押关系终止时,应当到原登记机关办理抵押权转移、变更或注销登记。

四、房地产抵押权的效力

房地产抵押担保的范围包括主债权及利息、违约金、损害赔偿金和实现抵押的费用。抵押合同另有约定的按照约定。债务履行期届满,债务人不履行债务致使抵押房地产被人民法院依法扣押的,自扣押之日起,抵押权人有权收取由抵押房地产产生的租金等孳息,不过该孳息应当先充抵收取孳息的费用。抵押权人未将抵押房地产的事实通知应当清偿孳息的义务人的,抵押权的效力不及于该孳息。

抵押期间,抵押人转让抵押房地产的,应当经抵押权人同意,并告知受让人该房地产已设定抵押权的情况。抵押人未经抵押权人同意或未告知受让人的,转让行为无效,但受让人代为清偿债务消灭抵押权的除外。抵押房地产的转让价款明显低于其价值以致影响到所担保债权实现的,抵押权人可以要求抵押人提供相应的担保,抵押人不提供的,不得转让抵押房地产。抵押房地产转让所得价款,应当向抵押权人提前清偿所担保的债权,或者向与抵押权人有约定的第三人提存。转让的价款超过债权数额的部分,归抵押人所有,不足部分由债务人清偿。

因国家建设需要,将抵押房地产列入拆迁范围的,抵押人应当及时书面通知抵押权人,双方可以重新设定抵押房地产,也可以依法清理债权债务,解除抵押合同。

抵押房地产发生损毁、灭失的,抵押人应当及时将情况告知抵押权人,并应当及时采取措施防止损失扩大。抵押人的行为足以使抵押房地产价值减少时,抵押权人有权要求抵押人停止其行为。抵押房地产价值减少的,抵押权人有权要求恢复抵押房地产的价值,或者提供与减少的价值相应的担保。抵押人不恢复抵押房地产的价值也不提供担保的,抵押权人有权要求债务人提前清偿债务。

抵押房地产因遭受毁损、灭失而得到或将要取得的赔偿金,抵押权人可就该代位物行使抵押权。

五、房地产抵押权的实现

出现抵押人擅自处分抵押房地产、抵押人被依法宣告解散或破产、抵押人在法律上死亡以致到期债务无法履行、债务履行期届满抵押权人未受清偿,或抵押合同约定的其他情况时,抵押权人可以要求处分抵押房地产。经抵押当事人协议可以将抵押房地产参照市场价折价或者以拍卖、变卖所得价款偿还债务。抵押房地产折价或者拍卖、变卖后,其价款超过债权数额的部分归抵押人所有,不足部分抵押权人有权向债务人追索。协议不成的,抵押权人可以向人民法院提起诉讼。

抵押权人处分抵押房地产时,应当事先书面通知抵押人,及抵押房地产的共有人和承租人,在同等条件下,共有人和承租人依法享有优先购买权。处分抵押房地产所得金额的分配顺序为:支付处分抵押房地产的费用;扣除抵押房地产应缴纳的税款;偿还抵押权人债权本息及支付违约金;赔偿由债务人违反合同而对抵押权人造成的损害;剩余金额交还抵押人。

同一房地产向两个以上债权人抵押的,拍卖、变卖抵押房地产所得价款按照以下规定清偿:抵押权已登记的,按照抵押登记的先后顺序清偿,顺序相同的,按照债权比例清偿;未登记的,按照债权比例清偿;抵押权已登记的先于未登记的受偿。抵押权人可以放弃抵押权或者抵押权的顺位。抵押权人与抵押人可以协议变更抵押权顺位以及被担保的债权数额等内容,但抵押权的变更,未经其他抵押权人书面同意,不得对其他抵押权人产生不利影响。债务人以自己的房地产设定抵押,抵押权人放弃该抵押权、抵押权顺位或者变更抵押权的,其他担保人在抵押权人丧失优先受偿权益的范围内免除担保责任,但其他担保人承诺仍然提供担保的除外。

建设用地使用权抵押后,该土地上新增的建筑物不属于抵押财产。需要处分该建设用地使用权来实现抵押权时,应当将该土地上新增的建筑物与建设用地使用权一并变卖,但变卖后的价金应当分割,新增建筑物变卖所得的价款,抵押权人没有优先受偿的权利。以乡(镇)、村的厂房等建筑物占用范围内的建设用地使用权抵押的,在实现抵押权后,未经法定程序不得改变土地集体所有和土地用途。以划拨方式取得的建设用地使用权连同地上建筑物设定的抵押房地产进行处分时,应当从处分所得价款中缴纳相当于应缴纳的建设用地使用权出让金款额后,抵押权人方可有优先受偿权。

六、抵押与按揭[①]

"按揭"一词源于中国香港,在香港法律的英语表述中用"mortgage",在粤语中读音为"onkid",因而"按揭"有"mortgage"的音译之嫌[②]。它是指房地产的所有者将其房地产转让予按揭收益人,作为偿还债务担保的法律行为,这时按揭收益人取得了房地产的"名义"(或说"形式")所有权,但并不实际占有房地产,也没有随意处置房地产的权利。中国香港的房地产法律源自英国,英国学者劳森等将这一形式,称为按揭收益人与按揭人之间表面上的租赁关系,因为并不存在租金的支付和收取,当贷款得以偿还时就彻底结束了这种关系。劳森评之为"一种浪费智力的方法"。抵押在香港法律的英语表述中为"charge",是指房地产的所有者赋予抵押收益人一

[①] [美]约翰·G·斯普兰克林:《美国财产法精解(第二版)》,北京大学出版社2009年版,第22章。[英]F·H·劳森,B·拉登:《财产法(第二版)》,中国大百科全书出版社1998年版,第191页。胡宝海:《现代金融担保法研究》,中国社会科学出版社1999年版,第185—187页。王新建:《香港民商法实务与案例——香港房地产法实务(上)》,人民法院出版社1997年版,第96—97页。

[②] 朱征夫认为,"按"字在南方有"押"的含义,"按揭"是"mortgage"的音译和意译的结合体。(朱征夫等:《房地产开发经营中的合同问题》,法律出版社2005年版,第148页)

个房地产抵押权,作为偿还债务的担保。虽然在香港法律中,按揭和抵押存在区别,但在实务中使用"按揭"一词时,一般都忽略房地产的所有权是否转移,而以按揭作为房地产抵押的一般概念,而使用抵押一词时则有确定的含义。

英国早期的抵押形式是借款人将土地(包括地上建筑物)所有权转让给贷款人,当借款人在规定时间内还清了债务后,贷款人再将土地所有权交还给借款人,也就是"按揭"。如果借款人没有在规定时间内还清债务,贷款人就不再交还土地所有权,而成了土地的绝对所有者。到17世纪,衡平法院认为这种抵押形式不公平,因为如果借款人在债务履行过程中出现小小的过错或细节过错,如未能及时赶到抵押收益人(抵押权人)那里偿还贷款,就永远丧失了土地所有权,所以衡平法院对此进行了调整,赋予了抵押人一种"衡平赎回权"(equity of redemption),即无论没有按时还款的理由是什么,如果在约定还款日期之后的合理时期内清偿了全部债务,衡平法院一般都允许抵押人重新"取得"其土地所有权。赎回权的存在限制了抵押权人出售土地的可能,因而衡平法又赋予抵押权人"取消衡平赎回权的权利"(foreclosure),或称为抵押权的实现,即在法律规定时效内,如果借款人不能偿还贷款,法院就发出允许公开拍卖出售土地的文书,以拍卖所得价款偿还债务,付清债务后的余额归抵押人。如果所得价款不足以偿还债务时,法院是否对抵押权人要求借款人还清剩余债务的请求予以支持,美国各州的法律规定是不一样的。劳森评价抵押权人对土地的这种"技巧性"地拥有及"赎回权"制度为"多余的矫揉造作"。

早期美国东部各州的判例也是遵循在债务清偿前,抵押的土地归抵押权人所有这一普通法原则的,这一原则继承了英国普通法中的抵押权理论,称为所有权理论(title theory)①。后来从纽约州、威斯康星州等西部发展出来的判例认为,抵押的土地仍归抵押人,抵押权人只是拥有一种留置权而不能取得所有权,留置权是作为偿还债务的担保。如果发生拖欠债务的情形,抵押权人可以实现其抵押权,但在抵押权实现之前不享有占有权。这一原则称为优先受偿理论(lien theory)②,美国目前大约有三分之二的州遵循该理论。在美国还有几个州采用中间理论(intermediate theory),该理论介于所有权理论和优先受偿权理论之间,主张抵押房地产所有权的归属取决于是否存在违约,违约前抵押人拥有所有权,违约后抵押房地产所有权归抵押权人,即抵押权人只是在债务人拖欠债务到抵押权实现期间有权占有房地产。在美国各州的法律上,无论是采取所有权理论,还是采取优先受偿理论,抑或中间理

---

① 在这种所有权理论模式下,房地产抵押人将抵押房地产的法定所有权转让给抵押权人以担保债务的履行,直到所担保债务清偿或法定赎回权取消。目前只有少数几个州的法院采用这种理论。在采用所有权理论的州,抵押权人在理论上无须抵押权的实现,就有权"占有"抵押房地产,因而可以取得其租金和收益,但实际上这种权利在未拖欠债务前极少行使。这种传统的模式可能与中世纪为规避教会关于收取利息的禁令有关,因如此一来,抵押权人收取的利息就貌似租金了。

② 威斯康星州法院解释该理论为:"抵押权人并不拥有所抵押房地产的法定所有权,抵押人拥有该房地产的全部所有权,包括普通法和衡平法上的所有权,抵押权人在该房地产上的权益只有留置权。"

论,英语的用语都是"mortgage"。

关于"按揭"一词,在我国大陆的法律中既无明确规定也极少采用,而有学者将其解释为①:我国的按揭,是指不能或不愿一次性支付房款的按揭购房借贷人,将其与房地产开发商已签订之商品房预售或销售合同项下的所有权益,作为向商业银行贷款的担保,按揭贷款商业银行将一定数额的贷款,以购房借贷人的名义直接交由开发商,银行与购房借贷人形成附财产担保的债权债务关系,开发商为购房借贷人向银行贷款提供阶段性担保所形成的所有关系与行为之总称。开发商的这种具有"保证"性质的担保义务,随着开发商向购房借贷人交付房地产,并在房地产登记机构办理该房地产抵押登记,最终将房地产产权证书交银行占管而解除。也有学者虽然没有对"按揭"作出明确的解释,但在对"按揭"与一般房地产抵押的比较分析中也认同前面的解释②。对于"按揭"的法律性质,国内学者存在不同的理解和认识,主要有不动产抵押说、债权质说,相当于让与担保说、组合担保说③。笔者认同"按揭"的不动产抵押性质,同时也认为"mortgage"就是房地产抵押。不赞同"按揭"的不动产抵押说的学者认为④,按揭与抵押的不同在于:①按揭的法律关系主体涉及购房借贷人、开发商、银行,而抵押的法律关系主体涉及抵押权人和借贷人(抵押人)。②设置按揭的目的是为了购置房地产,而以房地产设定抵押是以融入资金做其他投资为目的。③按揭涉及的法律关系复杂,通常有房地产买卖关系、借贷关系、抵押担保关系、保证担保关系等,而房地产抵押贷款只涉及借贷和抵押担保两种关系。④按揭过程分为两个阶段,在开发商开发完工并向购房借贷人移交房地产所有权之前的"权利质押"及"开发商保证",以及之后进行的房地产抵押权登记(趋同于一般抵押担保)和将房地产权证书交银行占管,而房地产抵押贷款程序则不必如此复杂。⑤按揭权的实现方式除了与抵押权的实现方式相同外,还可以通过开发商回购标的物,并以回购款偿还银行本息的方式实现。笔者以为,这里区分按揭与抵押的理由都不充分,之所以设置"按揭",是因为需要融入资金才能够实现房地产的购置投资。所谓的"按揭"比一般房地产抵押贷款的复杂性,源于其不同于一般房地产买卖的高风险性,其本质上不过是一种较为特殊和复杂的抵押,而将房地产权证书交银行占

---

① 李延荣:《房地产法研究》,中国人民大学出版社 2007 年版,第 127 页。
② 朱征夫等:《房地产开发经营中的合同问题》,法律出版社 2005 年版,第 9 章。朱征夫等认为,mortgage 具有让与担保特征,按揭是一种特殊形式的抵押,房地产按揭合同也叫购房抵押合同,在"抵押"前加上"购房"两字就区别于一般的房地产抵押。
③ 债权质说认为,按揭即在期房购买借贷中,买房人向银行提供的还款担保物是其对开发商享有的债权,符合权利质押性质。相当于让与担保说认为,mortgage 中的权证转移(titletheory),以及按揭实践中房屋产权证明交由银行执管等,均具有让与担保特征。组合担保说认为,按揭的性质是购房人未取得房地产所有权之前的债权(或准物权)质、开发商保证、购房人取得房地产所有权后的抵押设定三种担保方式的联立组合。(李延荣:《房地产法研究》,中国人民大学出版社 2007 年版,第 129—133 页)
④ 朱征夫:《房地产开发经营中的合同问题》,法律出版社 2005 年版,第 150—152 页。李延荣:《房地产法研究》,中国人民大学出版社 2007 年版,第 129—130 页。

管及开发商回购保证也不过是特定历史时期的做法,目前在北京、上海等经济发达地区和城市已经不再普遍采用(而与北京"一墙之隔"的河北依然采用这种老套的做法),就是美国的 mortgage 也只有少数州采用传统的所有权理论。

第二节 购房抵押贷款[①]

购房抵押贷款是指不能够或不愿意一次性支付房款的买房人,将其与房地产开发商或卖房人所签订房地产买卖合同下的所有权益抵押给银行,或者将因买卖合同而取得的住房抵押给银行,银行将一定数额的款项贷给买房人,并以买房人的名义将款项交给开发商或卖房人。购房抵押贷款可以分为购买住房抵押贷款和购买商用房抵押贷款。我国商业银行一般将购房抵押贷款分为一手房购买抵押贷款和二手房购买抵押贷款。一手房购房抵押贷款包括现房购买抵押贷款和期房(预售房)购买抵押贷款。

一、购房抵押贷款流程

(一) 一手房购买抵押贷款流程

一手房购买抵押贷款是指贷款人(银行)向借款人发放的,用于购买房地产开发商依法建造、预售或销售房地产的抵押贷款。一手房购买抵押贷款流程如下。

1. 签订房地产买卖合同

购房人选定有意购买的房地产,与房地产开发商签订房屋预售或销售买卖合同,由开发商到房地产管理部门办理预售合同登记备案手续或预售房屋的预告登记。

2. 购房抵押贷款的申请、审批

借款人申请贷款需要递交的文件有:①借款人合法的身份证件;②借款人经济收入证明或职业证明;③借款人家庭户口登记簿;④有配偶的借款人需提供夫妻关系证明;⑤有共同借款人的,需提供借款人各方签订的明确共同还款责任的书面承诺;⑥借款人与房地产开发商签订的商品房销(预)售合同;⑦首期付款的银行存款凭条,或房地产开发商开具的首期付款的收据或发票复印件;⑧贷款人要求提供的其他文件或资料。贷款人对借款人所递交的文件资料的真实性、借款人的资信及还款能力进行审查。

3. 签订购房抵押贷款合同

借款人的借款申请得到贷款人的审查通过后,则由借款人、贷款人(抵押权人)、

[①] 除购房抵押贷款外,各商业银行还提供个人自建住房贷款、购房抵押及住房公积金组合贷款、最高额房地产抵押贷款、仅变换贷款银行(抵押权人)的房屋抵押贷款(所谓的非交易转按揭贷款、同名转按揭贷款)、父母子女两代人"接力"偿还式购房抵押贷款等多种与房地产抵押有关的贷款业务,基本可参照购房抵押贷款。

开发商(保证人)三方签订购房抵押贷款合同①。

4. 抵押贷款合同的履行

贷款合同生效后,贷款人将按照合同的约定,将贷款资金按规定一次性转入房地产开发商在银行开立的账户,或购房借贷人与开发商共同指定的账户。贷款发放后,由借款人按贷款合同约定的还款计划、还款方式偿还贷款本息。房屋竣工验收后,开发商和购房借贷人共同办理房地产过户手续,购房人取得房地产权证并进行抵押登记,贷款人(抵押权人)取得房地产他项权利证。贷款结(还)清后②,借款人应持本人有效身份证件和贷款人出具的贷款结清凭证,领回由贷款人收押的法律凭证和有关证明文件,并持贷款结清凭证到原抵押登记机构办理抵押登记注销手续。

(二) 二手房购买抵押贷款流程

二手房购买抵押贷款是指贷款人(银行)向借款人发放的,用于购买售房人已取得房屋所有权证,并具有完全处置权利且可以在市场上合法交易住房的抵押贷款。二手房购买抵押贷款流程如下。

1. 签订房地产买卖合同

购房人选定有意购买的房地产,与售房人签订房屋买卖合同。

2. 购房抵押贷款的申请、审批

借款人申请贷款需要递交的文件有:①借款人合法的身份证件;②借款人经济收入证明或职业证明;③借款人家庭户口登记簿;④有配偶的借款人需提供夫妻关系证明;⑤有共同借款人的,需提供借款人各方签订的明确共同还款责任的书面承诺;⑥所购二手房的房地产权利证明;⑦与售房人签订的房屋买卖合同,及售房人提供的在贷款银行开立的划款账户;⑧如拟抵押房地产须评估的,须由贷款人认可的评估机构出具的抵押物价值评估报告;⑨所购房屋产权共有人同意出售房屋的书面授权文件;⑩贷款人要求提供的其他文件或资料。贷款人对借款人所递交的文件资料的真实性、借款人的资信及还款能力进行审查。

3. 办理房地产过户手续

购房借贷人凭贷款人出具的购房抵押贷款申请审查承诺函,与售房人办理房地产过户手续。

4. 签订购房抵押贷款合同

购房借贷人凭房屋登记机构出具的房地产过户及合法拥有证明文件,与贷款人(抵押权人)签订购房抵押贷款合同。购房人取得房地产权证后进行房地产抵押登

---

① 三方通常还要签订有关房屋抵押贷款的房屋所有权证收押协议,主要内容是借款人必须委托开发商代办房屋所有权证,并由开发商在房屋抵押登记未办理之前,将房屋所有权证交贷款人收押,收押期间房屋的调换、转让等必须征得贷款人同意,收押协议至办理完房产抵押登记时止。

② 贷款结清包括正常结清和提前结清两种。①正常结清,即在贷款最后一期结清贷款。②提前结清,即在贷款到期日前,借款人可以提前就贷款余额的部分或全部结清,但须按合同约定提前向贷款人提出申请,由贷款人审批后到指定会计柜台进行还款。

记,贷款人取得房地产他项权利证。

5. 抵押贷款合同的履行

贷款合同生效后,贷款人将按照合同的约定,将贷款资金按规定一次性转入售房人提供的划款账户①。贷款发放后,由借款人按贷款合同约定的还款计划、还款方式偿还贷款本息。贷款结(还)清后,办理抵押登记注销手续。

(三) 购买已抵押贷款房屋的抵押贷款流程②

购买已抵押贷款房屋的抵押贷款是指售房人将自己抵押贷款取得的房屋出售时,贷款人为买房人发放的用于购买该房产的抵押贷款。贷款人与该房地产的原抵押权人可能是同一家银行,也可能是不同的两家银行。

(1) 签订房地产买卖合同。

(2) 购房抵押贷款的申请、审批。申请贷款需要递交的文件有:①买卖双方(含共有人)合法的身份证件。②借款人经济收入证明或职业证明。③借款人家庭户口登记簿。④有配偶的借款人需提供夫妻关系证明。⑤有共同借款人的,需提供借款人各方签订的明确共同还款责任的书面承诺。⑥所购二手房的房地产权利证明。⑦签订的房屋买卖合同。⑧如拟抵押房地产须评估的,须由贷款人认可的评估机构出具的抵押物价值评估报告。⑨所购房屋产权共有人同意出售房屋的书面授权文件。⑩售房人与原贷款人签订的房屋抵押贷款合同及借款凭证。⑪原抵押贷款合同的履行情况,包括贷款余额及月还款额记录。⑫原贷款人同意提前还款的及房屋出售的证明。⑬首付款的有关证明。⑭贷款人要求提供的其他文件或资料。贷款人对所递交的文件资料的真实性、借款人的资信及还款能力进行审查。

(3) 购房借贷人凭贷款人出具的购房抵押贷款申请审查承诺函,与售房人办理房地产过户手续。

(4) 签订新的购房抵押贷款合同,取得房地产权证,在房屋登记机构进行新设立房地产抵押权的预告登记。

(5) 贷款人将所发放的贷款划款给原贷款银行③,凭原贷款银行出具的贷款结清证明,进行原房地产抵押权的注销登记和新设立的房地产抵押权登记。

---

① 为确保二手房买卖双方交易资金的安全,中国工商银行、中国农业银行等金融机构为二手房交易各方提供交易资金的冻结、监管和划转等服务。

② 所谓的异名转按揭贷款(中国民生银行)、跨行交易转按(揭)贷款(中国农业银行)等业务即属于此,它实际上也属于二手房购买抵押贷款。中国农业银行对跨行交易转按(揭)的解释是,"指卖房人将其在其他银行办理按揭的住房转让给买房人时,为保证交易顺利完成,农业银行先向卖房人发放赎楼贷款,用于结清原按揭贷款,以便办理解押和产权过户等手续,再向买房人发放二手住房贷款,同时收回卖房人的赎楼贷款"。具体流程为:买卖双方申请、银行审查审批、签订借款合同及担保、发放贷款给卖房人、产权过户及抵押、向买房人贷款同时收回原发放给卖房人的贷款、履行抵押贷款合同。如果买房人申请的二手房贷款金额小于卖房人原贷款金额,双方需申请农业银行的交易资金托管服务,并将差额部分存入托管账户。

③ 中国民生银行规定,将买房人(现借款人)账户中冻结的首付款加获得的贷款直接用于原借款人贷款本息的偿还,超出部分待所有抵押贷款手续办妥后一次性划入原借款人的存款账户。

(6) 抵押贷款合同的履行。

二、购房抵押贷款合同的主要内容

(一) 购房抵押贷款合同当事人

购房抵押贷款合同当事人有贷款人(抵押权人)、借款人、抵押人、保证人。贷款人一般为商业银行,借款人和抵押人通常为同一主体,一手房购买抵押贷款合同中的保证人一般为开发商,二手房购买抵押贷款一般不需要保证人。

(二) 合同内容

合同内容包括贷款总金额、贷款金额的划入账户、贷款期限、贷款利率、还本付息方式等。

一手住房购买抵押贷款的贷款期限最长为30年,且借款人年龄与贷款期限之和不超过70年。两个及两个以上共同借款人借款的,一般可按照满足贷款条件中年龄较小的确定贷款期限。二手住房购买抵押贷款的贷款期限最长30年,且不能超过抵押房产剩余的建设用地使用权年限。商业用房购买抵押贷款的期限最长为10年。

贷款利率为中国人民银行贷款基准利率的70%～110%,具体比率因房地产用途的不同、借款人购房抵押贷款次数的不同、借款人的个人资信而不同。贷款年利率除以12为贷款月利率。贷款利率可以按年随人民银行利率调整或市场利率变化而浮动,也可以固定不变。利率固定不变的情况有整个贷款期利率固定不变、分时段(如3年、5年或10年)利率固定不变、固定利率与浮动利率组合。

还本付息方式有等额本息还款、等额本金还款、递增还款、递减还款、按周还本付息、到期一次还本付息等多种。等额本息还款是在利率不变情况下,借款人每期(月)还款额均相等,每期还款额都含有本金和利息,但每期本金和利息所占比例都在发生变化,本金所占份额逐渐上升,利息所占份额逐期下降。等额本金还款是在整个还款期,本金等额偿还,利息逐期下降,此种还款法每月还款金额呈递减态势。递增还款是先确定首个时间段内(1年为一段)每期还款额,在此基础上确定逐段增加的还款额(可等额增加或等比例增加),递增期间结束后,根据贷款余额和剩余期限按等额本息还款法归还贷款。递减还款是先确定首个还款时间段内(1年为一段)每期还款额,在此基础上确定逐段减少的还款额(可等额减少或等比例减少),递减期间结束后,再根据贷款余额和剩余期限按等额本息还款法归还贷款。按周还本付息是以等额本息或等额本金还款法为基础,以7天或者7天的整倍数作为还本付息的周期,周期最短为7天,最长不超过21天(含)。到期一次还本付息是在整个贷款期间不还款,到期将本金及利息一次性还清。

(三) 提前还款和提前到期

提前还款是指借款人提前偿还部分或全部贷款,一般要求借款人提前一定时间通知贷款人,并得到贷款人认可。提前到期是指在合同有效期内,出现约定的有可能影响贷款本息偿还的事项时,贷款人有权终止贷款合同,要求借款人提前还款。

此外,购房抵押贷款合同的主要内容还包括抵押房地产的位置、楼层、房号、面积,合同当事人的权利义务及违约责任等。

第三节　固定利率抵押贷款

固定利率抵押贷款(fixed-rate mortgage,FRM)的利率在整个贷款期间不发生改变,或只在约定的时段(如5年或10年)内不变①,贷款本金在整个贷款期间分期摊还。在多数情况下,每期还款额(包括本金和利息)是一个常数。

一、抵押贷款的还款额

假定某先生购买一套三居室住房,市场价值(市场价或评估价)为60万元。如果银行规定的抵押贷款率(LTV)②为70%,则该先生可得到的最大贷款额为42万元(首付款18万元)。在贷款年利率为7.56%、贷款期限为20年、按月等额还款(constant payment)的情况下,月利率为7.56%除以12等于0.63%。

$$420\,000 = (月还款额 \div 0.006\,3) \times [1 - 1 \div (1 + 0.006\,3)^{20 \times 12}]$$

月还款额 = 3 398.93(元)

抵押贷款常数③ = 3 398.93 ÷ 420 000 = 0.008 092 6

第5年年末的贷款(本金)余额 = (月还款额 3 398.93 ÷ 0.006 3)

$$\times [1 - 1 \div (1 + 0.006\,3)^{(20-5) \times 12}]$$

$$= 365\,307.68(元)$$

上述计算过程可用公式表示为:

$$MP = P \times i \div [1 - 1 \div (1 + i)^{20 \times 12}]$$
$$MC = i \div [1 - 1 \div (1 + i)^{20 \times 12}]$$
$$MB = (MP \div i) \times [1 - 1 \div (1 + i)^{(n-m) \times 12}]$$

式中,MP 为月等额还款额;P 为贷款总额;i 为月利率(年利率除以12);n 为贷款期限(年);m 为贷款已偿还期(年);MC 为抵押贷款常数;MB 为第 m 年年末(即 $m+1$ 年初)的贷款余额。

二、抵押贷款的摊还

抵押贷款的每期还款额是由利息和本金返还两部分构成。虽然每期还款额是

---

① 美国的FRM是整个贷款期的利率都固定不变。
② Loan to value ration(LTV)也译为贷款价值比率,是指贷款额与抵押房地产价值之比。
③ 抵押贷款常数(mortgage constant)是指在特定还款次数下(这里为20×12),摊还1元贷款所需要的每次(这里为"月")还款金额。

固定不变的,但每期还款中的本息构成比例是变化的。早期的还款额主要由利息构成,随着还款次数的增加,还款额中本金所占比例逐渐提高。

假定购买 120 平方米的一套房屋,总价款 150 万元,首付款 45 万元,贷款 105 万元,采取 10 年期固定利率抵押贷款,贷款利率 6.39%,计算按月等额偿还下的月还款额及各期的本金偿还和利息支付。月还款额可以用 MP 计算公式求得为 11 863.9 元。第 1 个月的利息支付为 1 050 000 元乘以贷款月利率 0.532 5% 等于 5 591.25 元,本金偿还为 11 863.9 减去利息 5 591.25 等于 6 272.65 元,月末本金余额为期初本金余额 1 050 000 元减去本金偿还 6 727.65 元等于 1 043 727.40 元,以此类推。如表 2-1、图 2-1 所示。

表 2-1 利率 6.39%、期限 10 年、贷款金额 105 万元的等额月还款表

单位:元

还款期数	月还款额（MP）	期初本金余额	利息支付	本金偿还	期末本金余额（MB）
1	11 863.90	1 050 000	5 591.25	6 272.65	1 043 727.40
2	11 863.90	1 043 727.40	5 557.85	6 306.05	1 037 421.40
—	11 863.90	—	—	—	—
10	11 863.90	992 327.32	5 284.14	6 579.76	985 747.72
—	11 863.90	—	—	—	—
37	11 863.90	801 812.92	4 269.65	7 594.25	794 218.68
38	11 863.90	794 218.68	4 229.21	7 634.69	786 583.99
39	11 863.90	786 583.99	4 188.56	7 675.34	778 908.65
40	11 863.90	778 908.65	4 147.69	7 716.21	771 192.44
—	11 863.90	—	—	—	—
120	11 863.90	11 801.06	62.84	11 801.06	0
总计	1 423 668	—	373 668	1 050 000	—

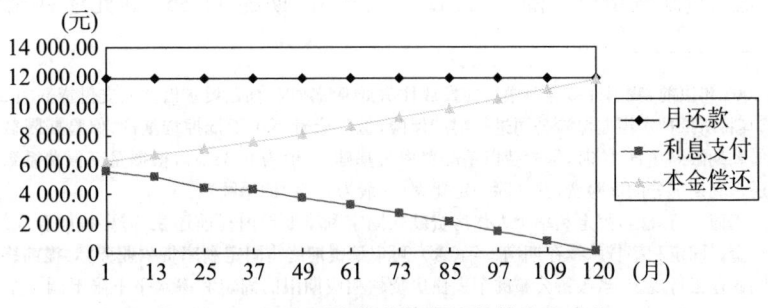

图 2-1 固定利率贷款等额还款的本息变化

三、抵押贷款的实际成本和提前还款

抵押贷款的实际成本是指借款人的实际成本。从表面上看,抵押贷款的合同利率是借款人的借款成本,而实际上借款人除按照抵押贷款合同利率支付利息外,还可能支付与借款有关的手续费、担保费、代理费、保险费、法律服务费等,这都或多或少提高了借款人的借款成本[①]。在固定利率抵押贷款合同执行过程中,若房地产抵押贷款市场利率低于合同利率时,借款人有可能会以提前还款方式来降低利息成本[②],但贷款人都会向借款人收取提前还款本金余额1‰~2‰的罚金,从而提高了实际借款成本。

以表2-1为例,假定第3年年末,固定利率抵押贷款的市场利率下降到5.5%,借款人向银行申请全额提前还款,银行收取1‰的罚金。则:

$$提前还款罚金 = 801\,812.92 \times 1\text{‰} = 8\,018.13(元)$$

$$1\,050\,000 = (11\,863.9 \div i) \times [1 - 1 \div (1+i)^{3 \times 12}] \\ + (801\,812.92 + 8\,018.13) \div (1+i)^{3 \times 12}$$

$$借款人的实际借款成本 = i \times 12 = 6.648\%$$

四、固定利率抵押贷款的倾斜效应(tilt effect)

抵押贷款的市场利率(i)由真实利率(r)、风险补偿因素(k)和预期通货膨胀率(p)三部分构成,即:

$$i = r + k + p$$

假定前例(表2-1)固定利率抵押贷款利率6.39%中,包含有0.882%的预期通货膨胀率。因而,若预期没有通货膨胀,则利率为5.508%,月还款额将减小为11 399.5元。原第12期的11 863.9元还款相当于无通货膨胀情况下的11 760.2元,第24期的11 863.9元还款相当于无通货膨胀情况下的11 657.4元,第36期的11 863.9元还款相当于无通货膨胀情况下的11 555.4元,第48期的11 863.9元还款相当于无通货膨胀情况下的11 454.4元,第60期的11 863.9元还款相当于无通

---

① 在2007年以前,我国许多商业银行在发放住房抵押贷款时,强制要求借款人支付贷款额2‰的法律服务费,并要求其将所抵押房屋向保险公司进行财产保险,保险金额不小于抵押贷款额,保险期限截至抵押贷款合同约定的借款期限终止日24时,保险费以基准费率为基础(一般为0.33‰),根据逐年交保费系数计算。提前还款时可退还未到期部分的保险费,并扣除一定比率(一般为20%)的手续费。

② 中国工商银行规定,固定利率个人住房贷款在固定利率期限内提前还款,需要按照合同约定,收取一定比例的违约金。固定利率贷款续存期满1年(含),可申请提前终止固定利率贷款业务,对提前终止行为收取违约金。中国农业银行规定,当银行公布的个人住房贷款相应期限的固定利率水平下限下调1个百分点(含)以上时,借款人可申请(执行选择权)将贷款利率调低相应百分点,以减少利率下降时的损失,不过在执行利率调整选择权条款时,需缴纳一定的选择权费用,利率调整选择权条款限执行一次。

货膨胀情况下的 11 354.3 元,第 72 期的 11 863.9 元还款相当于无通货膨胀情况下的 11 255.0 元,第 84 期的 11 863.9 元还款相当于无通货膨胀情况下的 11 156.6 元①。图 2-2,通货膨胀预期导致贷款利率的提高,进而使固定利率贷款的还款额也相应提高。经过消除通货膨胀的因素调整后,前期还款的实际价值远高于后期还款的实际价值,而借款人的收入一般在贷款期内逐渐提高,前期收入较低、还款能力较低,后期收入提高、还款能力较强,因而导致借款人的还款负担与还款能力在贷款前后期错位,或者说不匹配,这一现象被称为倾斜效应。倾斜效应使抵押贷款购房人,不得不以尚未因通胀预期而提高的收入,来支付前期较高的还款额。20 世纪 70 年代,美国处于高通货膨胀率时代,高通货膨胀率的预期导致贷款利率的提高,严重的倾斜效应,使购房人的支付能力大幅下降②。

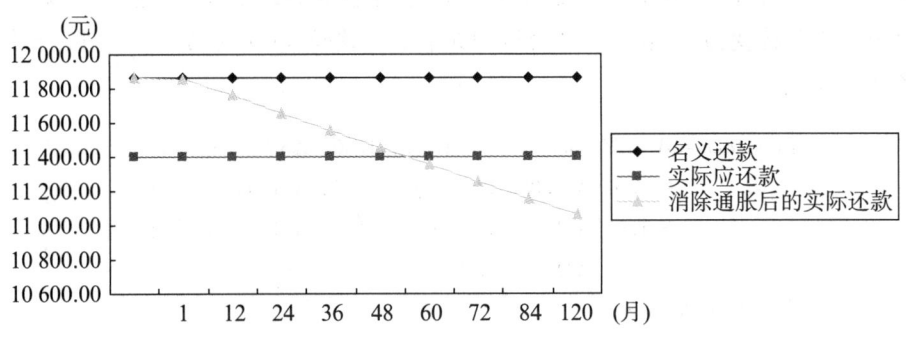

图 2-2 固定利率等额还款的倾斜效应

五、等额本金还款

在等额本金还款情况下,每期还款额中的本金部分完全相同,利息部分由高到低,因而,每期还款额也由大到小。如图 2-3 所示。

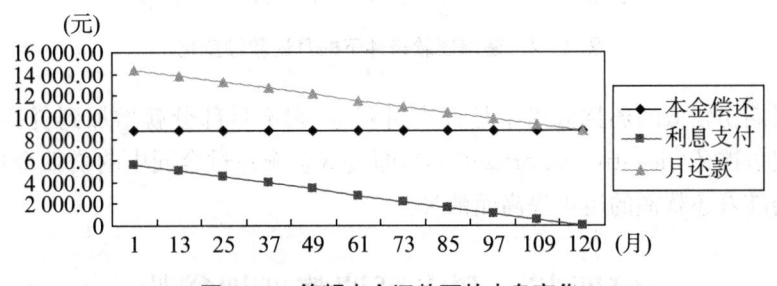

图 2-3 等额本金还款下的本息变化

---

① 11 863.9÷(1+0.882%)=11 760.2,11 863.9÷(1+0.882%)²=11 657.4,以此类推。
② [美]特瑞斯·M·克劳瑞特等:《房地产金融——原理和实践》,经济科学出版社 2004 年版,第 87—88、136—137 页。William B. Brueggeman, Jeffrey D. Fisher: *Real estate finance and investment*(12ed),McGraw-Hill/Irwin, 2005, pp. 95—96.

如前例所示,在等额本金还款条件下,每期的还款额中的本金为:
$$1\ 050\ 000 \div 120 = 8\ 750(元)$$
第 N 期还款中的利息为:
$$[120-(N-1)] \times 8\ 750 \times 0.532\ 5\%$$

六、递增还款

递增还款(graduated payment mortgaga)将固定利率抵押贷款的还款额重新调整为前期低、后期高,从而使还款额和受通货膨胀影响的贷款人收入相适应,主要是为了抵消倾斜效应而设计的。一般来说,月还款额在1年中不变,而在开始的几年逐年增加,随后保持固定不变。以前例所示,假定月还款额以2%的比例逐年递增,而后自第6年起转变为等额还款,就会得到如下的还款模式(A 为第1年的月还款额),如图2-4所示。

$$1\ 050\ 000 = A/1.005\ 325^1 + \cdots + 1.02A/1.005\ 325^{13} + \cdots$$
$$+ 1.02^2 A/1.005\ 325^{25} + \cdots + 1.02^3 A/1.005\ 325^{37} + \cdots$$
$$+ 1.02^4 A/1.005\ 325^{49} + \cdots + 1.02^5 A/1.005\ 325^{61} + \cdots$$
$$+ 1.02^5 A/1.005\ 325^{120}$$
$$A = 11\ 130.12(元)$$

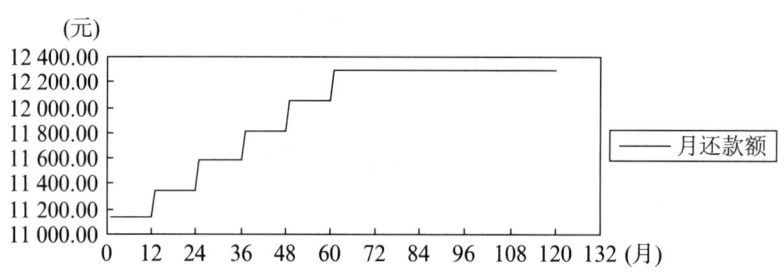

图 2-4 递增还款条件下的月还款额变化

如果期初较低的还款额尚不足以支付利息,则不足部分就增加到贷款余额上,从而出现负摊还(negative amortization),即贷款余额超过合同中的贷款金额。负摊还情形会随着还款额的逐年提高而消失。

第四节 利率可调整抵押贷款

利率可调整抵押贷款(adjustable-rate mortgage, ARM)是指贷款利率可以随市场利率变化而浮动的贷款方式。贷款利率的调整一般按年进行。若遇市场利率调整,则贷款利率在下一年的1月1日开始调整,或在原贷款发放日的对应日开始调整。利率调整的幅度取决于中国人民银行规定的贷款基准利率变化和住房信贷政策[①]。我国的购房抵押贷款业务中，利率可调整抵押贷款占主体。表2-2为中国金融机构人民币贷款基准利率变化情况。

表2-2 中国金融机构人民币贷款基准利率(1999.6.10—2008.12.23)

单位：年利率％

调整时间	6个月以内（含6个月）	6个月至1年（含1年）	1至3年（含3年）	3至5年（含5年）	5年以上
1999.06.10	5.58	5.85	5.94	6.03	6.21
2002.02.21	5.04	5.31	5.49	5.58	5.76
2004.10.29	5.22	5.58	5.76	5.85	6.12
2006.04.28	5.40	5.85	6.03	6.12	6.39
2006.08.19	5.58	6.12	6.30	6.48	6.84
2007.03.18	5.67	6.39	6.57	6.75	7.11
2007.05.19	5.85	6.57	6.75	6.93	7.20
2007.07.21	6.03	6.84	7.02	7.20	7.38
2007.08.22	6.21	7.02	7.20	7.38	7.56
2007.09.15	6.48	7.29	7.47	7.65	7.83
2007.12.21	6.57	7.47	7.56	7.74	7.83
2008.09.16	6.21	7.20	7.29	7.56	7.74
2008.10.09	6.12	6.93	7.02	7.29	7.47
2008.10.30	6.03	6.66	6.75	7.02	7.20
2008.11.27	5.04	5.58	5.67	5.94	6.12
2008.12.23	4.86	5.31	5.40	5.76	5.94

假定2005年4月10日某住房总购买价格63万元，首付13万元，抵押贷款50万元，贷款期限30年(2005年5月10日发放贷款)，年利率5.508％(基准利率6.12％的0.9倍)。

(1) 等额本息还款，计算月还款额。

(2) 2006年5月10日利率调整为5.751％，计算新的月还款额。

[①] 中国人民银行决定自2008年10月27日起，将商业性个人住房贷款利率的下限扩大为贷款基准利率的0.7倍。各商业银行对此前已经发放的利率可调整的住房购买抵押贷款，在2009年的利率调整中也根据具体情况参考执行了该规定。

(3) 2007年5月10日利率调整为6.044%(7.11%的0.85倍),2008年1月10日提前还款20万元,计算提前还贷后的月还款额。

解:(1) 500 000=(月还款额÷0.004 59)×[1−1÷(1+0.004 59)$^{30×12}$]

月还款额=2 841.47(元)

(2) 2006年5月10日的贷款余额=(2 841.47÷0.004 59)×[1−1÷(1+0.004 59)$^{29×12}$]

=493 277.03(元)

493 277.03=(月还款额÷0.004 792 5)×[1−1÷(1+0.004 792 5)$^{29×12}$]

2006年5月10日利率调整后的月还款额=2 916.46(元)

(3) 2007年5月10日的贷款余额=(2 916.46÷0.004 792 5)×[1−1÷(1+0.004 792 5)$^{28×12}$]

=486 471.13(元)

486 471.13=(月还款额÷0.005 036 6)×[1−1÷(1+0.005 036 6)$^{28×12}$]

2007年5月10日利率调整后的月还款额=3 005.89(元)

2008年1月10日的贷款余额=(3 005.89÷0.005 036 6)×[1−1÷(1+0.005 036 6)$^{28×12−8}$]

=481 946.44(元)

481 946.44−200 000=(月还款额÷0.005 036 6)×[1−1÷(1+0.005 036 6)$^{28×12−8}$]

2008年1月10日提前偿还20万元后的月还款额=1 758.49(元)

第五节 美国的住房抵押贷款

从抵押贷款利率是否固定的角度来划分,美国的房地产抵押贷款分为固定利率抵押贷款和利率可调整抵押贷款。固定利率抵押贷款的贷款利率、分期付款方式,是由借贷双方事先确定的,且在整个还贷期固定不变,包括等额偿还、本金等额偿还、逐年递增偿还等方式,这些方式在第三节已经做了介绍。利率可调整抵押贷款的利率水平及偿还方式的设计较为复杂,其贷款合同的主要条款包括利率调整所依据的指数、附加利率、利率调整周期、利率调整幅度限制、贷款期利率的最高和最低限制等[①]。固定利率抵押贷款的贷方在确定贷款利率时,已经完全考虑了通货膨胀因素,因而利率一般高于1~3年期当前市场利率。而利率可调整抵押贷款的贷款利

---

① 用得最多的指数是贷款人的资金成本指数和定期国债指数,在指数基础上加附加利率得到贷款利率,ARM利率的调整是指数而不是附加利率变化的结果,附加利率大多150~275基点(1.5%~2.75%)。

率可以随市场利率进行调整,贷款的初始利率就可以确定为当前的 1~3 年期市场利率,然后每隔一段时间进行一次调整,因而初始利率应低于固定抵押贷款的利率,在美国一般低 2 个百分点①。下面举例介绍几种美国的住房抵押贷款方式。

一、漂浮式抵押贷款

漂浮式贷款(ballon mortgage)是指贷款期内的每期偿还额都低于等额偿还,因而最后一次还贷额大大高于以前的历次还贷额的贷款方式。这一方式每期还贷额的确定,一般是按照比贷款期更长的期限来计算出等额偿还值,作为贷款期内的每期还贷额。美国在 20 世纪 30 年代前,所采取的每月只偿还利息部分,到期一次性偿还本金的抵押贷款方式,实际上是一种特殊的(贷款期一般为 5 年)漂浮式贷款,现代的漂浮式贷款是贷款人为了向借款人转嫁部分通货膨胀风险,而在那种古老的贷款方式基础上发展而来的。

二、利率可调整抵押贷款

首先根据抵押贷款时的市场利率确定初始利率,以后每隔一段时间调整一次,以某个确定的利率指标加一个固定的利率附加值方式进行调整的贷款方式。所谓某个确定的利率指标可以是不同期的国库券利率,或全国加权平均存款利率,它应当反映贷方的资金成本。所选的某个确定的利率指标应当与调整期匹配,比如调整期为 1 年,利率指标可为 1 年期国库券利率,而不能是半年期或 3 年期的国库券利率。固定的利率附加值反映贷方的经营费用和利润。利率可调整抵押贷款具体包括有对利率调整无限制的抵押贷款、对利率调整有上下限限制的抵押贷款、对每期还贷额的调整幅度有限制的抵押贷款,分别以表 2-3、表 2-4、表 2-5 说明(42 万元、20 年期)。

表 2-3 利率调整无限制抵押贷款　　　　单位:年利率%,元

年份	利率指标	附加值	利率	月还贷额	还贷额变化比	年末贷款余额
1			5.56	2 903.3		408 212
2	9	2	11	4 275.9	47.28	401 471
3	8	2	10	4 014.1	-6.12	393 071
4	9	2	11	4 359.2	8.60	383 527
5	7	2	9	4 023.9	-7.71	369 187

---

① 典型的利率调整周期是 6 个月、1 年、3 年或 5 年,大多数的调整周期是 1 年。有相当多的贷款人提供的 ARM 为前 7~10 年利率固定不变,此后每年调整一次,类似于我国目前的固定利率抵押贷款。我国目前的 ARM 和 FRM 的初始贷款利率相同。

表 2-4 利率调整有上限(2.5%)的抵押贷款　　　　　单位：年利率%,元

年份	无限制利率	限制调整后利率	月还贷额	还贷额变化比(%)	年末贷款余额
1	7	7	3 256.30		410 008
2	11	9.5	3 890.30	19.47	401 925
3	10	10	4 018.60	3.29	393 513
4	11	11	4 271.10	6.29	385 131
5	9	9	3 791.70	−11.24	373 834

说明：因为利率上调有限制，所以贷方风险增加，因而实际上第 1 年利率应该比无限制时高，即大于 5.56%，这里取 7%。

表 2-5 还贷额调整有上限(7.5%)的抵押贷款　单位：年利率%,元

年份	利率	无限制月还贷额	限制后月还贷额	月应付利息	月分摊额	年分摊额	年末贷款余额
1	7	3 256.3	3 256.3	2 450	806.3	9 992	410 008
2	11	4 294.7	3 500.5	3 758.4	−257.9	−3 255	413 263
3	10	4 132	3 767	3 443.8	−323.2	−4 061	417 324
4	11	4 529.5	4 049.5	3 825.4	224.1	2 829	414 495
5	9	4 080.8	4 080.8				402 340

说明：月应付利息＝年初贷款余额×月利率，月分摊额＝限制后月还贷额－月应付利息，年分摊额＝月分摊额×12 个月的"月金终值系数"，年末贷款余额＝年初贷款余额－年分摊额。

三、随价格水平调整的抵押贷款

随价格水平调整的抵押贷款(price level adjusted mortgage, PLAM)是指借贷双方只确定一笔贷款的初始利率(不考虑通货膨胀)，约定在一段时间后按照市场价格指数(如消费价格指数)对贷款余额进行调整的贷款方式。例如，假定初始年利率为 5.56%，则 42 万元、20 年期的等额月还贷额为 2 903.3 元，第 1 年年末的贷款余额为 408 212.1 元。如果这 1 年的消费价格指数上涨了 6%，则将贷款余额调整为 408 212.1×(1+0.06)＝432 704.8(元)。第 2 年的月还贷额为 3 077.5 元。

四、分享增值抵押贷款

分享增值抵押贷款(shared appreciation moetgage, SAM)是指在贷款时确定一个相对比固定抵押贷款低的初始利率，到一定年期时按一定比例与抵押人分享房地产增值的贷款方式。它通过分享增值而不是以调整利率的方式来防御通货膨胀，这是它与 PLAM 的不同之处。

五、反向年金式抵押贷款

反向年金式抵押贷款(reverse annuity mortgage,RAM)是指按照所抵押房屋价值的一定百分比,来计算贷款人每期交给借款人的固定贷款额的贷款方式。RAM是一种使退休的住房所有者可以从其住房"提取"权益的工具,是为拥有住房而没有或很少负债的退休老人设计的。在美国,许多人退休后收入下降,致使生活水平受到影响,为基本保持这些消费者以前的消费水平,允许他们将房屋抵押给金融机构,由金融机构每月向其提供固定数额的贷款作为生活费用的"补助",贷款期(一般为10年)末一次性偿还贷款。如果提前出售房地产或老人去世,从出售收益中偿还。如果贷款到期后房地产增值,可以再次抵押贷款。假定一位退休老人希望在不卖掉房子的同时,每月从其住房权益上得到一定收益来弥补退休后月可支配收入的下降。预期该老人剩余寿命为 N,住房价值 V,贷款月利率 i,月支付额 PM,房屋年增值率 g,则可预期老人去世时的房屋价值为 $V(1+g)^N$,该老人可得到的月贷款支付额的终值小于或等于 $LTV \times V(1+g)^N$,即:①

$$PM \times [(1+i)^{12N} - 1]/i \leqslant LTV \times V(1+g)^N$$

补充阅读

美国专家预警倒按揭风险"债务增加,资产下降"②

2006年2月,安德鲁·库克,一位来自美国得州合作机构(Texas Cooperative Extension)的老年医学健康专家对倒按揭存在的风险提出了预警。倒按揭是以房屋为抵押进行贷款。只要借款人还住在房里,就不必偿还借款。除了房屋产权要明晰之外,申请倒按揭的唯一要求就是借款人必须超过62岁。因此,一直以来,倒按揭深受老年人欢迎。但是,库克提醒人们不要轻易采用倒按揭。在决定倒按揭贷前应该仔细考虑是否有其他选择方案,并应征询独立的外部咨询机构的意见。库克指出:"倒按揭的显著特点就是房屋的价值在下降,而债务在增加。贷款机构通常依据市场平均利率来计算倒按揭的贷款利率。如果贷款期限比较长,或者房屋的价值下降了,贷款到期时可能借款人已经是一无所有。银行面临资不抵债的风险,借款人也可能陷入需要继承人还贷的局面。"库克还警告借款人,尽管房屋及内部资产有可能升值,但大多数房屋的升值幅度远不如贷款利率的上升幅度。这就是为什么大多数的倒按揭最后变成了"上升的债务,下降的资产"类贷款。

倒按揭存在的风险让银行和借款人处境十分被动。对于银行,可能最终收回的房产低于贷款的数额,造成亏损;对于借款人,则因为所抵押的房产贬值过快,甚至贷款未到期时,已经一文不值,无法还贷。

---

① Roger J. Brown, private real estate investment: date analysis and decision making, Elsevier Inc. 2005. p. 265.

② 《中国房地产报》2006-03-13。国内许多人将反向年金式抵押贷款称为"倒按揭"或"反向按揭"。

倒按揭计划一般包括以下三种类型：①单一目的倒按揭。这种倒按揭一般由政府机构及非营利性组织提供,成本很低,但并非在所有地区都能申请到。所申请到的款项一般用于特定目的,如房屋修理、支付医药费等。②家庭资产转换按揭。这是一种经由联邦政府保险的倒按揭计划,由美国住房和城市发展部门提供。尽管借款成本较高,但所借款项可以用作任何目的。不过,在贷款期末,对房屋价值的估值变化可能会使借款人所欠款项甚至比原来的房价还要高。③专有倒按揭。通常由私人公司提供,借款成本高于前面两种。由于贷款由私人公司提供,因此借款条件各不相同。

库克建议借款人在选择按揭方式时,最好先咨询独立的咨询服务机构,以便作出最适合的决定。美国联邦贸易委员会(The Federal Trade Commission)列出人们在申请反向按揭时应注意考虑的一些事项,其中特别强调说:"切记,所有经政府批准的贷款机构必须遵从政府条款。这意味着,贷款费用、贷款利率及其他所有的贷款条件均应保持一致。"并提醒双方:"确保一定要准确无误地理解所有与到期还款相关的条款。"

对借款人来讲,除了要支付抵押贷款的利息外,一般还需要负担贷款手续费、贷款额折扣(实际得到的贷款额低于名义上的贷款额)、抵押物的评估费、有关保险费(抵押贷款保险、产权保险、灾害保险等)、中介费、提前偿还罚金等成本。上述不同的抵押贷款方式在贷方的贷款风险、收益、计算的复杂程度,以及借方的借款成本、偿还能力等方面各有利弊,不过借款人对 ARM 的许多看法却是相同的。

20 世纪 70 年代以前,美国的住房抵押贷款大都是固定利率抵押贷款。20 世纪 70 年代早期,高通货膨胀环境促使利率可调整抵押贷款业务增多。1981 年联邦房地产贷款银行委员会允许所有在联邦注册的储蓄机构经营利率可调整抵押贷款,此后 ARM 在美国得到迅速发展①。

建议阅读材料

[1] [美]特瑞斯·M·克劳瑞特等:《房地产金融——原理和实践》,经济科学出版社 2004 年版,第 6 章。

[2] William B. Brueggeman, Jeffrey D. Fisher: Real Estate Finance and Investment (12ed), McGraw-Hill/Irwin, 2005, Chapter 5(该书第 11 版的中文版由机械工业出版社 2003 年出版)。

练 习 思 考 题

1. 什么是房地产抵押?
2. 购房抵押贷款合同主要内容有哪些?
3. 某人向银行借了 800 000 元购买住房,还款期限 5 年,年利率 8%,按月等额偿还,每月应还

---

① [美]彼得·S·罗斯:《商业银行管理》,经济科学出版社 1999 年版,第 536 页。

多少钱？第3年末还剩有多少借款？第4年第1个月的偿还额中,利息和本金各为多少？

4. 某人曾以10%的固定利率向银行借款12万元用于购买住房,还贷年限为10年,现已经过去整5年,贷款利率下降到了7%,如果采取借新款还旧贷的方式,需要额外支付1 000元手续费,那么是否值得采取"借新还旧"方式？

5. 2015年4月某住房总价值163万元,首付49万元,抵押贷款114万元,贷款25年(从2015年5月计利息),年利率5.508%。等额本息还款,计算月还款额。2017年利率调整为5.814%,计算新的月还款额。2018年利率调整为6.044%,2008年1月份提前还款20万元,计算提前还贷后的月还款额。

6. 美国的不同抵押贷款方式从借贷双方的不同立场来说,各有什么利弊？

7. 我国金融机构主要提供哪些房地产抵押贷款业务？

第三章
房地产抵押贷款风险

第一节　房地产抵押贷款风险分析

一、抵押贷款风险的类型

发放房地产抵押贷款的金融机构,面临着违约风险、利率及购买力风险、流动性风险、提前还款风险。

(一) 违约风险

违约风险是指借款人因偿还贷款的能力有限,不能按期偿还贷款从而给贷款人造成损失的可能性[①]。住房抵押贷款的偿还期限一般较长(最长可达 30 年),且在偿还期内实行分期还贷的办法,家庭未来收入的不确定性增加了借款人因还贷能力不足而违约的可能性。发放抵押贷款的金融机构一般通过对审核还贷额-收入比(payment to income ratio)和抵押贷款率(loan to value ratio)来控制违约风险。还贷额-收入比等于每期还贷额与家庭收入的比值,该指标衡量借款人的还贷能力,比值越高还贷能力越低。根据国际经验,恩格尔系数小于 50% 的条件下,还贷额-收入比小于 25% 较合理。美国金融界一般认为,包括还贷额、房产税、房屋管理费等与房屋有关的费用在内的支出与家庭收入之比,以不超过 28% 为宜,家庭所有债务支出与收入之比不应超过 36%。抵押贷款率等于贷款总额除以房屋的价值,它衡量借方违约时房屋价值是否足以成为偿还贷款的保障,这一比例一般在 80% 以下。抵押贷款率指标比还贷额-收入比指标在对违约风险的预期方面更重要。此外,还要考虑到借款人的其他家庭财产价值、家庭收入的增长性、抵押物价值的变动趋势等因素,经过综合考虑来确定恰当的贷款方式、贷款期限及利率。非住宅类经营用房地产,除了考虑抵押贷款率,还需要考虑抵押物的债务偿还保证率(debt coverage ratio, DCR)。债务偿还保证率等于年净收益与年债务偿还额的比值。最大贷款额等于年净经营收入除以 12 倍的抵押贷款常数(按月还款)和要求的债务偿还保证率。比如,一商业用房地产的预期年净经营收入为 50 000 元,贷款人要求债务偿还保证率不低于 1.25,贷款利率为 12%,贷款期限为 10 年,按月等额还贷,12 倍的抵押贷款常数为 0.172 2,最大贷款额则为 50 000÷(0.172 2×1.25)=232 288(元)。美国的房地产抵押贷款违约率正常情况下为 1.6% 左右,中国香港为 0.02%,这与美国人和中国香港人消费文化观念差异有关,因为美国人习惯超前消费,而中国香港人对借债消费还比较慎重。

(二) 利率及购买力风险

利率风险是由于未来市场贷款利率的变动,给抵押贷款银行带来收益损失的可能性。购买力风险(通货膨胀风险)是指由于通货膨胀的影响,使借款人所偿还的本

[①] 一般将延迟还贷(delinquent)超过 90 天视为违约(default)。

息的实际货币价值降低的可能性。在固定利率抵押贷款情况下,若贷款利率中已经考虑的预期通货膨胀率低于实际通货膨胀率,就出现购买力下降风险。一般来讲,固定利率贷款的贷款期限越长,金融机构面临的利率风险越严重。美国许多金融机构曾经发现以前发放的固定利率抵押贷款的利率,比现时市场利率低10%以上。虽然利率可调整抵押贷款可以防范利率风险,但如果随着利率提高,借款人的收入没有相应地提高的话,违约的可能性就会增加。

(三) 流动性风险

金融机构为借款人提供长期抵押贷款后,需要相当长的时间才能够收回贷款,大大降低了这部分资产的流动性。抵押贷款期限较长,而银行贷款资金来源多为短期储蓄存款,金融机构的这种资产与负债期限差异称为存贷期限不匹配,在通货膨胀率较高时期,期限不匹配可能会给金融机构带来严重财务危机。房地产抵押贷款证券化使这部分资产能够在证券市场上公开出售,降低了流动性风险。在借款人违约时,其抵押物的处置也有流动性风险,特别是较高的违约发生率往往与房地产市场不景气、房地产价值下跌"相伴而生"。

(四) 提前还贷风险

固定利率抵押贷款情况下,如果市场利率下降,借款人就可能会通过再融资(refinancing)即以新贷还旧贷来提前偿还贷款,造成金融机构预期收益的不确定性及利息收入的损失,也增加了金融机构财务管理的难度,称为提前还贷风险。假设某借款人借入了一笔10年期、贷款利率为7.75%、贷款额为50万元的固定利率抵押贷款,按月等额本利偿还。5年后,5年期的固定利率抵押贷款利率为7.25%,借款的手续费用为总借款的0.5%,此时,借款人考虑是否有必要通过再融资来提前还款。计算当前的月还款额为6 000.57元,5年后的贷款余额为297 689.56元。如果按照新的利率来"借新还旧",则月还款额为5 929.87元,每月可节省还款70.7元。所节省还款额的现值(以年利率7.25%折现)为3 549.26元,再融资的费用为1 488.45元,借新还旧的净现值为2 060.81元(3 549.26-1 488.45),因而,借款人会选择通过借新还旧来提前还贷。我国的住房抵押贷款业务多为利率可调整抵押贷款,借款人的提前还款不是发生在市场利率下降时,而是出现在市场利率提高时,借款人为减少利息支出,用手中富裕的资金提前还贷。除了经济利益考虑外,搬迁、出售房屋、家庭破裂等因素也会导致借款人提前还贷。

案例 3-1

20 世纪八九十年代美国储蓄贷款银行的危机[①]

美国储贷机构(S&L)在1980年以前的业务范围较为狭窄,它们主要运用家庭储蓄和其他来

---

① [美]罗伯特:《管理得与失》,中信出版社2000年版,第5章。[美]R·A·贾罗、V·马斯科·西莫维,W·T·津巴:《金融经济学手册》,上海人民出版社2007年版,第33章。

源的资金为抵押资产组合融资,资产运作大量涉及家庭抵押贷款的发起、投资和经营。

美国储贷机构的起源可追溯到1831年在费城成立的牛津互助储蓄及其他的房屋互助组织,它们组织起来的目的是为成员家庭的住房贷款提供基金库,具有互济会的性质。成员定期缴款作为份额累积起来为抵押贷款提供资金,贷款收益返还给份额持有人。这种份额在机构的生命期限内不得随意提取,一般在每个成员都取得过贷款且所有贷款都已经清偿后,就会解散。抵押贷款中的任何损失都必然由份额持有者来承担,他们无权选择撤出份额。到1870年,随着常设机构的引入和份额的逐次发行,为新成员在不同时间得以加入该组织提供了便利,借款人和存款人的身份界定趋于明显。20世纪初,一些储贷机构开始以三种债务方式为抵押贷款融资:传统的不变份额;收取固定利息并在特定日到期的份额(类似现在的大额存单);可因突发事件而提取的份额。

20世纪初的前30年中,S&L的资产风险因抵押贷款利率稳定而进一步降低,1900—1929年曼哈顿的常规抵押贷款利率平均为5.59%,1920—1930年S&L的合约利率平均为6.94%。可以说从创建到大萧条时期储贷机构受利率风险的影响并不明显。起初是因为在制度设计中没有期限不匹配问题,后来虽然短期储蓄债务增加而可能产生期限不匹配的问题,但又处于利率稳定的金融环境,同时它们也避免对短期债务的依赖。

伴随着大萧条时期的到来,资产贬值、收益下降,进而对储贷机构产生不良影响。房地产市场萧条,住房抵押贷款借款人的贷款偿还出现危机,取消抵押贷款赎回权的情况时常发生。储户出于个人流动性的需要或对储贷机构倒闭的担心,极力要求兑现其存款。政府就危机所采取的反应措施对储贷机构的资产-债务结构产生重要和持久的影响。自1933年业主贷款公司法(home owners loan corporation act,HOLC)实施到1936年期间,贷款公司从储贷机构、银行及其他抵押放款机构中接受了30多亿美元的抵押贷款,并以15年期利率为5%的分期偿还抵押贷款方式,为已有的抵押贷款合约重新提供融资。之后成立了联邦住房管理局(FHA),作为由联邦政府支持的抵押贷款合约的保险方(担保人)。从担保人的角度看,分期偿还贷款合约的期限越长越好,而对借款人来讲投保后的抵押贷款更好。到1947年,储贷机构的抵押贷款合约的平均期限由1930年的10.8年延长到了15.2年。20世纪50年代储贷机构的抵押贷款平均期限超过了20年。储贷机构的资产价值对利率的波动也更加敏感了。

收入急剧下降引起消费者流动性需求增大的问题,使储贷机构在债务方面依赖活期储蓄存款,这会导致在资产价值不稳定的环境中的储户"挤兑",造成金融体系的不稳定。许多机构采取只在有现金流入时才支付的提款延付方式,虽然有助于防止挤兑,但却冻结了有合法需求的储户存款账户资金。1934年联邦储蓄贷款保险公司的成立,为储贷机构的储蓄业务提供了联邦承诺贷款支持,使储贷机构得以将活期储蓄作为常设业务,同时又不至于遭受储户挤兑的威胁。资产-债务的期限不匹配问题成了储贷机构的显著特征,随着抵押贷款资产平均期限的延长而进一步加剧。长期固定利率抵押贷款资产和短期储蓄到期日不对称,成为20世纪60年代中期一系列储贷机构危机的主要原因。

从第二次世界大战结束到20世纪60年代,美国的住房市场需求旺盛,这是储蓄贷款银行发展的黄金时期。按照法律要求,储蓄贷款银行发放长期住宅抵押贷款,但它们却将活期存款用于放贷。这一短存长贷的情况最初没有问题,到60年代末发生通货膨胀,所有固定利率的长期贷款的资产价值下降,导致储蓄贷款业的组合资产价值下降,1971年储蓄贷款业有170亿美元的负净值。70年代通货膨胀恶化时,储蓄贷款业面临着更大的损失。由于对储蓄贷款业的存款利率的限制,使数以千亿美元计的存款流出。为了挽救储蓄贷款业,避免潜在的破坏性的资金流出,1980年国会在《存款机构放松管制和货币控制法案》中，逐步取消了存款利率上限限制，并允许储蓄贷款业发放各类消费者贷款，将存款保险额从4万美元提高到10万美元，更重要的是放松了对行业的监管，降低了对储蓄机构权益资本的要求，允许按100%的评估价值放贷，即使购买价比评估价还低。无节制的贪婪很快取代了更多的自由。一场利率大战在储蓄贷款业展开，有些储蓄贷款银行付给存款者两位数的利率，当储蓄利率上升到5.5%时，从储蓄贷款银行流出的钱开始回流，但储蓄贷款银行新的存款成本，超过了在六七十年代利率为6%或更低的固定利率住宅抵押贷款中的盈利。80年代中期，掀起了一场寻求高利润以弥补过去低利率住宅抵押贷款成本的贷款狂潮，许多机构贷款几十亿美元给公寓、写字楼及其他项目，开发商得到的贷款投入房地产开发，如果项目成功则自己发财，如果失败联邦储蓄贷款保险公司则会弥补损失。1984年得克萨斯州的马斯魁特帝国储蓄贷款银行的倒闭引起全行业的关注，监管者评估发现，抵押贷款中有几十亿美元的抵押物价值被高估了30%，石油价格下降引发了得克萨斯州的经济崩溃，随之而来的是房地产价值"气球"的突然爆瘪。当贷款拖欠不能偿还，抵押品赎回权一个个被取消时，出现多米诺骨牌效应，取消赎回权的抵押物价值只是所欠贷款的一部分，不能竣工的建筑随处可见。一个接一个的储蓄贷款银行的倒闭，引发存款者恐慌挤提(挤兑)在全国储蓄机构9 320亿美元的多米诺效应，成为一触即发的潜在危机。1987年630个储蓄机构的损失估计达到75亿美元，占到剩余储蓄机构收入总和的一半。到1988年，美国3 178个储蓄机构中有503个破产。美国学者分析其危机的原因有：监管不力、储蓄贷款银行管理水平低下、储蓄贷款银行的财务结构问题、经济衰退。下面举几个储蓄贷款银行的具体情况。

森伯特储蓄贷款银行自1981年12月麦克勒尼建立投资集团并收购小储蓄贷款银行起，不到4年的时间就成了有32亿美元的金融帝国，其增长的大部分来自风险很大的商业房地产贷款。该协会曾贷款1.25亿美元给一个以土地作抵押的20多岁没有经验的开发商，一下子就损失了8 000万美元。麦克勒尼喜欢开奢侈的晚会，时常在得克萨斯州宫殿般的家中用狮子和羚羊款待成百上千的客人。在1984年和1985年，为万圣节和圣诞节花费了130万美元，这不过是大款们如此行径的一个侧面。1986年，森伯特储蓄贷款银行宣告破产，被没收的房地产抵押物中，有60亿美元的不良资产，只有几百万美元的资产能够出售。

萨姆若克储蓄贷款银行是由一个投机者，以高于票面价值一倍多的价格，购买了得克萨斯州萨姆若克小镇的红河储蓄贷款银行后改叫的名称，它的存款在3年内从1 160万美元飞速上升到1.13亿美元。1987年发生危机而倒闭时所欠的1 660万美元，超过了自身资产。监管者发现，它将"不安全"贷款额集中提供给了同一客户，所评估的抵押物价值有相当大的部分是通货膨胀增值，而且没有正规的信贷文件，只是"在午饭时握一下手"就发放了贷款。这也是在储蓄贷款业普遍存在的模式。"萨姆若克"体现了储蓄贷款银行的大部分特征，尤其是在令人兴奋的石油业兴旺时期，得克萨斯州及西南部各州都以为，石油价格将持续上升，建筑业的繁荣永远不会停止，但20世纪80年代初石油价格的下降，摧垮了遍及西南的商业房地产项目的资金支柱。

森科斯特储蓄贷款银行是美国东南部最大的住房抵押贷款的发起人和服务商，它通过购买和在二级市场上出售住房抵押贷款的经营策略，减少了利率变动固有的风险。在出售时，它保留了获取抵押贷款利息的权利，这构成它的主要收入。森科斯特出售由住房抵押贷款支持的证券给华尔街的投资银行，在合同中确定了特定的日期、约定的利率和折扣，虽然这种保守方法的代价较高，但进一步降低和防范了利率上升的风险。这种保守的经营策略，使协会1988年的资产比1987年增加了一倍多，住房抵押贷款利息收入从1987年的11亿美元上升到1988年的27亿美元，净收入从1987年的每股60美分上升到1988年的98美分,1988年权益收益率为14%。在储蓄贷款业危机中,有许多机构也像森科斯特储蓄贷款银行一样,逆势而上并取得了成功,它们的共同特征是谨慎发展,集中精力从事住房抵押贷款,并提高在为顾客服务方面的创造性。

1980年到1992年3月31日,联邦机构处置了1 100多家破产的储贷机构,从1992年3月31日起,另有408家持有该行业29%资产的储贷机构被划入陷入困境的一类。由于联邦储蓄与贷款保险公司的库存资金告罄,在这些破产前后发生的绝大部分成本将由美国的纳税人承担。自1993年5月处理这些破产差不多耗费了2 000亿美元,同时清算信托公司另有690亿美元的资产用于了破产管理。

案例 3-2

日本住宅专业金融机构的倒闭[①]

20世纪70年代初,日本经济进入高速增长时期,随着经济实力和人均收入的提高,购建私人住宅成了当时的消费热点。但是按照日本法律的规定,资金雄厚的日本各民间银行不得直接介入房地产交易和向个人提供购建房屋的贷款,而住房金融公库的政策性贷款不能满足住房贷款需求热。为满足市场发展的需要,日本各民间银行、地方银行、信托银行、证券公司、保险公司等,绕过法律规定相继联合在1971—1976年成立了专门向个人提供购建住房资金的住宅专业金融机构(简称"住专")。连一向为农民服务的农林金融系统,也于1979年成立了协同住宅贷款公司。1973年,大藏省提出"希望培育住宅金融专门机构"的调查报告,并将公司"住专"置于大藏大臣的直接管辖之下。"住专"成立不久,日本便出现了泡沫经济征兆,房地产越炒越热,在巨额利润诱导下,日本各民间金融机构不断向"住专"注入资金,大藏省退下来的官员纷纷到"住专"任职。一时间"住专"股票直线攀升,为"住专"出资的金融机构也获得了巨额利息,各"住专"的头头们住豪宅、坐豪车,捞足了实惠。众多暴力团组织也纷纷进行炒卖土地的投机,有材料说"住专"贷款有80%~90%流入了暴力团。

进入20世纪90年代,日本经济出现了衰退,房地产经济泡沫破灭,许多在泡沫经济时期以巨资购买的土地和兴建的写字楼、豪华住宅价格暴跌,有的甚至不及投资的1/3,但也无人问津,大批房地产公司破产,造成"住专"的大量贷款无法收回。"住专"最大的贷款对象是"末野兴产"房地产公司,该公司在泡沫经济时期大量购买大阪市内的高楼和土地,拥有大约180幢高级公寓和高楼,向"住专"及其关联公司借款2 300亿日元,但在90年代初有过连续两年没有偿还分文贷款的记录。1991—1992年,大藏省对7家"住专"调查发现,平均呆账率为38%,1995年6月第2次调查时呆账率达到76%,1996年2月,大藏省公布个人住宅抵押贷款呆账率为17.4%,企业贷款呆账率为89.1%。

[①] 张海波:《日本"住专"风波》,《参考消息》1996年2月18日、20日、21日、22日、24日、25日、26日;陈志江:《日本经济的怪胎"住专"》,《光明日报》1996年2月15日;戚名琛:《近几年来的日本地价波动》,《经济研究资料》1997年第10期。日本经济学家铃木淑夫在描述泡沫经济时期地价和股票暴涨时写道:"乐队的大车"走在大街上,很多人虽然不知道为了什么,也不知道车子开往何方,但仍然紧跟其后,而且越来越多的人尾随其后,既然有这么多的人跟在后面,乐队车当然会继续行驶在大街上,人们越这样想就越想跟在乐队车后面。意思是说,人们看到有那么多人购买股票和土地,虽然说不清原因,但认为价格绝不会崩溃,因而越来越多的人参与了土地和股票的购买,"泡沫"产生了。

"住专"原来的主要业务是向个人提供住宅贷款,以后转向为房地产公司提供贷款,贷款规模由几千万日元增加到几十亿日元,风险增大,但必要的管理人才却极为贫乏,致使在许多银行审查不予贷款的项目却流向"住专",顺利取得贷款。住宅总公司("住专"之一)的干部说:"分公司总经理的一半没有贷款业务的经验,包括高级干部在内,都是对房地产贷款一窍不通的外行"。住宅总公司向以"太阳地产公司"为主的"太阳集团"提供的贷款,在1987年最大达到1 400亿日元,占其贷款总额的17%。自1986年起,住宅总公司积极向房地产公司贷款,将抵押贷款率从80%提高到95%,1989年前后又提高到100%。在泡沫经济崩溃后,"住专"为了通过"救活"濒临"死亡"的借款人来收回贷款,又追加贷款,致使不良债权进一步增加。在回收抵押房地产时,由于许多抵押物被暴力团租赁占有,而且在法律上也受到保护,使要向暴力团支付搬家费才能回收,阻碍了抵押权的实行,有人认为这是有些房地产公司故意与暴力团串通好的。

二、借款人理性违约的经济分析

房地产抵押贷款中的借款人违约可以划分为被迫违约和理性违约。

(一) 被迫违约

被迫违约是由于借款人收入减少、失业、离婚、死亡、自然灾害等等原因,而造成其在个人财政上缺乏还贷能力,不得不将所抵押房地产交由银行拍卖,以所得价款弥补银行的部分损失。被迫违约是由于各种缘由而导致的借款人无力偿还贷款,因而可称为支付能力理论。

(二) 理性违约

理性违约是借款人觉得如果不再继续还贷,则相对于继续还贷可以为自己带来更大收益,因此而选择违约。理性违约是在楼价下跌幅度超过借款人已经投入的资金及成本时,或者说在房地产价值低于剩余的未偿还贷款额时发生。而这一条件只是理性违约的必要条件,如果借款人的收入足以偿还贷款,或者借款人可能考虑到个人声誉或其他原因,会继续偿还贷款。另据国外学者的研究表明,较高的抵押贷款率、较长的贷款期、利率上升、借款人收入的不稳定及增长相对过慢等都会增加违约的机会。由于我国《担保法》第53条规定抵押物折价或变卖后的价款,如果不足以偿还债务,不足部分仍由债务人清偿,因而从理论上推断我国不存在理性违约的可能性,或者可能性不大。不过,现实中向债务人继续追缴欠款的难度较高,处置抵押房地产也有一定的成本,因而贷款人有可能会通过采取减免部分债务、准许一定时间的延期还贷等方式,来尽可能降低损失、实现贷款回收。

理性违约可能发生在房屋价格下跌以至于房屋价值低于剩余未偿还贷款额时:

$$HP' < \alpha HP - E$$

考虑到其违约后重新购买相同价值的房屋还需要支付中介费、印花税等交易成本,则违约条件演变为:

$$HP' + \beta HP' < \alpha HP - E$$

$$HP'(1+\beta)<\alpha HP-E$$
$$HP'/HP<(\alpha-E/HP)/(1+\beta)$$

式中，HP 为房屋购买价格；HP' 为某时点房屋的市场价值；α 为抵押贷款率（LTV）；β 为房屋交易费用占房屋价值的比率；E 为已偿还贷款本金的累计。

因而，房屋价值下跌幅度越大，HP' 越小，违约的可能性越大；α 越大，违约可能性越大；β 越大，不等式右侧越小，左侧小于右侧的可能性越小，违约的可能性越小；贷款本金已偿还的比率（E/HP）越高，违约的可能性越小[①]。

理性违约是借款人对其持有的房地产价值和所欠贷款价值的权衡比较，在权益价值为负会发生违约，因而可称为权益理论。违约的权益理论也可解释为"卖权"理论（put option），即发放贷款时，贷款人同时给予了借款人一个"卖权"，这种卖权是指如果房地产价值小于贷款价值，那么借款人的最优选择是终止偿还贷款，将房地产以贷款余额的（面值）价格出售给贷款人[②]。

（三）关于违约理论的研究

Quercia 和 Stegman 关于住房抵押贷款违约的文献综述中，将 20 世纪 90 年代早期以前的违约理论研究划分为三个阶段[③]。第一阶段从 20 世纪 60 年代开始，研究文献旨在识别与抵押贷款违约相关的抵押贷款及借款人特征，研究认为：①抵押贷款利率反映了贷款人对违约风险的预期，LTV 越高，利率越高；利率与房地产价值呈负相关，能够买得起较高价值房地产的借款人信用较好、收入稳定，违约风险较小，因而贷款人索取的利率较低；贷款发起时的房地产权益对违约风险有重要影响，比如 LTV 从 90% 提高到 97%，违约率增加 7 倍；较长贷款期限贷款的违约风险较高，贷款发放后 3~4 年时段的违约率最高。②借款人的年龄、婚姻状况、赡养人数对违约的影响不明显，还贷额-收入比超过 30% 的借款人违约可能性提高，借款人的收入稳定性及职业对延迟还贷（delinquent）有影响。③抵押房地产所在的区位及市场状况对违约有影响，失业率较高地区的违约率也较高；房屋质量及邻里环境与违约率呈负相关。④利率可调整抵押贷款比固定利率抵押贷款的违约风险大。第二阶段从 20 世纪 70 年代后期开始，研究文献基于消费者行为理论，研究借款人的效用最大化违约决策模型。贷款偿还决策理论认为，借款人在贷款偿还期间有四种行为选择：按计划还款、延迟还款、停止还款（违约）、提前还款。研究表明，权益理论相比支付能力理论更能够得到借款人效用最大化行为决策理论的支持，抵押贷款率（LTV）、收入波动（地区失业率）对违约有重要影响。20 世纪 80 年代中期，违约决策

[①] 谢贤程：《香港房地产市场》，山西经济出版社 1993 年版，第 103—105 页。

[②] [美]特瑞斯·M·克劳瑞特等：《房地产金融——原理和实践》，经济科学出版社 2004 年版，第 325—326 页。

[③] Roberto G. Quercia and Michael A. Stegman. Residential Mortgage Default: A Review of the Literature. Journal of Housing Research, 1992, 3(2): 341-379.

理论被纳入期权概念框架,违约被视为"卖权"的执行。借款人一旦违约即执行"卖权",就丧失了未来违约期权的价值,而未来违约期权的价值,以及包括交易成本、搬迁成本、借款人声誉及信用等级损失成本在内的期权执行成本的估计都非常复杂,从而使期权价值的估算较为困难。第三阶段的研究主要是从 FHA(联邦住宅管理局)、FNMA(Fannie Mae,联邦国民抵押贷款协会)、FHLMC(Freddie Mac,联邦住宅抵押贷款公司)等机构角度更加关注贷款资产组合中违约概率的估计,而不再是借款人的违约决策。

LaCour-Little 对 1992 年至 2007 年期间有关房地产抵押贷款终止风险的研究文献进行了综述。这一时期的贷款风险研究主要是基于房地产抵押贷款资产定价目的。理论文献侧重于以借款人的财富最大化经济行为及零交易成本为假设前提,运用期权定价方法,研究在利率及房地产价值波动下,房地产抵押贷款中的违约期权(put option)及提前还贷期权(call option)[①]资产定价。研究认为,违约概率主要取决于贷款发放时的 LTV 和房价的波动,在房地产价格波动和 LTV 都不是很大的情况下,违约风险相比提前还贷风险对抵押贷款资产价值的影响较小,即违约期权价值远小于提前还贷期权价值。然而实证方面的研究表明,期权方法对违约率及提前还贷率的估计过高,抵押贷款资产的交易价格超过其面值。对于借款人在抵押贷款期权有价值(in-the-money)而不即刻执行的一种解释是借款人的差异性,如在有交易成本的情况下,若 FRM 贷款的剩余偿还期很短,即使市场利率下降,通过再融资来提前还贷也可能在经济上并不合算。还有一些研究认为,对低收入家庭来讲,因其信用级别低、住房权益价值低,限制了其再融资的能力,因而提前还贷的情况也大为减少。ARM 贷款合同的创新,如初期利率折扣有可能减少因市场利率下降而导致的提前还贷行为,不过,房价的大幅度上涨可能促使借款人以再融资来提前还贷的方式,析出房地产权益价值(equity extraction)而获利。例如,两年前抵押贷款 40 万元购买的价格 50 万元的房屋,目前市场价值上涨到 80 万元,借款人则可以将该房屋抵押贷款 50 万元,偿还 1 年前的贷款 40 万元,从而"析出"价值 10 万元用于其他消费。抵押房地产价值的虚高评估,也会导致 LTV 对违约行为防范的弱化,增加了违约风险。[②]

案例 3-3

房价下跌致使停止还贷

据深圳市国土房管局统计,2008 年 6 月,深圳平均房价为 11 159 元/平方米,与 2007 年 10 月

[①] 提前还贷期权是指贷款人允许借款人在债务的账面价值低于其市场价值(以市场利率计算)时,作出以债务的账面价值偿还贷款的选择。

[②] Michael La Cour-Little. Mortgage Termination Risk: A Review of the Recent Literature. Journal of Real Estate Literature, 2008, 16(3): 297-326.

均价 17 350 元/平方米的历史高位相比,已经下跌了 36%。这意味着,有些首付在三成的购房者购置的物业已经沦为负资产。一些房价下跌较大的区域,开始出现主动断供的业主。

在一家软件公司上班的陈先生 2007 年 10 月在南山区半岛城邦,买了一套 121 平方米的三居室住房,首付 90 多万元,总价 310 万元,月供 1.6 万元左右。随着房价的下跌,目前该物业价值在 210 万元左右,缩水 100 多万元,已经是负资产。"现在我还在观望,月供时断时续。如果此时断供,缩水的这 100 多万元,等于我的首付打了水漂,损失完全是我的。如果房价继续下跌,再缩水 50 万元,到那时我再断供,损失就是银行的了。"陈先生说,虽然他现在把房子出租每月可以收取 9 000 元的租金,但与高额的月供相比,令他难以承受。

27 岁的李小姐 2007 年 12 月在龙岗区英郡年华,买了一套 46 平方米的住房,首付 6 万元,总价 51 万元,月供 2 600 元。该住房市价现已跌到 30 多万元,缩水 20 多万元。为减少损失,李小姐准备彻底断供,目前已经有 1 个月没有交钱了,她告诉记者,该楼盘已经有 1 名业主断供 2 个月,1 名业主断供 3 个月。英郡年华业主李小姐告诉记者,不到万不得已,她是不愿意选择断供的,因为这不仅意味着以后她的信用记录会留下污点,无法享受银行的贷款业务,甚至连信用卡都办不了。

"我的房产都成了负资产,让银行把房子收去,我还亏得少一点。"宝安区泰华阳光海的业主郑先生说,他们楼盘有不少业主断供。泰华阳光海的按揭银行有关人士也向记者证实,确有业主断供。

据记者了解,深圳房价下降较大的一些区域的楼盘,或多或少都出现主动断供现象,这些业主供楼时断时续,相关银行担心形成呆账坏账,也不愿催促得太紧,一般就以电话催交为主。所以目前深圳彻底断供的具体情况并不明朗。根据人民银行深圳中心支行发布的消息,2008 年深圳房贷业务不良率略有上升。到 3 月末,深圳全市个人住房不良贷款余额为 13.36 亿元,比 2007 年年末增加了 0.81 亿元。房贷不良率为 0.58%,比 2007 年年末上升了 0.04 个百分点。

长城证券一位行业分析师认为,负资产对于自住购房者而言,还主要是一种心理概念,因为不管是涨是跌,对于自住影响都不大。而且房产不同于股票,有着更强的保值能力,至少它有收租的保证。负资产真正影响的,是那些手握多套住房的炒房者,他们不堪利息重负,才有可能断供。

就主动断供而言,据记者了解,在深圳主要有三种情况:一是有些高位入市但目前又未收楼的业主想通过断供逼迫银行向开发商施压,希望后者能够给予他们补偿;二是炒房者不堪多套住房的利息重压,丢卒保车,被迫放弃保值增值条件不太好的房产;三是业主觉得确实房价跌得太多,主动放弃房产。据了解,目前深圳房贷断供者绝大部分属第一种和第二种情况。

深圳大学一位研究人员说,深圳的银行在住房贷款方面呆账坏账情况不算太坏,这主要是与美国次贷相比,中国的住房贷款主要是给优质客户的,也就是说,国内购房者的经济条件和还款能力都比次贷客户高,所以还没有出现大问题。但这不等于银行违规放贷没有风险,如果房价继续下调,2008 年下半年或明年将迎来客户违约的高峰。

事实上,由于 2007 年楼市火爆,一些银行放松房贷的执行标准,向一些不合规定的购房者贷款,直接导致了风险放大。英郡年华业主李小姐告诉记者,她当时买房时,缴纳的是一成首付,另外一成是由开发商垫付的,按揭银行竟然很快就批了下来,完全没有质疑。2008 年 5 月,为了维权,他们到深圳银监局反映问题,一成首付的行为才被叫停。现在断供,反正只损失 6 万元,如果损失多了,她可能就不会这么坚决了。

三、抵押贷款风险的保障

前面讨论过金融机构进行房地产抵押贷款,会有许多风险。利率及购买力风险,可以通过运用利率可调整抵押贷款的方式予以防范。流动性风险则可以通过抵押贷款证券化予以防范。提前还贷风险可以通过向借款人索取提前还贷罚金及运用利率可调整抵押贷款方式进行防范。理性违约风险可以通过无限责任追索的法律制度设计予以防范。对由火灾、爆炸、洪水、雷击等等灾害的发生,或由于借款人身体及生命遭受损害,而造成借款人可能被迫违约的风险,可以通过要求借款人对抵押的财产进行保险、购买寿险或人身意外险来予以防范。还有就是对借款人的信誉、工作及收入稳定性进行认真的调查和审核。我国2007年以前的住房抵押贷款业务都曾经要求进行房屋财产保险,目前在对抵押贷款风险防范的机制方面尚没有统一的规范和要求。而在美国已经形成了比较健全的房地产抵押贷款风险保障机制,在此作简要介绍。

美国在20世纪30年代以前,抵押贷款金融机构考虑到抵押贷款业务的风险,规定的住房抵押贷款期限较短,抵押贷款率也较低。即便如此,经济大萧条时期仍有1 700多家银行,因无法收回住房抵押贷款或因抵押物贬值而倒闭。再者,苛刻的贷款条款也限制了居民对抵押贷款的需求。1934年,美国成立了联邦住宅管理局,主要为普通居民的住房抵押贷款提供保证担保,即在借款人无力偿还贷款时,联邦住宅管理局将承担未清偿债务,及时向贷款金融机构支付本息。1944年又成立了退伍军人管理局(VA),主要负责为在役和退役军人及其遗孀提供住房抵押贷款担保。这就大大降低了贷款银行承担的违约风险,使贷款银行将最长贷款期限延长至30年,抵押贷款率最大增加到80%,极大地促进了经济萧条后和第二次世界大战后美国住宅业的发展。私营抵押贷款担保公司在经济萧条前就已经出现,但数量少、规模小,且在经济萧条时期因无力支付巨额赔偿而纷纷倒闭。1957年成立了取名为"抵押担保保险公司"的战后第一家私营抵押贷款担保公司,一大批私营抵押贷款担保公司相继成立,1973年私营抵押贷款担保公司的行业性组织——美国抵押担保公司协会成立。

联邦住宅管理局为中低收入家庭的住宅抵押贷款提供100%的担保,担保费由借款人按贷款额的0.5%～1%支付。所担保的多为固定利率、期限15～20年、抵押贷款率70%左右、抵押贷款额不超过一定上限(略高于全国住宅平均价格)的抵押贷款。退伍军人管理局提供的担保低于100%,1998年担保的抵押贷款最高限额为20.3万美元,担保比率多为贷款额的25%。私营抵押贷款担保公司对抵押贷款率的限制很宽松,最高可达到95%,担保比率为贷款额的20%～30%,担保费由借款人支付。抵押贷款出现违约时,私营抵押贷款担保公司向贷款金融机构支付全部债务,并获得房屋所有权,或者向金融机构支付贷款额20%～30%的赔偿金,贷款金融机构拥有房屋所有权。

美国的住房抵押贷款担保体系,降低了金融机构经营住宅抵押贷款业务的风险,改善了金融机构为居民提供的抵押贷款条件,提高了居民的购房支付能力,同时也提高了抵押贷款证券的资信等级。

第二节 房地产抵押贷款的审核及贷后管理

一、房地产抵押贷款的审核

贷款银行在正式受理了借款人的贷款申请后,需要进行房地产抵押贷款的审核,目的是为了控制房地产抵押贷款的损失风险。通常审核的内容主要包括:贷款申请资料的真实性,贷款申请人的信用状况、抵押房地产的状况、贷款申请人的债务偿还能力评价。

(一) 贷款申请资料的真实性审核

贷款银行通过对贷款申请资料的真实性审核,可以对借款人各方面的情况有所了解,为贷款决策提供基本依据。贷款申请资料真实性的审核主要针对借款人的身份证明、职业及收入证明、拟抵押房地产产权证明、房地产买卖合同。目前,职业及收入证明虚假的情况较为普遍,这一方面的证明若能够和税务部门的近3年个人所得税年缴纳证明结合起来,这种虚假现象应该会得到杜绝。

(二) 贷款申请人的信用状况审核

在发达国家,个人信用记录早已是市场经济的基石,但在我国,个人信用制度还刚开始筹建。我国目前的个人信用数据库是中国人民银行组织商业银行建设的全国统一的个人信用信息共享平台,它依法采集、保存、整理个人的信用信息,为个人建立信用档案,记录个人过去的信用行为,为商业银行、个人、相关政府部门和其他法定用途提供信用信息服务。个人信用数据库中最重要的信息是个人与银行之间的信贷交易信息,同时,还采集了一些能证明个人身份及非银行信用交易的信息,包括参加国家养老保险和住房公积金信息,住房公积金贷款信息、缴纳电信等公用事业费用的信息,以及关于遵纪守法方面的一些信息,包括欠税、法院判决信息等。

贷款银行对个人信用的审核主要参考中国人民银行征信管理部门提供的个人信用报告。个人信用报告的信息有以下几方面:①个人基本信息,包括个人身份信息(姓名、性别、证件类型及号码、通讯地址、联系方式、婚姻状况等),居住信息(居住地址及邮编等),职业信息(单位名称、地址、邮编、职位及收入等)。②信用交易信息,包括信用卡明细信息(卡类型、发卡机构、币种、信用额度、透支/还款状况等),贷款明细信息(贷款种类、贷款银行、担保方式、币种、贷款额、贷款余额、还款状况等),个人住房公积金信息(账号、单位、缴存比例及缴纳状况等),个人养老保险金信息(经办机构所在地、离退休类别及养老金发放状况等),个人电信缴费信息(报送机构名称、业务情况及缴/欠费情况等),查询记录。

对预售房地产的抵押贷款还要审核作为保证人的开发商的资信状况。

（三）抵押房地产的状况审核

抵押房地产的状况审核主要关注抵押房地产的产权状况和房地产评估报告。对房地产产权状况主要审核是否存在产权瑕疵、产权纠纷，是否已经设定了抵押权。对房地产评估报告主要审核估价工作的规范性及是否存在房地产价值虚假高估问题。对于预购的房地产抵押贷款，还要特别关注是否有可能出现楼盘烂尾、房屋质量不合格、难以办理房地产产权证等问题。

（四）贷款申请人的债务偿还能力评价

债务偿还能力的评价主要考虑以下几方面。①抵押房地产的市场价值及其可能下跌的状况。根据中国人民银行规定，对购买首套自住房且套型建筑面积在90平方米以下的LTV最高为80%，对购买首套自住房且套型建筑面积在90平方米以上的LTV最高为70%，对已利用贷款购买住房、又申请购买第二套（含）以上住房的LTV最高为60%，商业用房购房贷款LTV不得高于50%，以"商住两用房"名义申请贷款的LTV不得高于55%。虽然LTV最高比例的这一系列限制对防范借款人的违约风险起到很好的作用，但如果抵押房地产价格出现大幅度下跌，就会大大增加违约风险。②借款人收入水平及其稳定性。美国FNMA要求LTV为95%的贷款月还款额不得超过总收入的25%。中国人民银行规定，借款人偿还住房贷款的月支出不得高于其月收入的50%。此外，还要考虑当地房地产市场前景，以及市场利率变化对借款人还款能力的影响。

贷款银行通过对贷款的审核，确定是否发放抵押贷款，以及贷款额度、利率、贷款期限、还款方式等贷款条件，通知借款人正式签订抵押贷款合同，进行抵押登记，发放贷款，通知借款人按时还款。

二、房地产抵押贷款的贷后管理[①]

贷后管理是从贷款发放之日起到贷款本息收回之时止的贷款管理。贷后管理的主要内容包括：①借款人依照合同约定归还贷款本息情况；②借款人的职业、工作单位、收入和住所等影响还款因素的变化情况；③保证人的保证资格及能力变化情况；④抵押物的保管及价值变化情况；⑤贷款合同及相关资料的变更、修改和补充完善；⑥贷款资产风险程度、变化及趋势；⑦其他有关债权实现和保障的内容。

（一）贷后检查

由于每笔贷款的情况都在不停地变化，如借款人的职业、收入、健康、财务状况等方面的变化，可能影响到贷款的正常偿还，因而贷款银行需要密切注意这些变化，定期检查所有贷款。贷后检查的原则是，对各类贷款都要安排定期检查，确保对借款人的还款记录、抵押房地产的质量、借款人的财务状况、贷款文件的完整性等重要

---

① 殷红、张卫东：《房地产金融》，首都经济贸易大学出版社2002年版，第119—122页。

方面的检查到位,对有问题的贷款增加检查次数,遇到经济下滑及房地产市场衰退要加速贷后检查。

(二) 贷后风险识别

在借款人或贷款出现下面情况时,贷后管理中应当予以重视和密切关注:①借款人没有按照合同约定按时足额偿还贷款本息;②借款人出现套取银行信用、挪用贷款,以及其他违法违纪行为;③借款人的住所和联系方式变化、职业或收入变化、家庭变故等,以至于影响其贷款偿还能力;④借款人健康状况恶化、失踪、死亡等情况发生;⑤抵押房地产遭遇灾害、贬值,以及抵押人擅自处分抵押房地产;⑥保证人资格及能力出现问题;⑦贷款手续及信贷档案不齐全,重要文件或凭证遗失,对债权实现有实质影响。

(三) 不良贷款的管理

尽管采取了各种风险管理及安全措施,但一些贷款还是会因市场环境变化、借款人财务状况变化、贷款审核疏漏等因素,而不可避免地会成为不良贷款。不良贷款管理是指按照规定程序,对未按期还款的借款人发出催收提示和通知,督促其清偿违约贷款的过程。借款人首次未按合同约定时间归还贷款本息时,银行在5个工作日内进行电话提示;借款人连续两次未按期归还贷款本息时,银行向借款人发催收通知书;借款人连续3次未按期归还贷款本息时,银行约见借款人或上门催收,督促其落实还款计划;借款人连续4次未按期归还贷款本息时,银行会商告律师向借款人发出律师催收函;多次连续未归还贷款本息的,银行会研究处置方案,运用法律手段收回欠款。

案例 3-4

预售楼房倒塌引发的抵押贷款偿还争议

2009年6月27日5时30分许,上海市闵行区莲花南路罗阳路口,"莲花河畔景苑"一栋在建的13层住宅楼发生楼体整体倒覆事故。该在建楼房的倒塌,除了引起人们对建筑工程施工质量、房地产业的腐败等问题的极大关注外,引发了人们关于个人房贷抵押物损坏导致的还款问题的争论。每个月的抵押贷款还款时间要到了,但是房子都倒了,是不是可以不还贷了?这是很多该小区业主的疑惑。给"莲花河畔景苑"发放个人购房抵押贷款的主要是三家银行,包括交通银行、工商银行、上海银行(包括给小区未倒覆的其他楼房发放抵押贷款),涉及的抵押贷款大约1亿多元,其中涉及倒塌大楼的贷款约数千万元。某银行个贷部门人士透露,"确实有个别客户提出是不是可以停止还贷了。"几家银行之间也有进行沟通,以便能够达成一致的解决方案。上述银行人士认为,"虽然客户也是受害者,不过这不影响银行和借款人之间的债权债务关系。抵押物不存在了,但是仍可以追索借款者的其他财产。"上海美达房地产律师事务所陈世福律师认为,从民法看,借款人和银行分别担当债务人和债权人的角色,而房屋产权便是银行发放贷款时收取的抵押品,而抵押品的灭失并不导致债务人和债权人之间关系的终结。让倒覆楼的受害者来还贷,显然令人难以接受。不过银行人士和律师都认为,借款人可以通过向开发商索赔,以偿还银行的贷款。

然而,深圳房地产律师张茂荣先生则认为,房屋倒塌后购房者有权先解除购房合同,再解除商品房担保贷款合同,抵押贷款由开发商直接返还银行,购房者无需继续还贷。首先,楼房倒塌后购房者有权解除购房合同。楼房是商品房买卖合同的标的物,楼房倒塌,标的物消失,且在合同约定的交房期限内无法完成重建(重建周期远远大于合同约定的交房期),合同自然无法履行,购房者与开发商签订《商品房买卖合同》的目的无从实现,无论何种原因倒塌,购房者均有权解除与开发商的购房合同,并要求退还房款。其次,购房合同的解除导致房贷目的不能实现,购房者可进一步要求解除与银行之间的抵押贷款合同。购房者与银行签订借款合同取得抵押贷款的目的是用于购房,《商品房买卖合同》是抵押贷款合同签订的前提,最高人民法院《关于审理商品房买卖合同纠纷案件适用法律若干问题的解释》第24条明确规定"因商品房买卖合同被确认无效或者被撤销、解除,致使商品房担保贷款合同的目的无法实现,当事人请求解除商品房担保贷款合同的,应予支持。"再次,购房合同解除导致抵押贷款合同也被解除的,开发商负有返还购房者首期款本息及银行贷款的责任,购房者无还贷义务。抵押贷款合同虽然是购房者与银行签订、与购房合同相互独立,但由于抵押贷款是直接从银行账户划入开发商账号的,由开发商实际占有,为充分发挥诉讼资源解决纠纷的能力,避免当事人的诉累,最高人民法院《关于审理商品房买卖合同纠纷案件适用法律若干问题的解释》第25条第2款特别规定,"商品房买卖合同被确认无效或者被撤销、解除后,商品房担保贷款合同也被解除的、出卖人应当将收受的购房贷款和购房款的本金及利息分别返还担保权人和买受人",也即由开发商承担返还贷款的责任是抵押贷款购房方式的特定要求决定的。

第三节　房地产抵押贷款中的欺诈

房地产抵押贷款中的欺诈行为主体,主要涉及借款人、开发商、担保中介、房地产评估机构、贷款银行的从职人员。借款人的欺诈行为主要体现为贷款申请资料的不真实。开发商、担保中介的欺诈行为主要体现为以虚假购房合同套取银行贷款。房地产评估机构的欺诈行为体现为夸大性评估房地产价值,或出具虚假房地产评估报告,协助借款人、开发商、担保中介套取银行贷款。贷款银行从职人员的欺诈行为主要协助外部单位及人员套取银行贷款,属于里通外"贼"。美国一家抵押贷款研究机构统计的1993—1994年贷款样本中,借款人申请表里的各类欺诈信息比例表明,不正确收入信息占56%,不正确就业信息占36%,不准确居住信息占24%,不正确债务结构占13%,伪造申请占6%,虚假买房人占6%,伪造签名占6%[①]。

目前,我国房地产抵押贷款业务中给贷款银行造成资产损失最严重的欺诈行为,是购房抵押贷款中的虚假房地产买卖交易行为,通常被称为"假按揭",即开发商串通没有房地产购买意愿的购房借贷申请人,或伪造购房借贷申请人,以房地产虚假买卖合同办理购房抵押贷款,套取银行贷款并以购房借贷人名义还贷的行为。可以说,这种欺诈是开发商自导自演的一出骗局。开发商先人为抬高房价,然后以本

---

① [美]特瑞斯·M·克劳瑞特等:《房地产金融——原理和实践》,经济科学出版社2004年版,第619页。

单位职工及其他关系人冒充客户作为购房人,通过虚假销售方式,套取银行高额贷款。开发商以虚高的房价为抵押贷款的基准比例,把高于实际房价的现金套入自己囊中。一般利用个人购房抵押贷款进行骗贷的开发商,大多资金实力较弱,希望通过这种"假按揭"的方式从银行骗贷,以补充建设资金。如果项目热销,开发商在有真正的销售资金回笼时,可以将那些"假按揭"与银行解除合约,整个过程的运作几乎天衣无缝。可开发楼盘一旦销售不好,按月还款无法持续,骗贷真相无法掩盖,虚高的房价泡沫破灭,银行的风险也立即显现,所剩的也许只有一栋烂尾楼。这类欺诈表现有五方面特征[①]:①开发商伪造虚假的房地产买卖合同;②开发商虚高标注房地产买卖价格;③开发商不收取虚假购房人的首付款;④虚假购房的借贷人没有履行还贷义务;⑤开发商、贷款审查律师、银行职员共谋。随着城市二手房交易市场发育和成熟,贷款银行也逐步开展了为满足二手房交易的抵押贷款业务,以虚假二手房买卖办理抵押贷款的欺诈行为也逐步凸显。防范此类欺诈的关键在于严格规范和执行房地产抵押贷款的审核、批准、贷后审查等流程。

案例 3-5

涉案 7.5 亿元的烂尾楼抵押贷款欺诈

2009 年 6 月,有"京城最大骗贷烂尾楼"之称的森豪公寓,在烂尾 11 年后重新开工,新的项目名称为朝阳首府,总建筑面积为 68 453 平方米。森豪公寓(前身是天域公寓)位于东二环朝阳门桥向西 100 多米路南,位于外交部办公楼正对面,筹建于 1993 年,当时北京市住宅开发建设集团总公司负责承担森豪公寓所在区块的危改任务。后来,海内外先后有多家公司介入森豪公寓项目,皆无果而终,直到 1996 年,邹庆担任董事长的香港慕来投资公司受让该项目 80% 股权,此后不久成立了北京慕来房地产开发中心,负责森豪公寓项目。1999 年 1 月,慕来投资又突然撤出森豪公寓项目,其所持项目 80% 的股权全部无偿转让给香港华运达集团。1999 年 8 月 20 日,北京慕来房地产开发中心再次更名为华运达房地产公司。实际上,无论是慕来投资,还是华运达公司,其实际控制人都是邹庆。2000 年前后,房地产淘金热潮在北京开始激流涌动,民营企业进军房地产业的数量有限,好项目更是屈指可数。时任中国银行北京分行零售业务处副处长的徐维联向警方坦诚,由于总行要求的业务成倍增长,所以各家银行都在努力寻找放贷项目,银行竞相请房地产商吃饭请求贷款。1999 年的一天,中行北京分行信贷科的一位科员找到北京华运达公司,清楚地表达了自己的意思,希望为"森豪公寓"项目放贷,此时,华运达公司接盘森豪公寓仅仅数月。当时的森豪公寓五证齐全,不过华运达当时只缴纳了 40% 的土地转让金,手中持有的仅是临时土地使用证,因此,无法以企业名义将项目抵押贷款,于是开始虚构森豪公寓商品房销售,套取银行贷款。从 2000 年 12 月至 2002 年 6 月,邹庆指使手下雪卫东和王育红伪造了数百份收入证明、首付款证明,采用签订虚假商品房买卖合同的方法,从中行北京分行骗取个人按揭贷款 6.4 亿余元。除了森豪公寓,一个叫华庆公寓的楼盘也成为邹庆骗贷上亿元的工具。2001 年 9 月至 2002 年 6 月间,邹庆指使手下余建三、聂萍,采取同样的方法,从中行北京分行骗取个人按揭贷款 1.07 亿元。两项目

---

① 李延荣:《房地产法研究》,中国人民大学出版社 2007 年版,第 140 页。

共虚构257名购房者办理购房抵押贷款,向中国银行北京市分行骗取个人住房贷款共计7.5亿余元。证据显示,所谓的购房人全部是开发商的员工或者员工找来的亲友,这些普通职工在购房合同和收入证明上的身份都变成了某某企业的总经理、总会计师、厂长,月收入数万元之高,购买的都是两三百万元的豪宅,向银行借个人房贷。假购房人所"任职"的企业,大都是邹庆的公司,或者邹庆朋友的公司。据了解,邹庆掌控的公司多达几十家,有的空壳公司甚至就是用来掩人耳目的。明星楼盘森豪公寓没有真正卖出一套房子。一名"购房人"合同载明是某企业的副总会计师,月薪3万元。可检察官找到本人才知道,此人的真实身份是下岗工人,月收入只有几百元,他说之所以给开发商当"托儿",是受朋友之托。在这起骗贷大案中,被告人名单上有两名为银行提供法律服务的律师,分别是北京市嘉惠律师事务所的孔卫东和北京市华意律师事务所的战军。按规定,购房抵押贷款首先要通过这两家律师事务所的资信审查。然而,2000年12月至2001年7月间,在没有尽职调查森豪公寓项目的个人住房贷款申请人的资信情况下,两人共出具161份内容失实的法律意见书,涉及向虚假贷款申请人发放贷款5亿余元。银行放贷的最关键环节是银行审批,在邹庆先后两次成功骗贷的过程中,正是曾任中国银行北京市分行零售业务处副处长的徐维联大笔一挥,造成中国银行北京分行损失贷款本金6.6亿余元。有报道称徐维联曾得到华运达公司的好处费800多万元。

通过森豪公寓及华庆公寓虚假买卖获得的巨额贷款并未用于工程建设,而是用于在上海、北京等地进行大量建设项目的收购,2000年8月至2001年9月期间,邹庆通过旗下的华运达等公司,斥资5亿多元在全国各地收购地产。其中,在上海投入资金28 886.5万元迅速签订包括绿洲广场、绿洲星城、东湖大厦等知名项目在内的18个项目,成立上海大区公司进行管理。另外投入22 595万元,在北京、武汉、江苏昆山等地获得20个项目,由北京大区公司管理。接近邹庆的人士透露,邹庆早期做商贸期间,就对上海房地产一向很留心,认为上海地产正处于经济恢复期,马上将进入新的增长高峰,房地产业有巨大潜力。后来的事实证明,2004年到2005年,上海房价较2000年相比翻了一番,成为全国房价最高的城市。但邹庆没有料到,资金链的紧张会来得这么快这么严重。在迅速投入5亿多元之后,邹庆控制的资金链开始吃紧。华运达公司一位高管人员透露,邹庆在运作上海东湖大厦项目时,曾认定是一个非常适合二次融资的项目,计划拿下此项目后融资数亿为全局解围,因此自2001年2月起不惜陆续投入7 928.8万元,为邹庆旗下企业数额最大的一笔房地产投资。由于种种原因,这笔投资后来出现纠纷,先后经过仲裁、诉讼等,耗时近两年,本已绷紧的资金链又因此被彻底套牢。在前述东湖项目转折无望的情况下,邹庆想出三个对策解围:变卖项目资产或解除合作追讨订金;寻求和银行和解方案;寻求合作伙伴对森豪项目重组。华运达公司一位高层透露,由于资金链断裂,所有项目缺乏后续资金,根本无法继续运作,只有无奈退出,向合作方要求返还订金。同时寻求银行的和解方案。2001年9月,华运达公司无力偿还森豪公寓贷款后,高管人员以及邹庆本人曾先后多次与中行方面接触,希望寻求解决办法。2003年11月,华运达方面曾主张一个封闭式贷款方案,希望中行能够提供一笔2.83亿元的维期2年封闭式贷款,在银行全程监控的条件下全部用于恢复施工并完成森豪公寓项目。华运达公司曾聘请香港专业的房地产评估机构戴德梁行对森豪公寓进行整体评估,预计完工后可实现销售收入12.3亿元。华运达方面希望借此还款。承办该业务的一位负责人表示,当时中行曾对此表示接纳,先后与华运达方面就实施办法反复商讨过多次,甚至在2004年下半年银行曾出具一份债券转让协议草稿。就在即将签订协议的前期,中行、建行都开始酝酿在香港上市的计划,伴随上市进行的资产重组对于邹庆无异于毁灭性的灾难。为了配合上市进行清理资产,中行、建行将各种不良资产共 2 787 亿元一次性打包拍卖给了中国信达资产管理公司,森豪公寓和华庆公寓的项目也在其中,封闭式贷款协议由此泡汤,而审计署为配合中行上市审核中行资产时,发现了森豪公寓项目问题。邹庆解困的第三招是,积极寻求战略伙伴对森豪项目进行重组。据参与重组工作的人士透露,与香港某公司的合作已经基本谈妥,对方答应先注资 2.5 亿元,并于 2005 年 2 月 15 日对森豪公寓恢复施工,但 2005 年 1 月 23 日,正在珠海一个咖啡厅和几个高管兴致勃勃地筹划下一步动作的邹庆被公安机关刑拘,随后,其公司所有资产全部被查封,自救努力再次破灭。"我们就差一个月就起死回生啊!"华运达公司一位高管扼腕叹息。

建议阅读材料

[1] 李延荣:《房地产法研究》,中国人民大学出版社 2007 年版,第五章。

[2] 王福林等:《个人住房抵押贷款违约风险影响因素实证研究》《经济学(季刊)》2005 年第 4 期。

[3] 况伟大:《中国住房抵押贷款拖欠风险研究》,《经济研究》,2014 年第 1 期。

[4] Robert G. Quercia and Michael A. Stigeman: Residential Mortgage Default: A Review of the Literature, Journal of Housing Research, (1992) Vol. (2).

[5] Michael La Cour-Little: Mortgage Termination Risk: A Review of the Recent Literature. Journal of Real Estate Literature. (2008) Vol. 16(3).

练习思考题

1. 抵押贷款机构应如何防范抵押贷款风险?
2. 什么是违约风险?被迫违约和理性违约有什么区别?
3. 如何防范房地产抵押贷款中的欺诈行为?

第四章

住房抵押贷款的二级市场

第一节 住房抵押贷款证券化

一、住房抵押贷款证券化的内涵和意义

(一) 住房抵押贷款证券化的内涵

住房抵押贷款证券化(MBS)起源于 20 世纪 70 年代的美国,是资产证券化在房地产领域的主要形式,也是资产证券化历史上最早的证券化形式。

所谓住房抵押贷款证券化,是指银行等金融机构为了提高其资产的流动性,将其持有的流动性较差,但具有稳定、可预见现金流的抵押贷款按照一定标准进行组合包装,形成基础资产池,并将其出售给特殊目的机构,由特殊目的机构经过担保、信用增级等技术处理后,转变为证券出售给资本市场上的投资者,以融通资金的过程。简单地说,住房抵押贷款证券化就是银行等金融机构将流动性较差的抵押贷款转化为流动性较强的证券的过程。其实质是银行等金融机构为了规避风险而让渡部分利益给资本市场上的投资者。

住房抵押贷款证券化具有以下特点:

(1) 可预见的现金流是住房抵押贷款证券化的先决条件,只有抵押贷款所产生的现金流是可预见的,才可以对以抵押贷款为支撑发行的证券进行定价和评级。从表面上看,抵押贷款证券化是以抵押贷款资产为支撑的,但其本质上是以抵押贷款资产的未来现金流为支撑。住房抵押贷款的证券化,实际上是抵押贷款现金流的证券化,也即是银行未来收益权的证券化。

(2) 住房抵押贷款证券化是在已有信用关系的基础上建立起来的新的信用关系,是资本市场发展到高度成熟阶段的产物。在证券化过程中,投资者关注的是整个资产组合的收益和风险,单个借款者的资信水平被放在了比较次要的位置。投资者不必详细去研究每一笔抵押贷款的情况,也不必亲自研究房地产产权状况及借款人的信用是否可靠。这既有利于减少贷款人的风险,又有利于确保投资者的利益,吸引广大投资者购买。

(3) 证券化产生之前,抵押贷款的借款人只能从银行获得贷款,抵押贷款的证券化使银行可以通过抵押贷款从投资者那里获得资金贷给资金的需求者,这就使"一对多"的融资模式转变为"多对多"的融资模式,由于抵押贷款证券的资信水平一般比较高,一般都可以以较好的价格出售,这就降低了银行的融资成本,同时由于资金来源地扩大,资金的需求者也更容易获得贷款。同时,也将一部分风险分散化,降低了银行的金融风险。

(二) 住房抵押贷款证券化的意义

抵押贷款证券化是目前世界上发展最为迅速,影响最为深远的金融创新之一。

在美国,住房抵押贷款证券的发行规模已经超过了国债,对美国金融业的发展起到了积极的推动作用。

住房抵押贷款证券化的意义主要体现在以下几个方面:

(1) 提高了银行的资金流动性,有助于提高银行的资本利用率。住房抵押贷款的期限通常比较长,有时更是长达20~30年,属于流动性比较差的资产,而银行的主要资金来源——存款的期限又通常比较短,且不稳定。存款与贷款期限的不匹配,使银行很容易陷入资金周转不畅的困境,在经济不景气的时候更可能面临破产的风险。住房抵押贷款的证券化使银行可以以抵押贷款为支撑,获得再流动资金,降低了短期流动性风险,同时可以改善银行的资本充足率,有助于提高银行的资本利用率。

(2) 增加了住房抵押贷款的融资渠道,促进房地产市场的繁荣。住房抵押贷款的证券化为住房贷款提供了新的资金来源,资金来源地增多,可以降低银行等放贷机构的融资成本,从而降低了购房者的贷款成本,使更多人可以通过抵押贷款的方式购房,促进房地产市场的繁荣。

(3) 改善了银行的资产负债结构。在抵押贷款证券化的过程中,银行可以将不良资产打包证券化,从而将不良资产从资产负债表中剥离出去,优化银行的资产结构。

(4) 促进了金融产品和金融市场的深化。住房抵押贷款证券通常收益高,风险较小,为投资者的投资提供了新的选择。此外,在证券化过程中,中介机构、保险机构、投资机构等机构的参与深化了金融行业的分工,提高了整个金融体系的效率,同时将风险分散化,增加了整个金融体系的安全性。

二、住房抵押贷款证券化的历史沿革

早在1831年,美国出现了第一笔住房抵押贷款,20世纪初已经基本形成了以存贷机构为主、商业银行为辅的间接融资体制。由于美国经济周期性发展,存贷机构和商业银行等也不断经历着辉煌与低迷的周期性波折。

1929年到1931年大萧条期间,大量的存贷机构倒闭。大萧条过后,为了重新启动住宅市场,降低住房抵押贷款的信用风险,美国先后成立两家住房抵押贷款担保机构来为住房抵押贷款提供担保。即1934年成立的主要为中低收入家庭提供担保的联邦住宅管理局(FHA)和1944年成立的主要为退伍军人提供住房抵押贷款担保的退伍军人管理局(VA)。

1938年,美国成立了联邦国民抵押贷款协会(FNMA),开始探索和培育住房抵押贷款的二级市场。1968年和1970年,美国政府又先后成立了政府国民抵押贷款协会(GNMA)和联邦住宅抵押贷款公司(FHLMC),这三家公司机构成为抵押贷款二级市场上的造市商。金融机构可以将抵押贷款卖给这三家造市商,以降低流动性风险,也可以从这三家造市商手中买入住房抵押贷款。但是住房抵押债券产生前,这三家机构与放贷机构之间的交易只能以批量买卖的方式进行,资产的流动性有限。

20 世纪 60 年代末,由于退休基金,保险公司等投资基金的兴起,银行所能吸收到的长期资金越来越少,银行等放款机构吸收到存款(负债)多为短期浮动利率,而放出去的贷款(资产)多为长期固定利率。这时美国又陷入战后最严重的经济衰退中,通货膨胀严重,利率大幅度上升,浮动利率存款,固定利率贷款使有些存款利率甚至超过了贷款利率,贷款机构面临着严重的资产负债不匹配问题。在这种情况下,为了缓解金融机构资产流动性不足的问题,美国政府决定启动并搞活住房抵押贷款的二级市场。希望通过二级市场,实现现有贷款资产的流动性。1968 年,政府国民抵押贷款协会(GNMA)推出了第一批住房抵押贷款证券,标志着资产证券化的开始,随后,联邦国民抵押贷款协会(FNMA)和联邦住宅抵押贷款公司(FHLMC)也争相效仿,开始参与发行抵押债券。

20 世纪 80 年代,美国的私营机构也纷纷进入二级市场,住房抵押贷款证券在美国迅速发展,并推广至汽车、信用卡应收款等其他可以产生稳定现金流的金融资产。此后,加拿大以及欧洲的英国、法国、丹麦等国也于 80 年代后期开始尝试住房抵押贷款证券化。亚洲国家的证券化起步较晚,1997 年亚洲金融危机后,商业银行为了改善资产结构,纷纷开始寻求证券化的融资方式,日本、韩国以及我国香港等地区开始调整法律框架以适应证券化的需求,我国也于 2005 年 12 月 15 日由中国建设银行率先启动了住房抵押贷款证券化试点。

三、住房抵押贷款证券化的运作机制

由于各国的经济发展程度,法律制度以及银行等金融机构的具体情况不同,各国住房抵押贷款证券化的运作机制存在着或多或少的差异,但从总体上可以分为表内模式和表外模式两种。所谓表内模式,是指证券化的发起人保留证券化基础资产的所有权,作为证券化基础资产的住房抵押贷款组合仍保留在发起人的资产负债表中。表外模式与表内模式相反,是指发起人将拟证券化的抵押贷款组合"真实出售"给特殊目的机构,该抵押贷款组合将从发起人的资产负债表中消失。目前,美国等大多数国家和地区采用的是表外模式。下面我们以表外模式为例介绍抵押贷款证券化的运作机制。

(一) 住房抵押贷款证券化的运作主体

一般来说,住房抵押贷款证券化的运作主体包括:发起人,特殊目的机构,承销商,信用评级机构,信用增级机构,服务人,托管人和投资者。

1. 发起人

发起人是住房抵押贷款的原始权益人,也就是发放抵押贷款的金融机构,一般是商业银行。发起人的职责是选择拟证券化的住房抵押贷款,将其进行组合,并出售给特殊目的机构。

2. 特殊目的机构

特殊目的机构(special purpose vehicle, SPV)是抵押贷款支撑证券的发行人,其职责是购买发起人的抵押贷款资产,并将其处理后以证券的形式出售给投资者。此外,特殊目的机构还负责对资产进行信用增级,聘请信用评级机构对资产进行信用评级,选择承销商发行证券,选择服务人、托管人等中介机构,支付服务费用。

3. 证券承销商

证券承销商的职责是负责承销由特殊目的机构发行的抵押贷款证券。除此之外,在证券发行的过程中,证券承销商往往充当发行人的融资顾问,提供证券设计、包装以及法律、税收和财务等方面的咨询服务。

4. 信用评级机构

在证券发行前,必须对证券进行发行评级。证券评级机构的职责是对所要发行的抵押贷款证券进行信用评级。信用评级具有权威性,是投资者进行投资的有效依据。没有经过评级的证券很难被售出。

5. 信用增级机构

信用增级机构在抵押贷款证券化过程中起着十分重要的作用。信用增级机构分为内部增级机构和外部增级机构,内部增级机构一般由抵押贷款证券化的发起人担当,外部增级机构一般由独立的第三方担当,通常是保险公司和专业担保公司等。

6. 服务人

服务人是负责管理抵押贷款组合所产生的现金流的机构,一般由住房抵押贷款的发放人及其所属机构担任。服务人的职责是定期向抵押贷款的借款人收取本息,并将其转入托管人设立的专门账户。服务人定期收取服务费。

7. 托管人

托管人即受托管理人,是指受发行人和投资者的委托,定期向投资者支付本息的机构,是投资者利益的代表。当服务人收到资产池所产生的现金流时,会将其转入托管人为之专门设立的账户。托管人按照协议的约定,定期向投资者支付抵押贷款证券的本金和利息。

8. 投资者

投资者是指购买抵押贷款证券的市场交易者。投资者分为机构投资者和散户投资者。机构投资者是住房抵押贷款证券的主要购买者。

(二) 住房抵押贷款证券化的运作流程

下面我们结合图 4-1 介绍一下住房抵押贷款证券化的具体运作流程。

1. 组建证券化资产池

发起人根据自身资金的需求情况,贷款规模、质量和效益情况,确定证券化的目标,然后按照一定的标准(如贷款期限,偿还方式,信用等级等)对其所拥有的住房抵押贷款进行筛选,将符合条件的贷款资产剥离出来形成一个资产池(asset pool,即筛

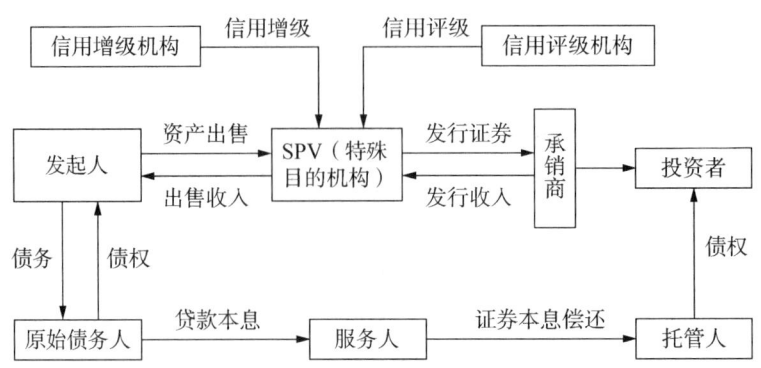

图 4-1 住房抵押贷款证券化的具体运作流程

选出来的符合条件的抵押贷款组合),作为证券化的基础资产。

2. 将贷款资产组合真实出售给 SPV

在表外模式证券化的过程中,必须保证将抵押贷款组合"真实出售"给 SPV。所谓真实出售,是指发行人将抵押贷款组合出售给 SPV,SPV 支付相应的价格,该抵押贷款组合从发行人的资产负债表中消失。真实出售的目的是为了实现风险隔离。

3. 信用增级和信用评级

为了提高抵押贷款资产的信用等级,降低融资成本,SPV 通常会对抵押贷款组合进行"信用增级"。所谓信用增级,是指 SPV 为了确保发行人按时支付投资者本息所采取的有效手段。信用增级分为内部信用增级和外部信用增级。通过担保、保险等方式来提高基础资产的信用等级,可以吸引更多的投资者。

信用增级完成之后,SPV 还要聘请专门的信用评级机构对将要发行的证券进行信用评级。信用评级是对证券的信用风险,包括证券发行人是否有能力按时支付本息,是否会发生信用损失,损失程度如何等方面作出客观评价。SPV 会将正式的评级结果向广大的投资者公布,以方便投资者进行选择。

4. 发行证券

信用评级之后,住房抵押贷款的发行人将选定承销商,根据市场条件,商定证券的发行价格和发行时间等发行条件,然后采用公募或私募的方式发行,由承销商负责向投资者销售。由于之前已经进行过信用增级,证券一般都能以较好的条件销售。SPV 获得证券的发行收入,并向发起人支付购买价格。证券进入二级市场流通。

5. 资产的管理和本息偿付

证券发售后,由服务人对抵押贷款组合的现金流入进行管理,即收取、记录和催讨抵押贷款的本金和利息。然后服务人将这些现金流存入托管人专门设立的账户中,由托管人根据证券发行协议的约定,在抵押贷款证券的本息偿付日向投资者支付本息。抵押贷款证券到期后,若资产池产生的现金流还有剩余,则按照协议规定在发起人和发行人之间进行分配。

第二节 住房抵押贷款二级市场

一、什么是住房抵押贷款二级市场

抵押贷款二级市场,是相对于抵押贷款一级市场而言的,是抵押贷款流通转让的市场。一级市场也称初级市场,是抵押贷款产生的市场。在一级市场上,银行等发行贷款的机构把钱借给借款人,在贷款期内,贷款机构会收到借款人支付的利息。放款之后,贷款机构可以把抵押贷款出售给二级市场上的专门机构,并将资金贷给新的借款人获得收益。这些机构以这些抵押贷款为担保发行证券,并将证券出售给投资者。二级市场上的投资者并不是把资金出借,他们只是购买以抵押贷款为支撑的证券并以此获得投资回报。

二级市场的产生有以下几个方面的原因:

(1) 银行等金融机构回笼资金的需要。由于房地产贷款的金额通常比较大,为了减轻借款人的压力,房地产抵押贷款的期限通常比较长,且采用固定利率的贷款方式,而银行所拥有的存款通常期限比较短,造成资产和负债的严重不匹配,故银行需要一个可以将抵押贷款卖出的市场以回笼资金。

(2) 房地产市场的繁荣时期,人们对住房的需求增加,同时对抵押贷款的需求也增加,而银行本身所拥有的存款是有限的,这就造成了贷款的需求大于供给的情况,抵押贷款的二级市场可以提供一个更广大的融资渠道,以满足银行和借款人的资金需求。

(3) 20 世纪 60 年代末,由于资本市场的发展,退休基金、保险公司等机构投资者也迅速发展,投资者除了银行存款之外有了更多的投资选择,故商业银行能够吸收到的长期存款的数量就大大减少,资产负债的比例严重不平衡,而退休基金、保险公司等机构投资者也试图寻求能够有效运用其大量资金的投资方式,抵押贷款二级市场的产生,既解决了银行等贷款机构资产负债不匹配的问题,又为机构投资者提供了一个很好的投资机会。

二、美国二级市场的主要参与者

美国房地产抵押贷款二级市场上,主要有三大实体机构在运作,即联邦国民抵押贷款协会(FNMA)、政府国民抵押贷款协会(GNMA)和联邦住宅抵押贷款公司(FHLMC)。二级市场上的投资者主要是包括退休基金、保险公司等在内的机构投资者。

1. 联邦国民抵押贷款协会

联邦国民抵押贷款协会成立于1938年,是美国二级市场上第一个成员机构。其成立的目的就是探索和培育抵押贷款的二级市场。其主要业务是购买有联邦住房管理局和退伍军人管理局担保的抵押贷款。

1954年,为了吸引私人资金扩大二级市场,联邦国民抵押贷款协会被授权可以将其购买的抵押贷款卖出。1968年,联邦国民抵押贷款协会一分为二,分为联邦国民抵押贷款协会和政府国民抵押贷款协会,新的联邦国民抵押贷款协会实行公司化运营,自负盈亏。其职能是通过二级市场为贷款发放者提供充足的资金流量。同时根据新的公司章程,联邦国民抵押贷款协会获权发行抵押支持证券(mortgage-backed securities, MBS)。1970年,FNMA获权购买未经联邦住房管理局(FHA)保险或未由退伍军人管理局(VA)担保的普通抵押贷款;1972年,FNMA第一次购买了普通抵押贷款,并作为一项投资持有;1981年,FNMA第一次将抵押品组合起来发行了它的第一份抵押支持证券。

2. 政府国民抵押贷款协会

政府国民抵押贷款协会是1968年从FNMA中分离出来的,现在仍为美国住宅与城市发展部属下的一个政府部门,其职责有以下几点:①为政府资助的住房工程筹资;②管理由FNMA划过来的那部分抵押贷款,为了使抵押贷款变现,FNMA将抵押贷款组合包装,并以其作担保发行担保证书,作为一种新的有价证券。③为二级市场上的投资者能够及时得到的本息支付提供担保,投资者要向GNMA支付担保费用,这项担保计划只针对FHA和VA担保的贷款。

3. 联邦住宅抵押贷款公司

联邦住宅抵押贷款公司成立于1970年,其成立的目的是为未经FHA和VA担保的抵押贷款提供二级市场。即FHLMC的业务主要集中于普通抵押贷款上。1971年,FHLMC第一次发行了以一般抵押贷款为支持的传递证券,称为参与证书(participation certificate, PC);1983年,FHLMC创造了第一份担保抵押债券(collateralized mortgage obligation, CMO)。

4. 机构投资者

机构投资者包括退休基金、保险公司在内的机构投资者是抵押贷款支持证券的主要购买者。这些机构的资金属于长期存款性质的,而由于房地产抵押贷款的期限通常较长,加上贷款以及证券化过程中的担保机制,抵押贷款支持证券一般具有较高的收益,且风险较低,符合机构投资者投资的需要,成了这些机构投资者长线投资的最佳选择。

三、美国住房抵押贷款二级市场的发展

美国抵押贷款二级市场的发展可以分为以下三个阶段。

1. 萌芽阶段:大萧条时期到20世纪60年代末

20世纪30年代以前,美国的住房抵押贷款主要是中短期贷款,二级市场基本没有发展。大萧条时期,经济衰退导致很多人无力偿还贷款,美国的存贷机构也面临

着破产的危机。为维持社会稳定，缓解住房危机，美国先后由联邦住宅管理局(FHA)和退伍军人管理局(VA)为满足一定条件的住房抵押贷款提供担保，这种担保机制也使美国的抵押贷款类型开始转向标准的长期贷款。同时，为降低银行业的流动性风险，1938年，联邦国民抵押贷款协会成立。该机构成立的目的是为由FHA和VA担保的抵押贷款提供二级市场，其主要交易方式是购买由FHA和VA担保的抵押贷款。不过，这时二级市场的机制很不健全，抵押贷款资产的流动性非常有限。

2. 成长阶段：20世纪70年代初期到80年代中期

这一时期，对于住房抵押贷款的需求激增，而此时美国利率大幅上升，抵押贷款发放机构的流动性风险和利率风险也不断地积聚。为了化解这次危机，美国政府决定进一步推动二级市场的发展。1968年，美国国会通过《住宅和城市发展法》，该法规定将联邦国民抵押贷款协会分为政府国民抵押贷款协会和联邦国民抵押贷款协会。政府国民抵押贷款协会隶属于联邦住宅与城市发展部，某职能主要是为由FHA和VA保险的抵押贷款证券提供及时还本付息的担保。1970年美国国会通过《紧急住宅融资法》批准成立联邦住宅抵押贷款公司(FHLM)，授权该公司购买联邦住宅贷款银行系统的经政府机构担保的住宅抵押债权，极大地促进了二级市场的发展。到20世纪80年代中期，一些私人机构也进入了二级市场中。

3. 成熟发展阶段：20世纪80年代中期之后

20世纪80年代之后，住房抵押贷款二级市场的规模不断扩大。一些新的证券化运作工具也相继诞生，1982年，FNMA推出了抵押担保债务(CDO)，1986年又推出了剥离式抵押支持证券(SMBS)。1987年在SMBS的基础上，美国市场上又开发出本息分离的证券。目前，美国抵押支持证券(MBS)市场已经成为仅次于美国国债市场的第二大市场。表4-1和表4-2列出了从1996年至2009年美国债券市场各种金融工具的发行量和成交量。

表4-1 美国债券市场的发行额(1996—2009)

单位：10亿美元

年份	市政债券 Municipal	国债 Treasury①	抵押贷款 相关债券 Mortgage- Related②	公司债券 Corporate Debt③	联邦债券 Federal Agency Securities④	资产支持 债券 Asset- Backed	总额 Total
1996	185.2	612.4	492.6	343.7	277.9	168.4	2 080.2
1997	220.7	540.0	604.4	466.0	323.1	223.1	2 377.3
1998	286.8	438.4	1 143.9	610.7	596.4	286.6	3 362.7
1999	227.5	364.6	1 025.4	629.2	548.0	287.1	3 081.8
2000	200.8	312.4	684.4	587.5	446.6	281.5	2 513.2

(续表)

年份	市政债券 Municipal	国债 Treasury①	抵押贷款相关债券 Mortgage-Related②	公司债券 Corporate Debt③	联邦债券 Federal Agency Securities④	资产支持债券 Asset-Backed	总额 Total
2001	287.7	380.7	1 671.3	776.1	941.0	326.2	4 383.0
2002	357.5	571.6	2 249.2	636.7	1 041.5	373.9	5 230.4
2003	382.7	745.2	3 071.1	775.8	1 267.5	461.5	6 703.8
2004	359.8	853.3	1 779.0	780.7	881.8	651.5	4 424.3
2005	408.2	746.2	1 966.7	752.8	669.0	753.5	5 296.4
2006	386.5	788.5	1 987.8	1 058.9	747.3	753.9	5 722.9
2007	429.3	752.3	2 050.3	1 127.5	941.8	509.7	5 810.9
2008	389.5	1 037.3	1 344.1	707.2	984.5	139.5	4 602.1
2009	409.6	2 097.7	1 949.1	874.9	1 117.0	146.2	6 594.5
2008							
一季度	85.0	203.8	389.9	214.1	423.3	52.9	1 369.0
二季度	146.3	219.8	445.9	335.8	321.0	63.0	1 531.8
三季度	89.8	244.8	286.6	83.9	139.5	20.1	864.7
四季度	68.4	368.9	221.7	73.4	100.7	3.5	836.6
2009							
一季度	85.4	376.7	365.5	225.0	429.5	16.3	1 498.4
二季度	111.3	533.5	651.9	243.1	313.8	50.1	1 903.7
三季度	92.3	574.5	533.8	211.1	164.7	51.1	1 627.5
四季度	120.6	613.0	397.9	195.7	209.0	28.7	1 564.9
2008	389.5	1 037.3	1 344.1	707.2	984.5	139.5	4 602.1
2009	409.6	2 097.7	1 949.1	874.9	1 117.0	146.2	6 594.5
变化率	5.2%	102.2%	45.0%	23.7%	13.5%	4.8%	43.3%

① 付息的可交易的公共债务。
② 包括 GNMA,FNMA,and FHLMC 抵押支持债券和 CMOs 以及私人机构发行的 MBS/CMOs。
③ 包括所有的不可转换债券,中期票据(票据期限一般在 5 年至 10 年)和扬基债券(外国银行和机构在美国公开发行的以美元计价的债券),但不包括 CDs 和联邦机构的债券。
④ 从 2004 年起,由于私有化,已经剔除了 Sallie Mae(美国一个著名的为教育提供储蓄、规划和贷款的金融机构)的数据。

资料来源:www.bondmarket.com.

表 4-2　美国债券市场的日交易额(1996—2009)　　单位：10亿美元

年份	市政债券 Municipal	国债 Treasury①	机构 MBS Agency MBS①	公司债 Corporate Debt②	联邦机构证券 Federal Agency Securities①	总额 Total③
1996	1.1	203.7	38.1	—	31.1	274.0
1997	1.1	212.1	47.1	—	40.2	300.5
1998	3.3	226.6	70.9	—	47.6	348.5
1999	8.3	186.5	67.1	—	54.5	316.5
2000	8.8	206.5	69.5	—	72.8	357.6
2001	8.8	297.9	112.0	—	90.2	508.9
2002	10.7	366.4	154.5	16.3	81.8	629.7
2003	12.6	433.5	206.0	18.0	81.7	751.8
2004	14.8	499.0	207.4	18.8	78.8	818.9
2005	16.9	554.5	251.8	16.7	78.8	918.7
2006	22.5	524.7	254.6	16.9	74.4	893.1
2007	25.0	570.2	320.1	16.4	83.0	1 014.7
2008	19.2	553.1	344.9	11.8	104.5	1 033.4
2008						
1月	24.9	594.7	439.7	13.8	121.1	1 194.1
2月	29.2	662.3	411.1	12.7	119.4	1 234.8
3月	25.8	756.2	405.1	11.8	122.8	1 321.7
4月	22.0	551.8	306.5	13.1	121.2	1 014.7
5月	17.0	521.5	315.9	13.4	106.3	974.1
6月	19.3	604.1	312.1	11.3	108.5	1 055.4
7月	15.4	533.1	312.8	9.8	101.9	973.0
8月	13.7	443.3	258.9	8.3	94.0	818.1
9月	20.4	694.5	359.0	12.2	116.6	1 202.7

(续表)

年份	市政债券 Municipal	国债 Treasury①	机构 MBS Agency MBS①	公司债 Corporate Debt②	联邦机构证券 Federal Agency Securities①	总额 Total③
10月	17.1	524.2	371.3	12.5	85.3	1 010.5
11月	12.4	439.7	357.2	11.4	76.6	897.3
12月	12.7	311.3	289.5	11.6	79.8	704.8
2009						
1月	12.1	358.0	363.6	16.1	75.0	824.8
2月	11.6	387.0	331.6	15.6	85.1	830.9
3月	10.9	402.1	337.7	15.5	89.4	855.6
4月	12.6	350.9	291.6	17.1	85.2	757.4
5月	11.9	396.3	277.6	19.7	85.2	790.7
6月	12.9	466.5	325.3	19.3	84.6	908.5
7月	11.8	353.4	256.0	17.1	74.1	712.5
8月	11.9	433.3	270.5	15.7	73.1	804.4
9月	14.4	432.0	276.1	17.9	76.3	816.6
10月	12.7	450.4	318.6	17.7	74.5	873.8
11月	12.3	463.7	305.9	16.1	67.8	865.8
12月	12.5	401.4	243.8	13.3	61.8	732.7
2008	19.2	553.1	344.9	11.8	104.5	1 033.4
2009	12.3	407.9	299.9	16.8	77.7	814.5
变化率	−35.8%	−26.2%	−13.1%	41.7%	−25.7%	−21.2%

① 主要交易商活动。
② 不包括短于1年(包括1年)的证券和可转换债券。
③ 因为小数点取舍, 总额可能与加总数额不一致。
资料来源: www.bondmarket.com。

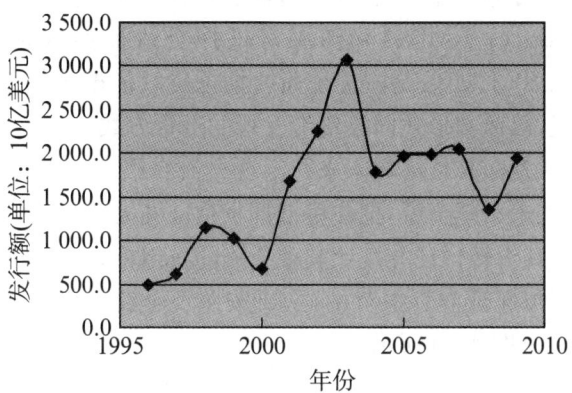

图 4-2　1996—2009 年抵押贷款债券发行额变化趋势

从图 4-2 我们可以看出,从 1996 年开始 MBS 的发行量一直在显著上升,2003 年达到历史最大值,之后,MBS 的发行量一直稳定在 2 万亿美元左右,虽然 2008 年受金融危机的影响有所下滑,2009 年随着房地产市场的回暖,MBS 发行量又开始回复。

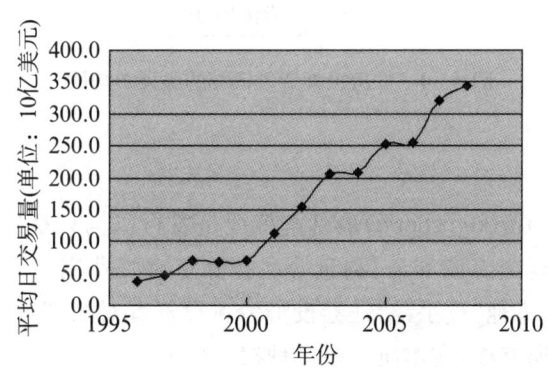

图 4-3　1996—2008 年美国机构 MBS 平均日交易量变化趋势

从图 4-3 我们可以看出,1996—2008 年,美国主要交易商的机构 MBS 的日平均交易量一直呈现上升趋势。从 2000 年有较大幅度的提高,2006—2008 年增幅也比较显著。反映出机构 MBS 是美国债券市场的主要交易品种之一,占据显著地位。

第三节　住房抵押贷款证券的类型

住房抵押贷款证券(mortgage bond security,MBS)一般是指发行者(多指金融机构)将一些流动性较差,但未来具有稳定现金流的住房抵押贷款作为抵押资产,发行可在金融市场上流通的证券,是资产证券化的一种表现形式。

众所周知,美国的抵押贷款证券市场比较成熟,品种比较多。以美国证券市场为主体,抵押贷款的分类有两种:

一种是按照其抵押贷款的性质不同分为住房抵押贷款证券(residential mortgage bond security，RMBS)和商用房抵押贷款证券(commercial mortgage bond security，CMBS)，CMBS是将传统商业抵押贷款汇聚到一个组合抵押贷款池中，通过证券化过程，以债券形式向投资者发行的融资方式。

另一种分类方法是因其价格与未来稳定现金流有很大关系，根据不同类型的抵押贷款证券支付不同未来现金流，把住房抵押贷款证券大致分为：过手证券、抵押贷款证券、转付证券。其中转付证券按照其现金流的重组方式，又可以分为：本息分离抵押担保证券、抵押担保证券。本节中，主要按照现金流量偿还方式来阐述住房抵押贷款证券的类型，如图4-4所示。

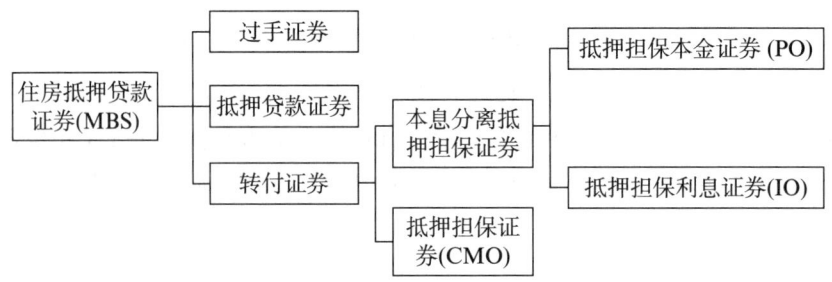

图4-4　住房抵押贷款证券的类型结构图

一、过手证券

过手证券(pass-through bond)最基本特征是发行机构只是处于中介地位，将基础资产组合产生的现金流如本金、利息等在扣除了有关费用之后，任何现金流不经过分层组合、原原本本地"过手"给证券投资者。投资者对抵押贷款组合和由此产生的现金流直接拥有所有权，在本质上是一种权益型证券。

过手证券具体发行过程：贷款发起人将抵押贷款先从资产负债表中剥离，出售给某个信托机构，与此同时，发起人也把资产的各项权利都转让给发行者，然后该发行者在扣除了一定的担保和服务费用后，通过向投资者发行所有权凭证，"过手"现金流。

过手证券的主要特征是：①抵押资产产生的现金流不加以整理和加工，直接"过手"给证券持有者，过手证券所获得的现金流大小、频次等完全取决于抵押贷款组合所产生的现金流特征。②因为其所有权得到了转让，贷款资产实现了真正的出售，不出现在发行机构的资产负债表上。③过手证券的发行简单、可操作性强，比较容易接受，比较受欢迎，是最基本、最普遍的抵押贷款证券形式。

过手证券的缺陷表现在：①抵押资产的现金流没有经过再次整合，各种抵押资产的风险会没有变化的直接转移给证券持有者，中间没有"减震"措施。②由于直接过手，产品单一，缺乏不同收益和风险组合，投资者只是均摊所承受的风险和收益，不能满足各种风险偏好投资者的需求。

图 4-5 是一项过手证券的现金流偿还流程,假设已经扣除了各项服务费用。

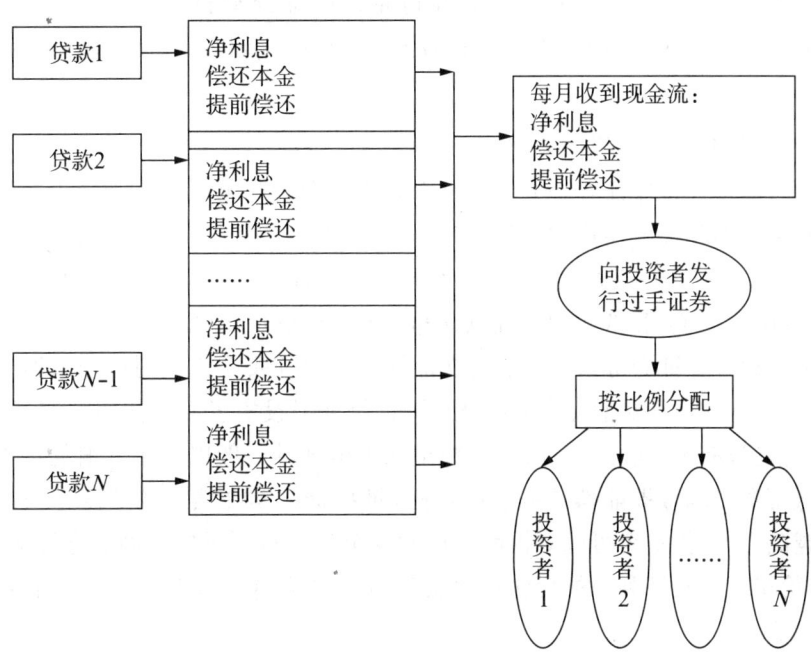

图 4-5　过手证券的现金流偿还流程

二、抵押贷款证券

抵押贷款证券(mortgage bond)是指由原始贷款机构以其持有的抵押贷款作为担保而发行的抵押证券。其特点是,该证券的一切风险完全由原始贷款机构承担。与过手证券不同的是,该证券作为发行人的负债,仍保留在发行人资产负债表的负债项目上。同时,相应的抵押贷款所产生的现金流量,不一定必须用于支付抵押证券本息,发行人也可以用其他来源的资金偿还抵押证券本息,所以,该证券的本息支付方式与一般公司证券的支付方式无异。而正因为如此,发行人也面临着贷款者提前偿还的风险,投资者则有着比较稳定的现金流收入。

抵押贷款证券的发行人一般是商业银行等私营金融机构,发行额低于抵押贷款额,发行人的发行机会成本比较高,因此在房地产证券化的金融工具中,影响几乎很小。

三、转付证券

转付证券(pay-through bond)与过手证券和抵押贷款证券不同之处在于,它是两者的兼容,是一种混合模式。转付证券现金流的来源类似于过手证券,但是仍属于发行机构的负债,抵押资产没有转移所有权。发行机构只是根据证券投资者对风险、收益和现金流期限等不同的偏好,对抵押资产的现金流进行重新组合,并且只作为现金流来源。

目前市场上比较成熟的转付证券包括:本息分离抵押担保证券(stripped mortgage-backed security)和抵押担保证券(collateralized mortgage obligation, CMO)。

(一) 本息分离抵押担保证券

本息分离抵押担保证券是为了满足不同投资者对利率风险承受能力的不同,分散市场利率波动和提前还贷的风险,将现金流的本金和利息分离开并分别支付给相应的投资者。用一个抵押资产组合发行两种不同的证券,抵押担保本金证券(principle only, PO)和抵押担保利息证券(interest only, IO)。

抵押担保本金证券可以使投资者在证券到期日前每个固定时间获取所有本金,但是没有利息收入;而利息证券刚好相反,它保证了投资者可以按时获得所有的利息收入,但是没有本金收入。此外,抵押担保本金证券一般以低于面值的价格出售,规避了抵押资产本金提前偿还的利率风险,抵押资产本金偿还的速度越快,投资者的收益越高,因为投资者可以对提前获得的现金流进行再投资。而利息证券没有面值,它的价格运动对于利率的变化高度敏感,面临的利率风险比较大,与固定收益证券恰恰相反。

当利率下降时,固定利率抵押贷款提前偿付的可能性增加,从而使利息证券在利率下降时,会损失其价值,即市场利率低于息票利率,提前偿还会减小投资者收益;反之,如果利率上升,提前偿还减少,抵押担保利息证券价值会上升。

当市场利率下降和抵押贷款提前偿还时,抵押担保本金证券和抵押担保利息证券风险与收益的运动恰恰相反,经常被投资者用于对冲交易,规避市场风险。一般深受机构投资者喜爱。

(二) 抵押担保证券

抵押担保证券(CMO)也可以满足投资者不同风险偏好,但是与本息分离抵押担保证券不同的是,它是通过将现金流分层组合、重新安排后,同时发行许多种不同级别的债券来满足投资者。一般来说,抵押担保证券比抵押担保本金证券和利息证券更具有弹性,稳定了不同投资者所需的现金流量,从而更好地满足了不同投资者的需求。

抵押担保证券的特点有以下几个方面:

(1) 证券分级。以抵押资产为基础,将证券按利率、期限、发行额大小等分成A、B、C或更多等级,最后一个等级约定为Z等级。

(2) 本金偿还。本金偿还一般按照之前已分等级的证券顺序进行,首先偿还A等级,待A的本金偿还全部完成后,再依次进行B、C的本金偿还。

(3) 利息支付。从证券发行日开始,根据之前已分好的等级按照确定的利率水平进行偿还,直到本金偿还完成为止。值得特别指出的是,Z 等级的证券属于应计利息累积证券。

【例 4-1】 假设现发行面值 1 000 000 美元的抵押担保证券,分为四个等级:A、B、C、D。每个等级的本金为 250 000 美元,A 等级证券本金优先偿还,然后依次为B、C、D。每个等级有各自的证券利率,在这里我们假设相同并和抵押贷款一样为5%。每个月 A 的本金得到优先偿付,一旦 A 等级本金偿还完毕,再依次偿还 B、C、D。每个等级在每个月都会偿还利息。CMO 现金流量偿还顺序如表 4-3 所示。

表 4-3　CMO 现金流量偿还顺序表

等级	发行额（美元）	现金流量偿还顺序	
		利息	本　　金
A	250 000	每月支付	投资者收到所有偿还的本金,直到清偿完毕
B	250 000	每月支付	A 层证券清偿后,才能收到偿还的本金
C	250 000	每月支付	B 层证券清偿后,才能收到偿还的本金
D	250 000	每月支付	C 层证券清偿后,才能收到偿还的本金
合计	1 000 000		

图 4-6 是 CMO 现金流量偿还过程(以偿还等级 A 为例,B、C 依次进行)。

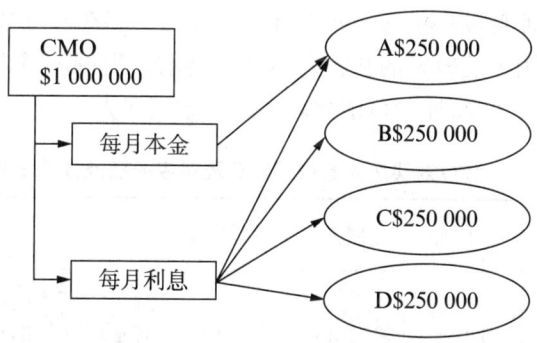

图 4-6　CMO 现金流量偿还过程

A 等级证券前 3 个月偿付现金流量如表 4-4 所示。

表 4-4　A 等级证券前 3 个月偿付现金流量表

月份	月初本金（美元）	月还款额			月末本金余额（美元）
		总额(美元)	利息(美元)	本金(美元)	
1	250 000	37 500	12 500	25 000	225 000
2	225 000	36 250	11 250	25 000	200 000
3	200 000	35 000	10 000	25 000	175 000

从图 4-6、表 4-4 现金流量的分配顺序,可以得出以下结论:CMO 不同等级支付顺序的安排,并不能降低总体 MBS 的风险,只是将不同的风险在各个等级中重新分配。A 等级证券的持有人面对提前偿还的风险最大,因为抵押资产中每月偿还的本金和所有提前偿还款项都将首先支付给他们,因而 A 等级证券的持有人再投资风险最大;D 等级证券的持有者所面对的提前偿还风险和再投资风险最小,但由于各种可能存在的原因,抵押贷款人发生违约行为,或者市场利率升高,从而 D 等级证券的持有者所面临的违约风险和利率风险最大。

第四节　美国的次贷危机①

一、次级抵押贷款

美国的住房抵押贷款按照对借款人信用条件的评级状况分为三类:①优质抵押贷款(prime loan,fico② 指数>680)。面向信用等级高、收入稳定的优质贷款买房人。贷款类型主要为 30 年或 15 年的固定利率抵押贷款。②准优级抵押贷款"ALT-A"(A-credit loan with alternative documentation,near-prime,fico 指数 620~680)。贷款对象为信用记录不错或较好,但缺少或完全没有固定收入或存款及资产的合法证明文件的人。主要依据是借款人的高评级可以在某种意义上抵消文件不全的不利因素。③次级抵押贷款(sub-prime loan,fico 指数<620)。次级抵押贷款主要是一些贷款机构向信用程度较差的和收入不高的借款人提供的贷款,其服务对象为信用低、债务-收入比率较高、违约可能性较大的贷款买房人。

表 4-5　**FICO 对买房人的信用评分及对应的抵押贷款发放类型**

信用市场	信用等级	信用分	负债比率	信贷比率	征信特点
优质	A　A+	670+	36~38	95~100	过去 2~5 年信用优等,24 个月内没有延期支付的行为,过去 2~10 年内没有破产记录
ALT-A	A−	650	45	95	没有延期 60 天的抵押贷款,过去 2~4 年内没有破产记录
	B−　B+	620	50	75~85	过去 2~4 年内有破产记录,重建信用

---

① 辛利乔、孙兆东:《次贷危机》,中国经济出版社 2008 年版。
② FAIR ISAAC CORPORATION(FICO)是美国最有名的个人消费信用评级公司,其信用评级已经成为美国金融机构对个人信用风险进行评价,乃至一些公司在招聘员工或医院是否接受患者住院的参考。

(续表)

信用市场	信用等级	信用分	负债比率	信贷比率	征信特点
次级	C− C+	580	55	75	过去 1~2 个月内有破产处置记录
	D− D+	550	60	60~70	过去 12 个月内有破产处置记录
	E	520−	65		可能面临破产或放弃抵押物赎回

表 4−6 美国次级抵押贷款的发放　　　　　单位：亿美元

年份	2001	2002	2003	2004	2005	2006	2007（截止到 10 月）
规模	1 200	1 850	3 100	5 300	6 250	6 000	13 000
新增次贷占总抵押贷款增量的比例			8%			28%	

　　次级抵押贷款的产品类型有：无本金偿还贷款(interest only loan)，利率可调整抵押贷款(ARM)，选择性利率可调整抵押贷款(option ARM，也被称为 negative amortization)。这些贷款的共同特点是，在还款的前几年（一般是 2 年），每月还款额低且固定，之后利息大幅度调整，借款人的还款压力大增。贷款的前 2 年的低还款利率，可以说对借款人具有相当的诱惑性。贷款等级、信用评分和抵押贷款率决定了贷款的利率。次级抵押贷款的贷款利率通常比优级抵押贷款利率高 2%~3%。

　　次级抵押贷款深受信用差、收入不高的买房人追捧，其原因在于贷款中介的误导和贷款买房人金融风险意识不强。贷款中介大多时候鼓励买房人大胆说谎就可以拿到贷款，甚至教唆借款人如何通过一些技巧和手段提高信用分数，即使申请表内容错误百出情况下的贷款也有得到批准的，以至于还出现了 NINJA 贷款（三无贷款，无收入、工作及资产）这一新名词。中介在营销贷款时总是以超低的月供来诱惑，使收入不高的买房人也可以具备还款能力，虽然 2 年后利率提高，但考虑到房屋升值，即使还不起贷款，只要能够将房屋及时出售，还可以赚一笔钱，何乐而不为呢？还有很多信用好的人出于投机动机，将次贷作为融资手段，寄希望于房价的短期上涨，而后及时套现赚取利润。信用一般的人也坚持房价会一直上涨的虚幻假设，认为可以在收入不足以支付贷款的月供时，采取再贷款融资的方式来"拆东墙补西墙"，或者卖掉房屋偿还贷款后还可以有盈余。2000—2006 年美国房价年平均增幅接近 9%，房价的上涨使借款人感到次贷有很大的吸引力，如此诱人的经济环境令贷款人、借款人和投资者皆大欢喜。

　　次级抵押贷款公司业务的迅速扩大和利润的猛增，使其在竞争和利益的驱动下，放松了对借款人信用评级的审核，因而，次级抵押贷款的风险主要在于贷款机构不对借款人作任何信用审核,也没有进行必要的尽职调查就发放了贷款。不过,2004—2006年连续17次升息,利率的大幅度提高加重了还贷负担,抑制了房地产市场上的投机倾向,2006年第四季度的次贷还款拖欠率上升到13.3%,是优级抵押贷款市场的7倍。然而,对于华尔街的精英们来说,上述风险是可以通过分散给愿意承担不同程度风险的机构投资者而转移出去的,越来越多的投资银行向这些贷款机构购买这类贷款,然后经过打包和信用包装后,以次级债券形式,出售给各种基金和保险公司,并推销给全球的商业银行和其他投资者。

次贷危机的原因主要有三方面:贷款客户的偿还保证不是建立在对其还款能力正确评价的基础上,而是建立在房价不断上涨的假设上;房地产的虚假繁荣促使贷款机构降低了贷款门槛;美联储的频繁加息超越了次贷借款人的利息负担能力。

二、次贷危机到次债危机的延伸及影响

随着房地产价格的下跌,大量以次贷形式发放的房屋抵押贷款及其证券化投资的风险凸显。次贷危机引发了金融市场的震荡,许多商业贷款机构相继破产,提供资产证券化业务及流动性的投资银行业也受到影响,投资次级债的各类基金损失惨重。虽然次贷危机初期的1.89万亿美元次贷,只占美国8万亿美元住房抵押贷款总量的23%,但由于次贷的证券化,相当多的欧洲机构、日本机构及其他国家的金融机构为了追求高回报的目的,购买了美国基于次贷的次级债,使次贷市场的异常不可避免地波及国际投资市场。

美国次贷的证券化过程中,由于评级机构将其列为低风险金融产品,因而其较高的回报受到了全球各类金融机构和投资者的青睐。在次贷危机引发的次债风暴中,正是由于次贷的主要衍生产品"债务抵押债券"投资市场的急剧降温,导致了次债危机的蔓延,进而发生的连锁反应影响到股市、信贷市场和全球经济。图4-7为次贷衍生品的创新线路。

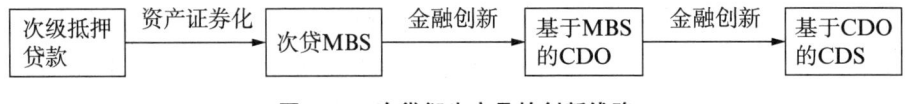

图4-7 次贷衍生产品的创新线路

(一) 债务抵押债券

发放次贷的金融机构以资产证券化手段,将次贷资产打包卖给投资银行,投资银行通过结构化的包装设计出债务抵押债券(collateralised debt obligation,CDO),发售给全球的机构投资者,这些机构投资者也可能再转售给其他中小投资者。按照CDO的标的资产是信贷资产还是债券将其分为两类:CLO(collateralised loan obligation)和CBO(collateralised bond obligation)。CLO是信贷资产的证券化,资产池主要以银行贷款为担保;CBO是市场流通债券的再证券化。

CDO 与传统的资产支持证券(ABS)有所不同,其债务人数目小于100,而 ABS 的债务人数在1 000以上,CDO 资产池要求资产之间的相关性越低越好,而 ABS 资产池要求相关性高比较好。CDO 资产池经过打包分层,有的可以设计出能够与美国政府资信等级相同的 AAA 级债券。CDO 的分层评级有高级层(senior)、中间层(mezzanine)、低级或从属层(junior/subordinated)、权益层(equity tranche)。高级层享受 AAA 评级,可以占到80%。从属或权益层级不需要评级,一般由证券化的发起人持有,或者卖给对冲基金和投资银行的自营部门。CDO 与 ABS 不同之处,还在于资产管理人对其资产池进行动态化管理,一旦发现资产池的资产出现信用下降便需要迅速采取措施进行调整。

CDO 还可以分为资产负债表 CDO 和套利 CDO。前者主要是欧美银行为了缓解法定资本金要求而设计发行的;后者的发起者主要是基金公司和财务公司,它们从市场上收购贷款和债券后重新组合包装,进行证券化,目的是从中套利。资产负债表 CDO 又可分为现金流类和合成类(synthetic)。合成 CDO 实际上并不拥有组合资产,它是在 CDO 基础上设计出的称为信用违约互换(credit default swap,CDS)的金融衍生工具,并与 CDO 进行合成。信用违约互换结构图如图4-8所示。

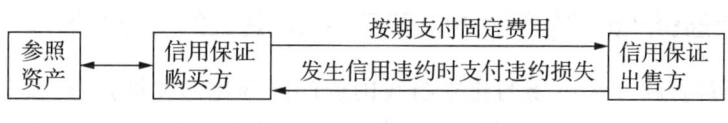

图4-8 信用违约互换结构图

为了使次债得到更大范围的接受,发债人向债券保险公司寻求债务信用增级,即为次债作担保,确保所发行债券不被降低级别。信用违约互换在理念上和保单相似,保险的购买人为标的资产池的违约风险购买保护。在信用违约互换交易中,受保护的购买方定期向保护的出售方支付一定费用,保护的出售方则在标的资产发生意外时给予补偿。

(二)次债危机的原因

(1) 证券化加大了次债的市场风险。在美国,证券化已经替代银行成为给贷款提供融资的真正主导。而大多数次贷借款人怀有投机心理,申请贷款的期望在于房屋的升值。创建 CDO 的目的原本是为了通过多样化和不相关资产的组合来控制和分散风险,但实际操作上的 CDO 组合资产中有过多的相似资产,而相同的 CDO 又被用作参照资产组建了新的 CDO。

(2) 评级机构在次债危机中扮演了"推波助澜"的作用。评级机构通常在结构性融资的设计中,不是站在中立的角度进行评级,而是利用对评级模型熟知的优势,设身处地地参加到整个 CDO 打包的过程中,指导如何通过将组合资产按照最高评级"秘诀"进行包装,从中榨取最大利润。在评级报告的免责声明中,则用很小的字体提示投资者其所提供的分析报告意见仅供参考,希望投资者不要完全依赖其提供的信息进行投资决策。不可否认的是,CDO为评级机构带来了丰厚的利润,结构性融资中的评级业务收入大都已经占到机构收入的50%左右。

(3) 次债市场缺少透明度和监管。95%的投资级CDO评级没有对组合资产的性质作任何提示,也没有对可能存在的潜在风险作任何警告。表面看来AAA级债券,所基于的组合资产却主要是由垃圾债到次贷组成的高风险资产。所有CDO都是通过私募方式出售,没有公开的市场价格。雨后春笋般的金融创新给监管者带来新的挑战。

此外,导致次债危机因素还有美联储的货币政策、房地产经纪人的过度促销、房屋估价机构对房屋价值的虚估、投资银行的利益最大化、购房者的美国梦等。

第五节 我国住房抵押贷款二级市场的建立

随着我国社会主义市场经济不断向前快速发展,资本市场的不断完善,我国的抵押贷款二级市场也正处于初期萌芽阶段。本节着重从住房抵押贷款证券化市场来阐述我国抵押贷款二级市场的建立。

一、我国资产证券化和抵押贷款二级市场建立的历史沿革

我国抵押贷款二级市场的建立与我国资产证券化的发展过程是密不可分的。可以说是资产证券化带来了我国抵押贷款二级市场的萌芽,二级市场的萌芽促进了我国资产证券化的发展。综观我国资产证券化的历史,可以分成三个时间段:早期探索、离岸证券化时期、金融业尝试时期。

(1) 早期探索时期(1992年—1996年)。代表性事件:1992年三亚市开发建设总公司,发行2亿元的地产投资券。

(2) 离岸证券化时期(1996年—2003年)。代表性事件:1996年8月,珠海高速公路有限公司,发行2亿美元债券。

1997年4月,中国远洋运输总公司私募发行3亿美元。1997年12月,进行第二期资产证券化交易,金额为5亿美元。

2000年3月,中集集团将其应收款出售给荷兰银行的资产管理公司(TAPCO),由后者发行商业票据担保证券(ABCP)。

2002年1月,中国工商银行与中国远洋运输总公司启动6亿美元的ABS融资项目,在此基础上发行资产担保证券。国内银行首次参与境外资产证券化业务。

2003年1月,中国信达资产管理公司,以15.88亿元债权资产证券化。

(3) 金融业尝试时期(2000年—2005年)。代表性事件:2000年9~10月,中国建设银行和中国工商银行相继获准实行住房抵押贷款证券化试点。

2003年6月,中国华融资产管理公司,132.5亿元债权资产,被称为准证券化。

2004年4月,中国工商银行宁波市分行,26.02亿元债权资产。中国商业银行首

个资产证券化项目,第一次尝试采用资产证券化的方式处置不良贷款。

2005年3月,国家开发银行和中国建设银行获准作为试点单位,分别进行信贷资产证券化和住房抵押贷款证券化的试点。

2005年12月4~15日,国家开发银行发行了国内首只ABS——"2005年第一期开元信贷资产支持证券"。该交易的基础抵押资产为国家开发银行发放的工商业贷款,共计51笔,本金余额为41.77亿元人民币。

2005年12月15日,中国建设银行发行国内首只住房抵押贷款支付证券(RMBS)产品"建元2005-1个人住房抵押贷款证券化信托"。该交易的基础抵押资产池包含15 162笔个人住房抵押贷款,本金余额为30.17亿元人民币。

从20世纪90年代"离岸证券化"和"在岸准证券化"的尝试,到2005年年底,随着我国房地产业的迅猛发展,《金融机构信贷资产证券化监督管理办法》的正式实施,我国抵押贷款二级市场的发展经历了一个漫长的等待和准备过程。2005年12月15日,我国首只住房抵押贷款证券化产品"建元2005-1"进入全国银行间债券市场。这标志着我国住房抵押贷款二级市场进入了一个里程碑式的发展阶段。

2009年起受美国次贷危机的影响,我国停止了各类资产证券化产品的发行。2012年,《关于进一步扩大信贷资产证券化试点有关事项的通知》标志着信贷资产证券化业务重启,2013年证监会颁布《证券公司资产证券化业务管理规定》,资产证券化业务转入常规化发展。

二、我国住房抵押贷款二级市场的特点

我国住房抵押贷款二级市场具有以下几个特征:以信托方式实现住房抵押贷款证券化;投资主体只限于机构投资需求方;政府不为住房抵押贷款证券提供信用担保;信用增级的形式灵活多样。

(一) 以信托方式实行住房抵押贷款证券化

根据2005年出台的《信贷资产证券化试点管理办法》,我国住房抵押贷款以信托方式达到证券发行的目的。管理办法第2条规定:"资产证券化是指以银行业金融机构作为发起机构,将信贷资产信托给受托机构,由受托机构以资产支持证券的形式向投资机构发行收益证券,以该财产所产生的现金支付资产支持证券收益的结构性融资活动。"如上所述,我国首个住房抵押贷款证券——"建元2005-1"就是由中国建设银行作为发起机构,委托中信信托在银行间债券市场发行的。

(二) 投资主体只限于机构投资需求方

现阶段,我国住房抵押贷款证券还没有向个体投资者开放,仅限于机构投资者。管理办法第47条规定:"金融机构按照法律、行政法规和银监会等监督管理机构的有关规定可以买卖政府债券、金融债券的,也可以在法律、行政法规和银监会等监督管理机构有关规定允许的范围内投资资产支持证券。"由于我国住房抵押贷款二级

市场正处于萌芽阶段,先对大的机构投资者进行试点,等积累经验后,再向个体投资者逐渐开放。

(三)政府不为住房抵押贷款证券提供信用担保

我国住房抵押贷款证券的信用增级不能由政府提供信用担保。因为我国《担保法》第8条明确规定:"国家机关不能作为保证人,但经国务院批准为使用外国政府或国际经济组织贷款进行的转贷款的除外。"可以预料,没有政府提供的担保,证券信用级别不够高,这一点必将制约我国住房抵押贷款证券化的发展。

(四)信用增级形式灵活多样

信用增级是指在住房抵押贷款证券化的过程中,通过信用担保,来提高证券的信用级别,防范风险。管理办法第30条规定:"信用增级可以采用内部信用增级或外部信用增级的方式提供。内部信用增级包括但不限于超额抵押、资产支持证券分层结构、现金抵押账户和利差账户等方式。外部信用增级包括但不限于备用信用证、担保和保险等方式。"这表明我国的住房抵押证券的信用增级可以灵活多样。

三、我国住房抵押贷款二级市场案例——建元2018年第一期个人住房抵押贷款资产支持证券

建议阅读材料

[1] 罗伯特·范奥德:《证券化的经济学分析及美国的经验教训》,载于《比较(33辑)》,中信出版社2007年版。

[2] Laurie S. Goodman, et al.: Subprime Mortgage Credit Derivatives, John Wiley & Sons, Inc. 2008.

练习思考题

1. 住房抵押贷款证券化的运作有哪些流程?
2. 美国住房抵押贷款证券的各种类型之间有什么不同?
3. 从住房抵押贷款风险的角度分析美国次贷危机的根源。
4. 举例分析我国住房抵押贷款的证券化运作特征。

第五章

住房公积金和住房储蓄银行

第一节　新加坡的中央公积金制度

新加坡1955年7月开始创立并实施中央公积金(central provident fund，CPF)制度，其主要目的是个人供款，来负担自身的养老需要。1968年，新加坡政府开始允许公积金的缴纳者动用其公积金存款购买政府开发的公共住房，进而逐渐演化成为集养老、住房、医疗、教育、投资为一体的社会保障储蓄制度。

一、中央公积金的归集

新加坡的《中央公积金法》规定，雇员和其雇主每月要缴纳工资的一定比例作为公积金储蓄，存入中央公积金设立的雇员公积金账户，雇员在日后可以获得住房、退休养老及医疗保险等方面的社会保障。公积金的缴交比率随着经济发展和工资增长的情况而变化。1955年，公积金最初的缴交比率为月工资200新元以上者，雇主及雇员各5%，合计10%。1984年，公积金曾经达到雇主及雇员各自缴交25%、合计50%的程度。1986年为了应对经济负增长，雇主缴存公积金的比率从25%下降到10%，雇员的缴存比率保持不变。随着经济的复苏，1989年将公积金的雇主和雇员缴存比率分别调整为15%和23%。1994年，公积金的雇主和雇员的缴存比率各为20%。1997年，新加坡政府为应对亚洲金融危机，保障经济健康发展，将雇主和雇员的缴存比率分别调整为12.5%和10%。1992年，开始吸收年收入超过2 400新元的私企雇员。1994年，新加坡政府规定月工资超过6 000新元的部分免缴公积金，并规定了雇主和雇员缴交的最高限额分别为1 100新元和1 290新元。在雇员年龄超过51岁后，公积金缴存比率逐渐下降。目前，新加坡政府根据雇员年龄和雇佣单位性质的不同，以及成为新加坡永久居民时间的长短来确定具体的公积金缴存比率。新加坡月工资超过1 500新元的2年以上(不含2年)永久居民公积金缴存比率如表5-1所示。到2009年年底，新加坡的中央公积金会员达到329万多人，公积金账户存款余额有1 668.04亿新元。

表5-1　新加坡2年以上(不含2年)永久居民(月工资1 500新元以上)公积金缴存比率

雇员年龄	私企雇员、无养老金雇员 (最高缴存额以工资4 500新元计)			政府雇员及领取养老金的雇员 (最高缴存额以工资6 000新元计)		
	雇主缴存比率(%)	雇员缴存比率(%)	合计比率(%)	雇主缴存比率(%)	雇员缴存比率(%)	合计比率(%)
35岁及以下	14.5	20	34.5	10.875	15	25.875
36～45岁	14.5	20	34.5	10.875	15	25.875
46～50岁	14.5	20	34.5	10.875	15	25.875

(续表)

雇员年龄	私企雇员、无养老金雇员 (最高缴存额以工资 4 500 新元计)			政府雇员及领取养老金的雇员 (最高缴存额以工资 6 000 新元计)		
	雇主缴存 比率(%)	雇员缴存 比率(%)	合计比 率(%)	雇主缴存 比率(%)	雇员缴存 比率(%)	合计比 率(%)
51~55 岁	10.5	18	28.5	7.875	13.5	21.375
55~60 岁	7.5	12.5	20	5.625	9.375	15
61~65 岁	5	7.5	12.5	3.75	5.625	9.375
65 岁以上	5	5	10	3.75	3.75	7.5

注：新加坡政府拟将公积金的雇主缴存比率提高1%，具体分两阶段实施：雇主的缴存比率自2010年9月1日起提高0.5%，自2011年3月1日起再提高0.5%。

二、中央公积金的管理

公积金的管理由中央公积金局统一管理，并支付给存款雇员利息。中央公积金局是根据新加坡的中央公积金法于1995年7月成立的，它与新加坡的金融监管局、货币委员会、政府投资公司和邮政储蓄银行，共同组成新加坡政府性的金融机构体系。中央公积金局通过稽查部门予以监督，对不按时缴纳的雇主或雇员将可能会被指控出庭受审。目前，公积金账户下设一般账户、医疗保险账户、特殊账户，比如年龄35岁及其以下者，公积金缴交的18.84%存入医疗保险账户用来支付医疗费用和医疗保险，公积金缴交的14.49%存入特别账户用于养老及投资于与退休有关的金融产品，剩余66.67%的储蓄存入一般账户用来进行各项公积金投资和买房计划及教育。公积金成员在到55岁，或永远离开新加坡，或终生残疾，或精神不健全时，可提取存款，但必须将一笔存款存入退休户头中留作养老金，以确保会员在年老时通过该部分资助而具有经济独立的能力。政府的作用是保证公积金得到适当的管理，并保持低通货膨胀率。自2002年以来，一般账户的存款利率长期保持在2.5%，其他账户的存款利率长期保持4%。

三、中央公积金的投资运作

中央公积金局在收到上缴的公积金后，除用于支付成员正常提取或贷款外，闲置资金几乎全部购买金融管理局发行的债券，金融管理局将所筹资金贷放给住房发展局(Housing & Development Board，HDB)等政府机构和企业，贷款利率高于公债两个百分点。公积金储蓄已经成了新加坡住房发展局进行公共组屋开发建设投资资金的主要来源。中央公积金运作流程图如图5-1所示。

新加坡的中央公积金制度是一种带有强制储蓄性质的综合性社会保障制度，其保障内容涉及健康、住房、家庭保护、资产增值、养老，尤其为新加坡雇员的老年生活提供了保障和依赖。中央公积金局作为具有政府性质的准金融机构，其所吸纳的公

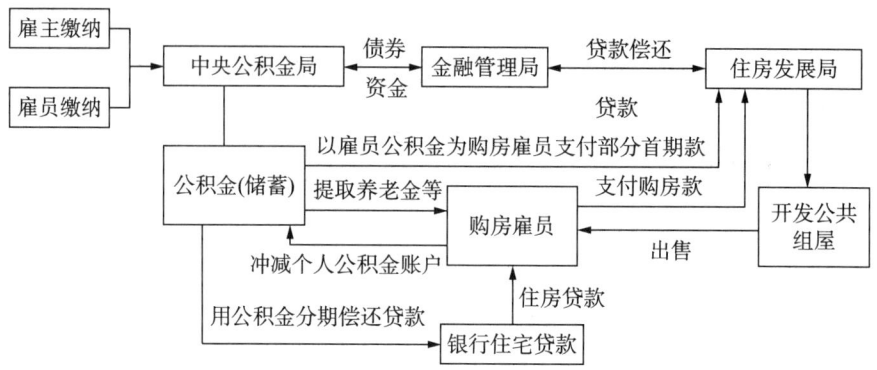

图 5-1 中央公积金运作流程

积金存款具有很高的安全性。公积金存款的投资运作方式不仅为新加坡的经济发展和金融业提供了大量廉价的资金,而且为充分利用国内资本和保持社会安定提供了有效的制度前提,事实证明,该公积金制度对促进新加坡经济发展、建立社会保障体系以及金融市场的稳定和发展都起到了较大的积极作用。

第二节 我国的住房公积金制度

住房公积金是指国家机关、国有企业、城镇集体企业、外商投资企业、城镇私营企业及其他城镇企业、事业单位、民办非企业单位、社会团体等单位,为在职职工缴存的以及在职职工个人缴存的长期住房储蓄金,属于职工个人所有。

一、住房公积金制度的发展

我国的住房公积金制度发源于上海。1991年,上海市人民政府颁布的《上海市住房制度改革实施方案》提出了包括推行住房公积金制度在内的多项住房制度改革措施。此后,北京、天津、南京、武汉、大连等城市相继建立住房公积金制度。1994年7月,国务院颁布了《国务院关于深化城镇住房制度改革的决定》,提出全面推行住房公积金制度,要求所有行政和企事业单位及其职工,均应按照"个人存储、单位资助、统一管理、专项使用"的原则缴纳住房公积金,建立住房公积金制度。1996年8月,国务院办公厅转发国务院住房制度改革领导小组《关于加强住房公积金管理意见的通知》,明确了住房公积金不作财政预算资金,不纳入财政预算外资金管理,按照"房委会决策、中心运作、银行专户、财政监督"的原则进行管理。1999年4月,国务院颁布了《住房公积金管理条例》,标志着我国住房公积金管理的规范化、法制化。2002年3月,国务院对《住房公积金管理条例》作出进一步修改。截至2017年年末,全国住房公积金实际缴存职工人数为13 737.22万人;全国住房公积金缴存总额为124 845.12亿元,缴存余额为51 620.74亿元;全国住房公积金提取总额为

73 224.38亿元,占住房公积金缴存总额的58.65%;住房公积金累计发放个人住房贷款75 602.83亿元,个人贷款余额为45 049.78亿元。

二、住房公积金管理制度

(一) 住房公积金的管理体制

我国的住房公积金实行住房公积金管理委员会决策、住房公积金管理中心运作、银行专户存储、建设行政主管部门会同财政部门及中国人民银行机构进行监督的管理体制。住房公积金管理体制如图5-2所示。

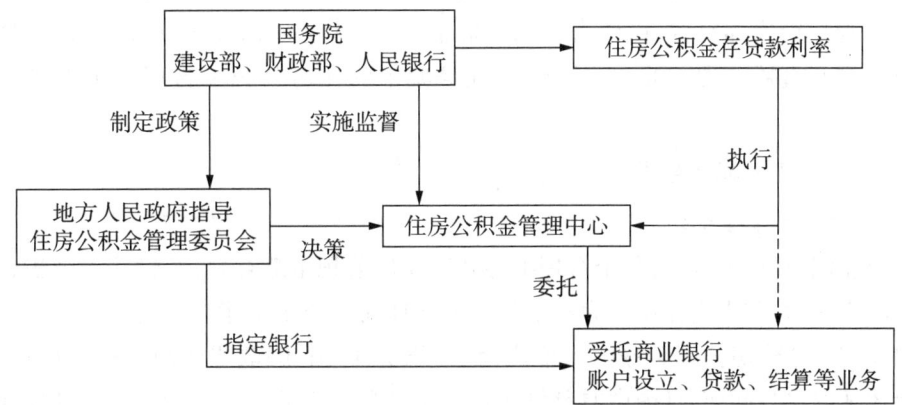

图5-2 住房公积金管理体制

1. 住房公积金管理委员会

住房公积金管理委员会是住房公积金管理的决策机构。住房公积金管理委员会的成员中,人民政府负责人和建设、财政、人民银行等有关部门负责人以及有关专家占1/3,工会代表和职工代表占1/3,单位代表占1/3。住房公积金管理委员会主任应当由具有社会公信力的人士担任。住房公积金管理委员会作为决策机构,主要负责:指定受委托办理住房公积金金融业务的商业银行;住房公积金具体管理措施的制定、调整、实施监督;拟定住房公积金的缴存比例;确定住房公积金的最高贷款额;审批住房公积金的归集和使用计划,以及其执行情况的报告;审议住房公积金增值收益分配方案;审批住房公积金归集、使用计划执行情况的报告。

2. 住房公积金管理中心

住房公积金管理中心是直属于城市人民政府的、不以营利为目的的独立事业单位,负责住房公积金的管理运作,具体工作包括:编制和执行住房公积金的归集及使用计划;负责记载住房公积金的缴存、提取、使用等情况;负责住房公积金的核算;审批住房公积金的提取和使用;负责住房公积金的保值和归还;编制住房公积金归集和使用计划执行情况的报告;委托住房公积金管理委员会指定的银行办理住房公积金的账户设立、缴存、贷款、归还、结算等金融业务和手续。

3. 住房公积金管理模式

我国住房公积金管理模式可以划分为两种。

(1) 委托管理模式。住房公积金管理中心将住房公积金的归集、住房公积金贷款发放及提取、结算等业务委托给代办银行,管理中心只负责审查和全程运行的监控管理。例如,在住房公积金贷款发放方面,公积金成员首先向代办银行提出贷款申请,经银行初审,管理中心进行审批后,再与银行签订贷款合同,办理抵押担保手续,然后划款到房屋出售人的银行账户。上海、广州、南京等城市的住房公积金管理属于委托管理模式。

(2) 直接管理模式。住房公积金管理中心只是将住房公积金存贷款涉及的金融业务委托给代办银行,而住房公积金资金归集、住房公积金贷款及提取、结算等业务由中心直接办理。北京、杭州、大连等城市的住房公积金管理属于直接管理模式[①]。

(二) 住房公积金管理

1. 住房公积金的缴存

由雇佣单位到住房公积金管理中心办理住房公积金缴存登记,经住房公积金管理中心审核后,到受委托银行为本单位职工办理住房公积金账户设立手续。每个职工只能有一个住房公积金账户。单位合并、分立、撤销、解散或者破产的,应当自发生上述情况之日起 30 日内由原单位或者清算组织到住房公积金管理中心办理变更登记或者注销登记,并自办妥变更登记或者注销登记之日起 20 日内持住房公积金管理中心的审核文件,到受委托银行为本单位职工办理住房公积金账户转移或者封存手续。职工住房公积金的月缴存额为职工本人上一年度月平均工资乘以职工住房公积金缴存比例。单位为职工缴存的住房公积金的月缴存额为职工本人上一年度月平均工资乘以单位住房公积金缴存比例。新参加工作的职工从开始参加工作的第二个月起缴存,新调入职工从调入单位发放工资之日起缴存,个人缴存额为职工本人当月工资乘以个人缴存比例。职工和单位住房公积金的缴存比例均不得低于职工上一年度月平均工资的 5%,具体缴存比例由住房公积金管理委员会拟订,经本级人民政府审核后,报省、自治区、直辖市人民政府批准。个人缴存部分由单位从工资中代扣,然后与单位缴存部分一起汇缴到住房公积金专户内。自存入公积金账户之日起按国家规定的利率计息。对缴存有困难的单位,可以通过单位职工代表大会或工会讨论,并经住房公积金管理中心审核,报住房公积金管理委员会批准后,暂时降低缴存比例或缓缴。

2. 住房公积金的提取与贷款

职工在购买、建造、翻建、大修自住住房时,离、退休时,完全丧失劳动能力、并与

---

① 参见谭臻尧:《住房公积金管理实践与创新》,东北财经大学出版社 2008 年版,第 69 页。

原单位终止劳动关系时,出境定居时,偿还购房贷款本息时,房租占家庭收入的比例超过规定比例时,职工死亡或被宣告死亡时,职工或其继承人、受遗赠人可以向住房公积金管理中心申请,经过准许后提取公积金账户内的部分或全部存储余额。因离休、退休的,或完全丧失劳动能力并与单位终止劳动关系的,或出境定居而提取住房公积金时,同时注销职工住房公积金账户。

缴存住房公积金的职工,在购买、建造、翻建、大修自住住房时,可以向住房公积金管理中心申请住房公积金贷款。住房公积金管理中心作出准予贷款决定的,通知申请人,由受委托银行办理贷款手续。住房公积金贷款的风险,由住房公积金管理中心承担。申请人申请住房公积金贷款的,应当提供担保。

3. 住房公积金的使用

住房公积金管理中心在保证公积金提取和公积金成员购买自住住房贷款前提下,经住房公积金管理委员会批准,可以用住房公积金购买国债。公积金的增值收益存入公积金增值收益专户,用于建立公积金贷款风险准备金、支付住房公积金管理中心的管理费用、补充城市廉租住房的建设资金。住房公积金管理中心的管理费用,由管理中心按照规定标准编制全年预算支出总额,报经本级财政部门批准后,从公积金增值收益中上缴本级财政,由财政拨付。管理费用标准,由省级人民政府建设行政主管部门会同同级财政部门,按照略高于国家规定的事业单位费用标准制定。

(三) 住房公积金制度的特点[①]

住房公积金管理中心是没有资本金,但有坏账准备金和提取积累金的派生存款组织,属于非营利性的政府机构;住房公积金成员与住房公积金管理中心之间不是签订自愿储蓄积累合同,而是在国家强制要求下进行的储蓄,所储蓄资金主要限于住房消费;公积金成员即使不购买住房,也必须长期缴存住房公积金直到退休,具有互助储蓄的性质;我国城市职工和所属企事业单位具有按照相同比例(5%以上)缴交住房公积金的义务,对不加入住房公积金制度或拖欠缴交的情形,设有处罚规定,因而住房公积金制度具有目的税的性质。

第三节 住房公积金贷款——以北京市住房公积金贷款为例

住房公积金贷款是指由住房公积金管理中心运用住房公积金,委托银行向购买、建造、翻建、大修自住住房的住房公积金缴存人和在职期间缴存住房公积金的离退休职工发放的贷款。住房公积金贷款须由借款人或第三人提供符合住房公积金管理中心要求的担保。

---

① 参见中国人民银行等:《中国住宅金融报告》,中信出版社2003年版,第157页。

一、住房公积金贷款条件

住房公积金贷款的借款申请人须具备的基本条件有：

(1) 具有合法有效身份。
(2) 具有完全的民事行为能力。
(3) 具有稳定的职业和收入，信用状况良好，有偿还贷款本息的能力。
(4) 购买、建造、翻建、大修自住住房。
(5) 具有购买、建造、翻建、大修自住住房的合同或相关证明文件。
(6) 提供住房公积金管理中心认可的担保。
(7) 借款人夫妻双方均无尚未还清的住房公积金贷款和住房公积金政策性贴息贷款。
(8) 借款申请人的住房公积金缴存情况须满足以下三个条件之一：①建立住房公积金账户12个月（含）以上，同时，足额正常缴存住房公积金12个月（含）以上且申请贷款时处于缴存状态；②申请人所在单位经公积金管理中心审批同意处于缓缴状态，但本人满足建立住房公积金账户12个月（含）以上，且足额正常缴存住房公积金12个月（含）以上；③借款申请人为在职期间缴存住房公积金的离退休职工。对于购买政策性住房的借款申请人可不受北京住房公积金缴存时限限制，但借款申请人须满足建立住房公积金账户且处于缴存状态条件。

二、住房公积金贷款期限、利率、额度

(一) 住房公积金贷款期限及利率

1～5年期限贷款年利率为3.33%，6～30年期限贷款年利率为3.87%。借款人的贷款期限最长可以计算到借款人70周岁，同时不得超过30年。

(二) 住房公积金贷款额度

住房公积金贷款额度与借款人公积金缴存额、申请借款年限、首付款金额、所购房屋建筑面积都有关系。对于建筑面积在90平方米（含）以下的政策性住房，北京住房公积金贷款最低首付款比例为10%，即贷款额度不得超过房屋评估价值或实际购房款（以两者中较低额为准）的90%；对于其他情况最低首付款比例为20%，即贷款额度不得超过房屋评估价值或实际购房款（以两者中较低额为准）的80%。单笔贷款最高额度为80万元。个人信用评估机构评定的信用等级为AA级的可上浮15%，即92万元，AAA级的借款申请人，贷款金额可上浮30%，即104万元。具体贷款额度的确定方法为：①计算借款人及共同申请人的月收入。月收入＝个人住房公积金月缴存额÷住房公积金缴存比例。②计算最高可贷款额度。家庭月收入扣除至少每人400元的生活费后所剩余额，再除以申请贷款年限的每万元贷款月均还款额（见表5-2）即为最高可贷款额度（万元）。③具体的贷款额度金额要

同时考虑单笔贷款最高额度、最高可贷款额度、最低首付款、信用等级和抵押物评估价值。

表 5-2　住房公积金贷款等额本息还款下的月还款额

贷款期限(年)	贷款年利率(%)	借款 1 万元月均还款额(元)
1	3.33	848.44
2	3.33	431.27
3	3.33	292.27
4	3.33	222.80
5	3.33	181.16
6	3.87	155.86
7	3.87	136.09
8	3.87	121.29
9	3.87	109.80
10	3.87	100.63
11	3.87	93.14
12	3.87	86.92
13	3.87	81.68
14	3.87	77.19
15	3.87	73.32
16	3.87	69.94
17	3.87	66.98
18	3.87	64.35
19	3.87	62.01
20	3.87	59.92
21	3.87	58.03
22	3.87	56.32

(续表)

贷款期限(年)	贷款年利率(%)	借款1万元月均还款额(元)
23	3.87	54.77
24	3.87	53.36
25	3.87	52.07
26	3.87	50.88
27	3.87	49.79
28	3.87	48.79
29	3.87	47.86
30	3.87	47.00

三、住房公积金贷款一般业务流程

(一) 咨询

借款申请人向住房公积金管理中心提出贷款申请咨询时,中心咨询人员须向借款申请人告知公积金贷款的业务流程和所需材料,通过管理系统调取借款申请人的公积金信息,判断借款申请人的贷款申请是否应由贷款中心受理,审核其公积金缴存情况是否符合有关政策的要求,并初步推算借款申请人的贷款情况。

(二) 初审

由初审人员对借款申请人的贷款申请进行审核,主要包括贷款申请材料的合法性、合规性、齐备性,材料填写的完整性、合规性,以及借款申请人的贷款条件是否满足中心的有关规定。初审人员初步确定借款申请人的贷款金额、贷款期限,提示借款申请人初步选择适合自己的担保方式,指导借款申请人选择贷款经办银行。对需要进行个人信用评估的,初审人员将借款申请人本人签字的信用评估《授权书》传递至信用中心。对需要就贷款所购及所抵押房屋进行评估的,初审人员出具《抵押物审核评估通知单》,提示借款申请人办理申请抵押物评估手续。

(三) 贷款复审

复审人员对借款申请人的资料进行审核,确保申请资料齐全、完整、一致、有效,并根据抵押物的评估结果、个人信用评估结果、借款需求及公积金管理中心的相关贷款政策,确定贷款额度、贷款期限、担保方式、经办银行、最低还款额。

(四) 打印合同单据

合同打印人员根据《贷款审核确认书》及借款人相关资料,打印相应的合同单据。对于由北京市住房贷款担保中心担保的贷款,合同打印人员将资料转至担保中心办理担保审核工作。

(五)担保中心担保审核

担保中心就贷款中心合同打印人员转来的资料进行担保审核。审核通过后,担保中心工作人员通知借款申请人办理贷款相关合同签字手续的时间、需要携带的资料及所需缴纳的担保服务费。

(六)面签

借款申请人、抵押人、出质人等持面签资料到面签柜台办理面签手续。在借款申请人签署相关合同文本后,贷款中心面签人员在《住房公积金贷款委托合同》《住房公积金贷款通知单》上办理签章手续,依据贷款中心有关规定转交经办银行。

(七)放款

经办银行根据《贷款审核确认书》,完成《借款合同》《住房公积金贷款委托合同》《住房公积金贷款通知单》等贷款有关资料复核签章工作,并办理完有关担保手续后,在确定的贷款发放日,将放款资金划入指定的账户中。图5-3为北京市住房公积金贷款流程。

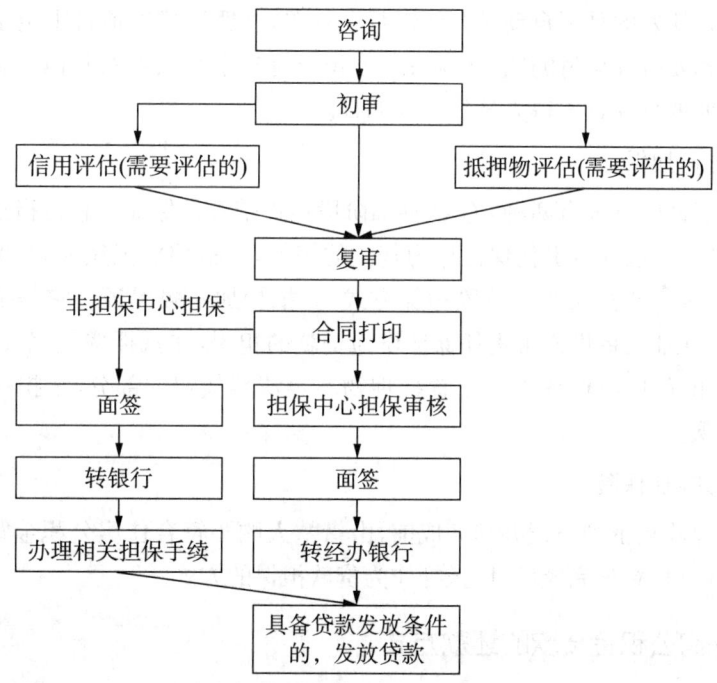

图5-3 北京市住房公积金贷款流程

四、住房公积金贷款的担保方式

住房公积金贷款可以采取保证、抵押、质押、抵押加保证、抵押加保险等担保方式,担保的具体方式由公积金管理中心根据借款人情况来确定。

(一) 保证

住房公积金管理中心要求保证人必须具有法人资格,并符合提供保证担保的其他法定条件。保证人为借款人提供的贷款担保为全额连带责任保证担保。保证期间自债务履行之日起至债务履行期限届满后2年。贷款经办银行与保证人必须签订书面合同,在保证人发生变更或撤销等情况时,保证人应及时通知公积金管理中心,需要提供新的担保的,借款人须提供新的担保并办理有关手续。

(二) 抵押

抵押人可以是借款人,也可以是第三人(包括法人、自然人);抵押财产范围限于抵押人所有的房屋,以及抵押人依法有权处分的国有土地使用权和房屋。抵押物的剩余土地使用权年限应高于贷款期限3年(含)以上。

(三) 质押

住房公积金管理中心要求的质押为权利质押。出质人可以是借款人,也可以是第三人(包括法人、自然人)。出质的权利范围限于:①银行定期存单且限定于此项贷款经办银行签发的且不自动转存的银行存款单;②凭证式国债且限定于此项贷款经办银行代理发行并兑付的国家债券;③公积金管理中心认可的其他权利。出质的权利凭证载明的兑现日不得先于贷款到期日。

(四) 抵押加保证

抵押加保证的方式有两种:①抵押加阶段性连带责任保证。它是指抵押登记完成前,以保证人提供连带责任保证作为贷款的担保,在抵押登记完成后,保证责任解除,以抵押作为贷款担保的分阶段担保方式;②抵押加一般保证。它是指在抵押登记完成前,以保证人提供连带责任保证作为贷款的担保,在抵押登记完成后,以抵押作为贷款的担保,同时保证人对处置抵押物不足清偿债权的部分,承担一般保证责任的共同担保方式。

(五) 抵押加保险

抵押加保险指抵押登记办理完成前,由借款人购买符合住房公积金管理中心要求的保险,在抵押登记完成后,以抵押作为贷款担保的方式。

五、住房公积金贷款的还款方式

住房公积金贷款的还款方式有等额本金还款、等额本息还款、自由还款等三种方式。前两种还款方式已经在第二章作了介绍,这里只对自由还款方式加以阐述。自由还款方式是指住房公积金管理中心在与借款人协商确定贷款金额、期限后,确定贷款每期的最低还款额度,借款人在不低于最低还款额度情况下自由选择每月的还款额度。

(一) 贷款期限在 5 年(含)以内的月最低还款额计算公式

$$R = P \times I \times \frac{(1+I)^{n \times 12}}{(1+I)^{n \times 12} - 1}$$

式中,R 为月最低还款额(保留到元,全部向上取整);P 为贷款本金;I 为贷款月利率;n 为贷款年限(年)。

(二) 贷款期限在 5 年(不含)以上的月最低还款额计算公式

借款人月最低还款额等于贷款到期日(不含)前至少应偿还的贷款本金按照等额本息还款方式的每月还款额,加上最后一期应偿还的贷款本金每期产生的利息,即:

$$R = P_0 \times I \times \frac{(1+I)^{n \times 12 - 1}}{(1+I)^{n \times 12 - 1} - 1} + (P - P_0) \cdot I$$

式中,R 为月最低还款额(保留到元,全部向上取整);P 为贷款本金;P_0 为综合考虑房屋折旧率、贷款风险度、利率风险等几项因素基础上,确定的最后一期前应偿还的贷款本金;I 为贷款的月利率;n 为贷款年限(年)。表 5-3 为北京住房公积金贷款自由还款月最低还款额。

表 5-3 北京住房公积金贷款自由还款月最低还款额

借款期限(年)	借款 1 万元最低还款额(元)
1	849
2	432
3	293
4	223
5	182
6	69
7	66
8	63
9	61
10	59
11	58
12	57
13	55

(续表)

借款期限(年)	借款1万元最低还款额(元)
14	54
15	54
16	53
17	52
18	51
19	51
20	50
21	50
22	49
23	49
24	48
25	48
26	47
27	47
28	47
29	46
30	46

六、组合贷款

当购房人可申请到的住房公积金贷款额度无法满足实际购房需求时,可通过办理组合贷款,同时使用公积金贷款和商业银行贷款来满足购房所需资金。组合贷款是指北京住房公积金管理中心委托商业银行,向借款人发放用于其购买个人自住房的住房公积金贷款,和商业银行向同一借款人发放用于其购买同一住房的商业贷款的贷款组合。个人申请住房组合贷款手续时,既可以向公积金中心申请,也可以向中心委托的经办银行申请。借款申请人只需在初审时将公积金贷款同商业贷款所需资料按要求一并提交,公积金中心同银行双方同时审核,审核通过后分别通知借款申请人进行面签手续,面签手续办理完毕即可等待银行放款。北京市组合贷款流程如图5-4所示。

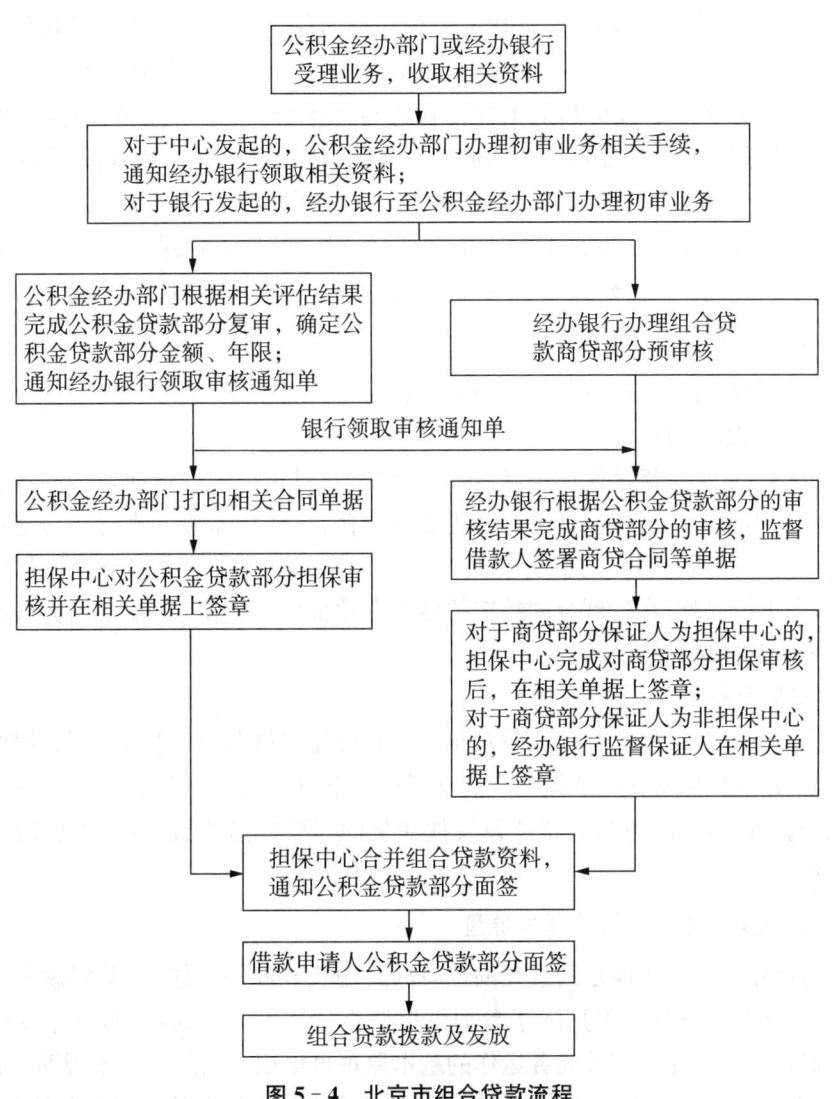

图 5-4 北京市组合贷款流程

第四节 住房储蓄银行

一、德国的住房储蓄银行制度

住房储蓄的概念起源于 1775 年英国伯明翰肯特尼建筑社会学。1885 年,德国创办了具有互助合作融资性质的"人人建房储蓄银行"。1924 年,德国的第一家住房储蓄银行成立。1931 年,住房储蓄银行被纳入"帝国私人保险业者管理局"监管,1934 年改属全国性信贷监察局监督,1938 年被纳入银行监管范围,1972 年颁布《住房储蓄银行法》(1974 年 1 月 1 日实施)。德国《住房储蓄银行法》规定,住房储蓄银行是指接受住房储蓄者的存款,并以此累积存款向住房储蓄者提供以购建住房为目的贷款的信贷机构。德国的住房储蓄银行法对住房储蓄银行的业务范围作了明确规定,并把住房储蓄银行与其他抵押银行进行了区分。《住房储蓄银行法》明确规定,只有住房储蓄银行才能进行住房储蓄业务,其他银行不允许从事该项业务,从而确定了住房储蓄银行是接受住房储蓄者的存款,并向以居住目的的房屋的建设、维修和改造项目,为建造房屋而购买土地的项目,以及开发并促进居住区建设的项目(比如水电和暖气设备的建设项目)提供贷款的专业性信贷机构。

(一) 住房储蓄银行业务范围

住房储蓄银行业务范围包括住房储蓄业务和其他业务。

1. 住房储蓄业务

住房储蓄业务是指接受住房储蓄者的存款,并以累积的资金向住房储蓄者提供以购建住房为目的的贷款。住房储蓄属于专项存款,住房储蓄者进行住房储蓄存款的目的是为了得到低利率的住房贷款。住房储蓄者与住房储蓄银行签订住房储蓄合同后,先进行存款,在达到合同约定的最低存款额度和期限后,住房储蓄银行为住房储蓄者购建住房提供配贷。

2. 其他业务

住房储蓄业务以外的其他业务包括:为履行住房储蓄合同核放先期贷款;核放住房贷款;以住房储蓄银行或第三人名义,核放用于住房融资目的的第三人贷款;为第三人贷款提供保证;为核放贷款及其他业务的需要筹措资金;为促进住房储蓄业务进行投资。

(二) 住房储蓄银行运作基本原理

住房储蓄是一种集体自助或互助性质的封闭式合同储蓄体系,其贷款资金主要来自于住房储蓄,贷款对象只限于参加住房储蓄的居民,住房存贷款利率在整个合同期内保持不变。住房储蓄业务运作的基本原理可以用下面的例子来说明:假如有10个人都想自己建房,建房需10万元。如果每个人每年能节约建房资金的1/10,即1万元,那么他要储蓄10年才能达到所需资金。假如这10人把他们每年节约的钱放在一起,那么其中第一个人在第1年后就可用这10万元去建房了。然后他每年像其他人一样继续付给集体1万元,共9年。第2年有9人继续节约1万元,第一个人偿还贷款1万元,这样第二人又可以把这10万元拿去建房。第3年第三个人又可以建房,以此类推,到第十年第十个人也可以建房,就好像他自己单独节约10年一样。10年后10个人都建好了房。由于每人每年存款1万元,每人支付的建房费用10万元,每人单独储蓄10年,因而10人集体储蓄5.5年,也即是说平均每人只等待了5.5年就建好了自己的房子。住房储蓄业务基本原理如表5-4所示。这里把复杂的存款贷款过程简单化了,以便说明住房储蓄体系的基本构思,在实际操作过程中还要考虑存款、贷款利息等计算问题。

表 5-4 住房储蓄业务基本原理

家庭序号	第1年 存/还	第1年 借	第2年 存/还	第2年 借	第3年 存/还	第3年 借	第4年 存/还	第4年 借	第5年 存/还	第5年 借	第6年 存/还	第6年 借	第7年 存/还	第7年 借	第8年 存/还	第8年 借	第9年 存/还	第9年 借	第10年 存/还	第10年 借
1	10	100	10		10		10		10		10		10		10		10		10	
2	10		10	100	10		10		10		10		10		10		10		10	
3	10		10		10	100	10		10		10		10		10		10		10	
4	10		10		10		10	100	10		10		10		10		10		10	
5	10		10		10		10		10	100	10		10		10		10		10	
6	10		10		10		10		10		10	100	10		10		10		10	
7	10		10		10		10		10		10		10	100	10		10		10	
8	10		10		10		10		10		10		10		10	100	10		10	
9	10		10		10		10		10		10		10		10		10	100	10	
10	10		10		10		10		10		10		10		10		10		10	100

注：(1+2+3+4+5+6+7+8+9+10)÷10＝5.5(年)。

(三) 住房储蓄银行特点

1. 住房储蓄银行是由参加者互助合作性质的封闭式储蓄融资系统

所谓封闭式储蓄融资系统，是指只有那些事先参加了储蓄的人才能得到以后的建房、买房贷款。此体系从一开始就规定，住房储蓄存款的唯一用途是为建房进行融资，而不是为其他的消费目的提供贷款。通过大量的储蓄者参与而形成一个互助集体，这个集体不受资本市场及其利率波动影响而独立存在。

2. 专款专用

作为专门运营机构的住房储蓄银行，其资金来源于居民的住房储蓄、银行间的融资、国家的资金，资金用途只有一项即用于为参加住房储蓄的居民提供购建住房贷款。

3. 以存定贷

居民要得到住房储蓄银行的贷款，必须在该银行有相应的存款。居民要先与该银行签订住房储蓄合同，按月有规律地在该银行存款。通常每月存入储蓄合同额的 5‰。当存款额达到储蓄合同金额的 50% 后，住房银行就把合同额付给储户，包括各占 50% 的存款和贷款。银行称此种依据合同额发放给储蓄者的贷款为"配贷"。贷款是每月按固定金额偿还，通常为合同金额的 6‰。配贷的发放是银行根据对各储蓄合同的评估值排定的顺序而确定的。存款越多越快，评估值就越高。

4. 利率固定

住房储蓄融资体系内的存款、贷款的利率都是固定不变的。存款利率为年息3%，贷款利率为年息5%。存、贷款的利率差为2%。在一般情况下，贷款利率都低于其他同期贷款利率的水平。1968—1994年的数据分析表明，这一期间抵押贷款利率平均高于8%，最高年份甚至达到12%以上。

5. 政府资助

住房储蓄得到了德国政府的资助，资助体现于奖励政策。奖励政策有三项：①住房储蓄奖金。对于年收入分别不超过一定数额的单身居民或已婚夫妇家庭，在住房储蓄合同中存款达特定数额时，政府会给予每年一定的奖励。这项奖金的发放标准，德国政府根据其效果进行过调整，使更多的中低收入者受益。②雇员资金积累款。每个雇员都可以让其雇主将其雇员资金积累款直接付到其住房储蓄账户上。这种款项是德国企业主除付给工资外，每月另付给雇员的用于积累的资金，必须存入长期账户，7年以后才能取出来。②雇员储蓄奖金。对于年收入分别不超过一定数额的单身职工或双职工夫妇，政府对其资金积累款给予10%的雇员储蓄奖。

（四）住房储蓄银行制度的优点

从德国住房储蓄银行制度数十年的运营效果来看，该制度具有以下方面的好处：

（1）该制度实行先存后贷，住房储蓄能促进个人自有资金的积累并为建房提供低息长期贷款，因此是一种安全可靠的融资形式。贷款的资金来源于众多的储户，资金有保证，银行的风险小。

（2）该制度的存贷利率低于市场利率且固定不变，不受资本市场的浮动利率的影响，对住房储蓄银行及住房储蓄者来讲，预期未来的不确定性很小。经验证明，这种住房储蓄体系能够长期稳定运作，具有稳定经济，抑制经济周期波动的作用。

（3）该制度促进人们进行住房储蓄，引导人们延迟消费，可以起到抑制通货膨胀的作用。一部分购建住房的贷款来源是参加住房储蓄的储户的存款，如此一来，其他项目的消费被抑制，而由此积累起来的资金被转入长期的住房建设的融资过程中去。如果没有住房储蓄，国家每年要专门为房屋的购建拨款，造成货币量增加。住房储蓄贷款的主要来源是那些事先为购建住房而积累起来的资金，这部分资金只可用于住房购建，也由此减缓了货币市场对通货膨胀的影响。

（4）该制度的国家奖励小而收益大。国家拿出一定的奖励金，可以收到居民投入更多购建住房资金的效果，可带动相关产业的发展，国家又可以从扩大就业、增加税收中得到收益。

（5）住房储蓄促使人们调整消费结构，更加重视自己采取措施购建住房，从而减轻国家在住房保障方面的负担。居民拥有自己的住宅，对促进社会稳定也是有积极意义的。

二、我国住房储蓄银行的发展

1987年,为配合住房体制改革,经中国人民银行批准,山东省烟台市和安徽省蚌埠市分别成立了住房储蓄银行。烟台住房储蓄银行是一家以住房制度改革和房地产业为主要服务对象的区域性、股份制型银行,1987年10月29日经中国人民银行总行批准成立,同年12月1日正式开业。蚌埠住房储蓄银行1987年12月经中国人民银行批准成立,1988年5月正式开始营业。这两家住房储蓄银行的主要业务范围,包括办理住房和其他房地产生产、流通领域的存、贷款业务,经营住宅和其他房产投资开发业务,办理住房券结算、居民住宅专项储蓄存款及个人买房长期低息抵押贷款业务,经人民银行批准发行住房债券。住房储蓄银行实行股份制,其资金来自地方财政出资、各专业银行的入股资金、企事业单位的入股资金三个方面。在经营上实行独立核算、自负盈亏的管理体制,业务上接受人民银行的领导和监督,行政上受当地人民政府领导。由于住房储蓄银行业务范围狭窄,住房公积金制度在全国范围的广泛建立,以及各商业银行相继推行住房金融业务等原因,两家住房储蓄银行的试点经营相继失败。烟台住房储蓄银行2001年改制为综合性的股份制商业银行,2003年8月1日更名为恒丰银行股份有限公司。蚌埠住房储蓄银行2001年与其他几家城市信用合作社合并组建成蚌埠市商业银行,2005年与安徽省的多家城市商业银行及信用合作社合并组建成徽商银行。2004年,中国建设银行股份有限公司和欧洲最大、最成功的住房储蓄专业银行——德国施威比豪尔住房储蓄银行共同投资,在天津设立了中德住房储蓄银行,这是国内首家按照国际通行标准运作的专业化住房储蓄银行。中德住房储蓄银行初期注册资本金1.5亿元人民币,建设银行持有75.1%的股份,德国施威比豪尔住房储蓄银行股份公司持有24.9%的股份。中德住房储蓄银行初期仅在天津开展住房储蓄业务,其产品特点简单地说就是"先存后贷,利率固定,专款专用,封闭运作"。2008年,双方银行两次注资,将中德住房储蓄银行注册资本金增加至10亿元人民币。2008年7月,中德住房储蓄银行正式获批扩大业务范围,将在原有住房储蓄业务的基础上,开办吸收公众存款,发放个人住房贷款,发放以支持经济适用房、廉租房、经济租赁房和限价房开发建设为主的开发类贷款,发行金融债券,代理发行、兑付和承销政府债券,代理收付款项,代理销售基金,代理保险业务。目前,中德住房储蓄银行已由单一从事住房储蓄业务的储蓄银行,转型为专业经营住房信贷业务的商业银行。

三、中德住房储蓄银行(SGB)的住房储蓄业务[①]

(一)SGB住房储蓄的运作

住房储蓄银行和储蓄者之间签订一定合同额的住房储蓄合同,储蓄者首先按照

---

① 中德住房储蓄银行住房储蓄业务的最新情况,请参考 http://www.sgb.cn/index.jsp。

合同约定,存足最低存款额和一定期限,以后才可以获得低利率的住房储蓄贷款。住房储蓄银行依据对储蓄合同和存款产生的利息的评价,来确定给予储蓄者进行贷款的顺序,评价值最高的住房储蓄合同最先得到配贷。如图 5-5 所示。

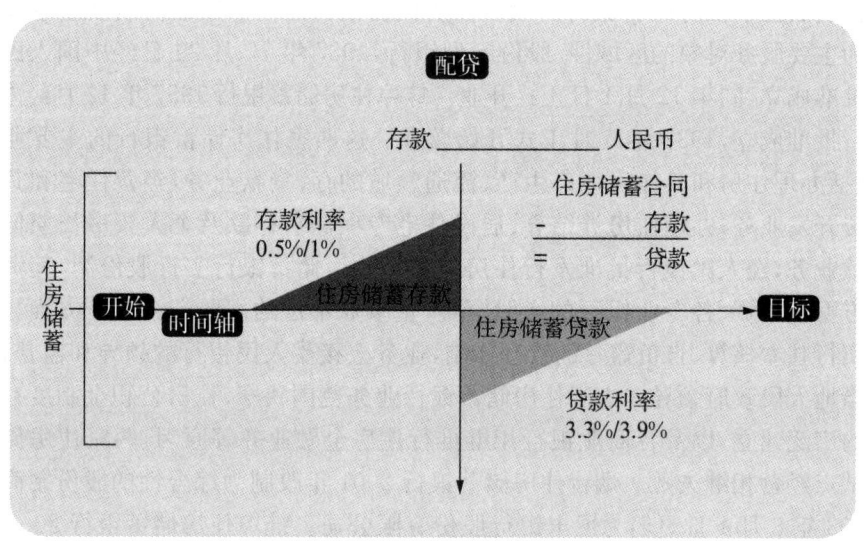

图 5-5　SGB 的住房储蓄业务

1. 签订住房储蓄合同

住房储蓄者申请与 SGB 缔结住房储蓄合同时,需要填写《缔结住房储蓄合同申请表》,SGB 在收到申请表之后向其发出确认信,表示收到此表并确认合同的开始时间。住房储蓄者通过和 SGB 签订住房储蓄合同而获得了日后贷款的权利。现有的住房储蓄合同共分为 A、B、C 三大类,其中:A 类合同包括 AA 型、AB 型和 AC 型三种合同,B 类合同包括 BA 型、BB 型和 BC 型三种合同,C 类合同包括 CA 型、CB 型和 CC 型三种合同(见表 5-5、表 5-6、表5-7)。住房储蓄合同类型是住房储蓄合同的基础,它决定了推荐月存款额、分期还款额以及存贷款的年利率等要素。客户通过缔结住房储蓄合同,确定住房储蓄合同额(千元人民币的整数倍),住房储蓄合同额为存款额和贷款额之和。A 类合同的住房储蓄合同额不少于 2 万元人民币,B 类合同不得少于 3 万元人民币。

表 5-5　A 类合同明细表

合同类型	AA	AB	AC
合同服务费	合同签署时合同额的 1%,或合同额提高时提高额的 1%,若达到配贷条件的客户放弃贷款,依据其书面申请,住房储蓄银行将 100%返还其所付的合同服务费;除此之外任何情况下,均不退还服务费。		

(续表)

合同类型	AA	AB	AC
常规存款 (月度存款占合同额的‰)	10	8	6
存款利率(年利率：%)	0.50	0.50	1.00
评价值系数	1.6	1.2	0.4
最小评价值	8	8	8
最低存款额 (占合同额的%)	50	50	50
贷款利率 (年利率：%)	3.30	3.30	3.90
还款额(利息和本金) (月度还款占合同额的‰)	7.8	6	4.4

表 5-6　B类合同明细表

合同类型	BA	BB	BC
合同服务费	合同签署时合同额的0.6%，或合同额提高时提高额的0.6%，若达到配贷条件的客户放弃贷款，依据其书面申请，住房储蓄银行将100%返还其所付的合同服务费；除此之外任何情况下，均不退还服务费。		
常规存款 (月度存款占合同额的‰)	10	8	6
存款利率 (年利率：%)	0.50	0.50	1.00
评价值系数	1.6	1.2	0.4
最小评价值	8	8	8
最低存款额 (占合同额的%)	50	50	50
贷款费用	住房储蓄贷款额的1%		
贷款利率 (年利率：%)	3.30	3.30	3.90
还款额(利息和本金) (月度还款占合同额的‰)	7.8	6	4.4

表 5-7　C 类合同明细表

合同类型	CA	CB	CC
合同服务费	合同签署时合同额的 1%，或合同额提高时提高额的 1%，若达到配贷条件的乙方放弃贷款，依据其书面申请，甲方将 100% 返还其所付的合同服务费；除此之外任何情况下，均不退还服务费。		
常规存款月度存款比率（月度存款占合同额的‰）	12.2	8.38	6.02
达到配贷条件需要的时间（月）（前提是严格依照月度存款比率进行存款）	41	60	81
最早得到配贷的时间（月）	44	63	84
一次性存款占合同额的 %	50		
达到配贷条件需要的时间（月）	21	31	39
最早得到配贷的时间（月）	24	34	42
存款利率（年利率：%）	0.50	0.50	1.20
评价值系数	1.9	1.27	0.41
最小评价值	8		
最低存款额（占合同额的 %）	50		
配贷条件	合同达到最小评价值和最低存款额		
贷款总额	合同额减去存款额		
标准贷款利率（年利率：%）	3.70	3.70	4.30
优惠贷款利率（年利率：%）（只有在所规定的最长期限内达到了配贷条件的合同才能享受优惠贷款利率）	3.30	3.30	3.90
达到配贷条件的最长期限（月）	48	72	96
月度还款比率（等额本息）（月度还款占合同额的‰） 执行标准利率的合同	5.46	4.05	3.61
月度还款比率（等额本息）（月度还款占合同额的‰） 执行优惠利率的合同	5.36	3.95	3.51

(续表)

合同类型	CA	CB	CC
最长还款期限(月)	108	156	192
合同转换	CA 和 CB 款可以互相转换并均可转换为 CC 款,CC 款不能转换为 CA 和/或 CB 款。A 类、B 类和 C 类合同之间不可转换。		

2. 储蓄存款

住房储蓄者依照所缔结的合同约定,按住房储蓄银行向客户推荐的月存款金额进行按月存款。推荐月存款额为合同额的 6‰或 8‰或 10‰,存款年利率为 0.50%或者 1.00%。住房储蓄者在签订住房储蓄合同之后,也可一次性存入合同额的一半。

3. 对住房储蓄的奖励

天津市政府对住房储蓄进行奖励。①政府奖励的受益者是有中国国籍的自然人,并同时拥有住房储蓄合同的住房储蓄者。②得到政府奖励的前提条件是,在配贷之后,储户将他的住房储蓄存款余额用于天津市的住房消费。③SGB 支付全部政府奖励的前提是住房储蓄者必须向 SGB 提供他将全部储蓄存款用于住房消费的证明,如果住房储蓄者只能证明他将储蓄存款中的一部分用于住房消费,那么他只能得到与其相应的那一部分奖金。住房消费是指住房的建造、购买、维修和更新,或者是为住房建设的目的服务的行为。另外还有一些其他与住房消费的目的有关的行为,比如:为建造一定的住房而购买建筑用地、清偿用于住房消费项目所欠的债务。④奖金的计算处理方法。政府奖励随同住房储蓄存款利息每年计算一次,结息日为每年的 12 月 31 日。对于在 2004—2006 年度签约的客户,其政府奖励按照 1%的年利率计算。从 2006 年 8 月以后签约的客户,其政府奖励按照 1.5%的年利率计算。如果客户将部分存余额用于住房消费,则奖励按照用于住房消费的存款占存款总额的比例计算。住房储蓄者不能从其奖励中获取利息,并且奖励额不作为年度计算奖励的基础。

4. 配贷

配贷是指储蓄者的存款额达到住房储蓄合同金额的 50%,以及满足住房储蓄合同规定的其他条件后,住房储蓄银行依照银监会或其派出机构同意的程序,从配贷资金库中将等同于合同额的资金准备出来。住房储蓄银行书面询问客户其是否接受配贷声明。客户必须在配贷的前 1 个月月底前提交配贷声明。

住房储蓄银行每月月底对存款额达到合同金额 50%的住房储蓄合同计算评价值。符合配贷条件的最低评价值为 8,若配贷资金库资金不足时最低评价值可能高于 8。住房储蓄者能否得到配贷,取决于可配贷资金的多少,配贷的顺序依据配贷评价值的高低排序。评价值是住房储蓄银行用来计算住房储蓄者对住房储蓄集体贡

献度的参数,其计算基础是住房储蓄存款利息。评价值的计算方法为:

$$评价值=\frac{存款利息总额\times评价值系数\times超额存款奖励系数}{住房储蓄合同额(以千为单位)}$$

其中,不同的合同类型有不同的评价值系数(见表5-8)。

表5-8 评价值系数表

合同类型	AA	AB	AC	BA	BB	BC	CA	CB	CC
评价值系数	1.6	1.2	0.4	1.6	1.2	0.4	1.91	1.2	0.44

5. 贷款

住房储蓄者接到住房储蓄银行的配贷问询后,如接受住房储蓄贷款的,要提出配贷申请,填写住房储蓄贷款申请表呈交贷款经办行,并提交SGB要求的有关资料。借款人申请住房储蓄贷款必须具备下列条件:合法、有效的居留身份;达到住房储蓄银行的配贷条件的住房储蓄合同;稳定的职业和(或)收入,信用良好,有按期偿还贷款本息的能力;提供住房储蓄银行认可的资产做抵押或质押,或(和)有符合规定条件的保证人为其担保;住房储蓄银行认可的、合法的用于住房目的的合同、协议和证明;不低于所购住房全部价款的一定比例的首期付款证明。住房储蓄银行自收到贷款申请及提交的完整的材料之日起,在4周内向借款人正式答复。住房储蓄银行同意借款人的借款申请后,双方签订借款合同,并根据贷款担保方式,同时签订抵押合同、质押或保证合同。在借款人办理抵押、担保及保险手续,并满足了贷款合同中为支付贷款而提出的其他要求之后,住房储蓄银行将贷款资金划入约定的账户。

借款人在SGB的贷款额,等于住房储蓄合同额减存款余额(包含存款利息和政府奖励)。住房储蓄贷款额与具有优先抵押权或同级别抵押权的债务额加在一起,不能超过住房储蓄银行认定的抵押物价值的80%。月还款额、贷款期限和贷款利率根据签订的住房储蓄合同类型确定。贷款年利率为3.30%或3.90%(根据不同的合同类型而定)。

(二)住房储蓄合同的变更、转让及解除

1. 住房储蓄合同的变更

由于个人经济情况,以及社会环境的变化,住房储蓄者有可能会要求对合同做一定的变更,改变合同的方式有:分立合同、降低合同额、提高合同额、合并合同。住房储蓄合同分立就是将一个合同的合同额和储蓄余额分立在多个合同下。住房储蓄合同合并就是将多个合同的合同额和储蓄余额合并在一个合同下。住房储蓄者只有在缴纳了全额服务费,并且在其合同账户上有储蓄存款余额的情况下,才能够提出变更合同的申请,申请必须是书面的,并需要通过SGB的书面确认,变更后的合同要在3个月之后才可以进行配贷。

2. 住房储蓄合同的转让

经 SGB 审查批准,住房储蓄者可以转让他的合同。通过合同的转让,受让人就获得了与合同有关的所有的权利和义务。由此,他可以得到附加的自有资本(到今为止的储蓄存款额),或者可以提前得到配贷。转让合同需要合同双方的书面协定。

3. 住房储蓄合同的解除

住房储蓄者在缴清住房储蓄合同的服务费后可以随时解除合同,他最早能在合同解除之后的 2 个星期后得到他的储蓄余额。这样一来,他当然也就失去了得到政府奖励的机会。合同解除需以书面形式进行。另外,随着合同的解除,住房储蓄者也就失去了获得贷款的资格,已缴纳的合同服务费不退还。

(三) 预先贷款

预先贷款是指与中德住房储蓄银行签订《住房储蓄合同》而尚未获得配贷的客户,在存款期间因个人住房消费需要提前融资时,由中德住房储蓄银行利用住房储蓄资金预先向其发放的个人住房贷款。

练 习 思 考 题

1. 比较分析住房公积金和住房储蓄。

第六章

房地产投资分析技术

第一节　房地产投资标的及策略

一、房地产投资标的类型

（一）未开发的土地

投资于未开发的土地，是为了进行土地开发及房屋建设，以满足预期经济增长对房地产需求的增加。预期地区经济的增长、城市的发展、交通的改善、城市规划限制的减弱，是影响未开发土地投资价值的重要因素。未开发土地投资成败的关键，在于其区位是否处于城市近期规划发展的空间范围内，以及土地周围的城市公共及基础设施的完善程度和发展速度。未开发土地投资的流动性差，预期的增值额大小和增值时点都很不确定，而且也存在贬值的可能性，土地闲置不用而土地使用权年限的缩减也造成土地权益价值的降低，另外还要支付土地投资所占用资金的利息。未开发土地的投资者一般是房地产开发商和投机者。在我国，为保护耕地、充分利用土地资源，规定对取得土地使用权后限期未开发的，要缴纳土地闲置费，直至无偿收回土地使用权，这对购而不用的房地产投机行为应该具有有效的抑制作用，然而现实中这一规定的执行情况却"谬以千里"。

（二）住宅

对住宅的需求是随着经济的发展和人口的增长而增加的，对特定住宅的需求还取决于其区位和环境因素。投资的地点和时机选择，是住宅投资成败的关键。住宅投资的收益是房屋的租金和增值，但要支付一定的维修和管理等费用。住宅的变现（流动）性较好，出售或租赁经营管理较为方便，一般既适合于大规模投资，也适合于有能力购买一套或数套住宅的小额资本投资人进行投资。但如果市场预测分析不准确、开发或出租经营管理不妥等，也可能给投资者造成损失。

（三）写字楼

写字楼投资主要是进行租赁经营。写字楼的投资价值取决于地区经济发展趋势、公司的数量和规模及办公人员数量、地段。投资写字楼要注意满足不同类型租户的不同特殊要求，因为不同租户如咨询公司、计算机研究和开发公司、商业贸易公司、金融公司、医疗等，对写字楼的硬件设施及软件环境的服务要求不同，一座写字楼的承租者一般是具有相同或相近的业务性质或特点，以及规模和社会地位。地段最佳、内外装修设计和建造良好、硬件设施齐全、服务周到的写字楼，能够吸引最具经济实力、信誉好、发展稳定的租户，他们更注重是写字楼的档次和品位而非租金的高低。写字楼的租期一般较长，因而一旦租出，收入相对较稳定，但写字楼的需求因时而异，变化较大，使写字楼的功能性衰退很快，大有今日风光、明日不再的景况。其经营风险比住宅要大，当然收益也更好。影响其经营风险的主要方面有：优良且专业化的物业管理服务、租户的社会经济地位、地区经济发展、建筑物的设计和功能过时、商业活动中心的迁移。

(四) 购物中心或零售商场

购物中心或零售商场的投资是最为复杂、最有风险的房地产投资类型,这是由于该类型房地产的市场供求变化较为剧烈,商业经营管理较为复杂。区域经济的变化及人口数量的变化会很快改变市场的需求,新开发的购物中心或商场一般在地段、停车场、服务设施等方面也更具有竞争力。在该类型房地产投资方面,一是要注意整个商业中心的各个商店之间,在空间位置、经营类型、规模等方面的组合要能够满足市场需求,一旦一个购物中心的商店组合不能满足市场需求,将很快衰退,例如北京市前门大栅栏商业街,曾经与王府井、西单商业区并列为北京的一级商业中心,但自20世纪90年代由于不能满足市场上的日益现代化的消费需求而衰落,王府井、西单则在自90年代中开始大规模改造,在竞争日益激烈的北京商业市场上,仍占据较强的地位;二是要注意在一个商场内部的承租客户及经营范围的组合,以及空间格局、建筑附属设备等都要能够满足消费者在购物、心理感受方面的需求。三是要注意提供适宜的管理服务水准。在美国、中国台湾等国家或地区,经常可以见到闲置荒废或门庭冷落的大型购物中心,而相邻的购物中心却生意兴隆,可见购物中心投资的成功与否不仅与地点、融资方式等决策有关,而且更依赖于日常的经营管理服务能否迎合市场需求。在进行购物中心投资时,要考虑附近可能已经或将要计划建造的其他购物中心,是否会发生与投资对象进行恶性竞争的情况,以及由此带来的空置率和租金的变化。投资风险主要来源于市场竞争、购物中心的设计及配置可能过时、市场区内消费者的收入、人口密度以及交通状况的变化等,可能导致的消费者流失或购买力下降。

案例6-1

煮熟了的鸭子就卖得出去吗?[①]

1998年,深圳中电物业管理公司开发建设的电子科技大厦二期商业用房即将竣工,共计有3万平方米。市场是否还像当初预测的那样前景美好呢?从市场角度分析,一个10 000平方米的商场,需要至少20万人口日常购物需求的支持。到1998年,深圳超过10 000平方米的商场有9家,5 000平方米的商场有17家,各类商店有6万多家。9家超过1万平方米的商场共有营业面积15万平方米,粗略估算需要300万人口的日常消费,再加上中小规模的商场,总共需要至少500万以上人口的消费。而于近期将要开业的还有13家大中规模的商场。但经过16年的发展,深圳人口相比之下却仅有300多万人。以科技大厦为中心,1~1.5公里范围内,已经开业的5 000平方米以上的商场就有7家,效益比较好的只有"万佳"和"岁宝",有2家(约3万平方米)正在招租,还在筹建的有6家。深圳的现代化程度要高于内地城市,消费文化也不例外,周末开车到"山姆"、"家

[①] 《中国房地产报》1999年11月19日第5版。

乐福"之类超大型会员店购物已经成为时尚。自1995年至1997年,深圳倒闭的商场就有18家。

(五) 旅馆、酒店、会议中心

该类房地产投资项目,主要是为了满足旅客、商务、休闲、会议的需要,在位置上需要极为便捷,物业内外的各类基础及服务、娱乐等设施,都要配套齐全且组合得当,并需要专业化程度较高的管理服务和经营管理知识。由于消费租住者绝大部分无正式租约,因此其经营收入的变动较大,而且受经济变化、季节变化、行政命令等因素的影响较大。投资者也面临较强的竞争。

(六) 休闲性房地产

休闲性房地产主要包括影剧院、俱乐部、健身中心、游乐场、公园、户外运动场所等多种类型,相互之间的投资特性有较大差异。它们的投资共性主要是,该类房地产的需求与经济景气状况息息相关,另外也与人口的数量、性别、年龄、教育水平、收入水平等统计特征,以及娱乐消费时尚关系密切,在布局上都要求有便捷的交通条件。投资者除了考虑硬件设施外,更重要的是为消费者提供适宜的服务。1978年,美国沃特迪士尼公司与日本东方地产公司达成联合开发东京迪士尼乐园的协议,迪士尼公司仅负责为东京迪士尼乐园有偿提供规划、设计、道具制作、服务培训及乐园建成后的咨询服务,同时以"特许经营权"名义取得门票收入的10%、餐饮及纪念品收入的5%。该乐园占地813 390平方米,东方地产公司主要靠借来的6.5亿美元完成了工程建设。为了让游客感受到正宗迪士尼乐园的气氛,除了有细小改变外,在建筑形式、风格、规模等方面几乎是美国迪士尼乐园的翻版。1983年该乐园建成投入运营时,正是日本国民收入水平提高、居民闲暇时间增多的时期,开业当年的游客人数达1 180万人,收入达3.55亿美元,比预先估计的高出1.55亿美元,原因在于人均实际消费30美元,而预先估计为21美元。到1990年,年游客人数已经达到1 600万人,比加利福尼亚迪士尼乐园的游客人数还多1/4。公园在1990年的收入达到9.88亿美元,利润达到1.5亿美元。迪士尼公司在日本迪士尼乐园没有所有权,其保守行为是由于资金已经被牢牢地束缚在佛罗里达迪士尼乐园的建设上了;再者由于这是第一家在国外且在寒冷气候的地区建造迪士尼乐园,需要谨慎。①

(七) 工业厂房、仓库

工业厂房投资除了考虑交通便利、生产要素的取得成本及原材料和产品的运输成本低之外,还需要考虑地区的环境约束、工业结构的变化、最佳交通运输方式的变化。工业厂房有多用途工业厂房和特殊用途工业厂房,由于后者的适用范围狭窄,一旦租户解除租约,寻找合适的新租户难度较大,因而投资风险也大。仓库投资主要考虑工商业经济活动对仓库的需求,选择便于移送运转的地理位置,不过要承担

---

① 吴德夫:《国际房地产投资分析与物业管理》,中国建筑工业出版社1997年版,第10页;[美]罗伯特·F·哈特利:《管理得与失》,中信出版社2000年版,第7章。

由交通运输方式的变化,和工业生产设备及技术变化引起建筑物过时等变化,导致继续经营的不经济和已投资沉淀性资本不能收回的风险。

二、房地产投资策略

(1) 选择自己熟悉的、有一定经验的房地产类型进行投资,初次投资房地产者,应选择一些简单的投资项目。投资者应在有关投资类型、方式、规模、地区、时机等方面,制定一个适合自己的战略性投资方针。

(2) 充分估计自己的财务状况和融资能力,要确保自己的收益足以偿还贷款。

(3) 对拟投资项目作充分的投资可行性研究。

(4) 选择具有良好信誉及同类型房地产销售经验的代理人或代理机构。

(5) 聘请经济师、会计师、律师等专业人员,进行有关投资的税收、财务、合同等方面的咨询分析和把关。

(6) 在价格与买卖合同的谈判方面,要喜怒不形于色,不能让对方掌握或牵动自己的心理动向,特别是不要表露出志在必得,出价要留有一定的余地,谈判时要尽可能多挑投资对象的瑕疵,并设法少交或不交订金,但也要注意用意向书或出价控制住项目,以免被出售给其他投资人。

(7) 投资的目的是为了通过租售获取利润,因而在选择投资对象时,要通过调查分析,尽可能从项目的预期承租人和购买人的消费需求角度,考虑投资对象的特征和投资成本之间的关系,即投资对象的效用价值比。

(8) 采取预租、预售方式。

案例 6-2

欧洲迪士尼乐园[①]

东京迪士尼乐园的成功,使迪士尼公司的管理者很快意识到,没有取得所有权是犯了一个不可饶恕的错误,并诱使迪士尼公司产生投资欧洲的愿望。他们经过对欧洲 200 多个地方的考察,于 1985 年宣布拟在法国的巴黎或西班牙的巴塞罗那投资。由于迪士尼乐园的建成可以提供 4 万个就业机会及丰厚的税收收入,来自欧洲各国的大量游客还会带动地区消费及经济发展,因而引起了法国和西班牙之间的激烈竞争。俗话说鹬蚌相争,渔人得利,迪士尼公司乘机讨价还价,另外还考虑到巴黎在欧洲的中心地理位置及便利的交通、欧洲最大旅游胜地的地位、广阔平坦的地貌,最终于 1986 年与法国政府签订协议。法国承诺以低于市场利率提供项目建设资金的 22% 的贷款,以 1.85 美元/平方米的地价(1971 年价格)提供 2 023.36 万平方米的土地,并将巴黎地铁线延伸到迪士尼乐园门口,迪士尼公司可以拥有 16.7%~49.9% 的股份。迪士尼公司考虑到 1990 年来美国迪士尼乐园的欧洲游客人数有 250 万,而且迪士尼乐园在美国(2.5 亿人口)每年吸引 4 100

[①] 吴德夫:《国际房地产投资分析与物业管理》,中国建筑工业出版社 1997 年版,第 6—11 页;[美]罗伯特·F·哈特利:《管理得与失》,中信出版社 2000 年版,第 7 章。

万人,如果按照同样的比例,欧洲迪士尼乐园每年的游客量应该达到6 000万人(欧洲有3.7亿人口),更为乐观的是欧洲人比美国人有更长的假期,预计该项目的效益较好,特别是他们不想让东京迪士尼乐园的错误再发生,因而选择了49%的股份,其余51%股份由多家银行及证券公司组成联合财团向法、英及欧洲其他国家出售。项目计划配套建设6家饭店和5 200个房间,以及一个规模仅次于巴黎也是法国最大的La Defense公司的商用综合楼群,包括购物中心、公寓住房、高尔夫球俱乐部、度假村。该项目最终投资44亿美元,成为仅次于英吉利海峡隧道的欧洲第二建筑,其中,股东权益占32%,法国政府贷款占22%,45家银行贷款占21%,迪士尼酒家贷款占16%,合伙企业的房地产占9%。虽然根据在日本的成功经验,得出寒冷的气候不会对游客产生多大的阻碍,但还是针对巴黎寒冷的气候组织了更多的室内表演、增设了烤火处、为通往饮食店的小径加盖了玻璃屋顶,售票处及自停车场开始的步行道路都进行了防范坏天气的保护。根据法国科幻小说家儒勒(Jules Verne)的设想,建立了"发现岛",具有360度屏幕的球幕电影剧场使游客了解欧洲历史。

种种迹象表明,不是每个人都对迪士尼乐园有兴趣。左派示威者用鸡蛋、番茄酱和"米老鼠回家去"的标语来攻击迪士尼公司的管理者;一些知识分子称迪士尼乐园为可恶的美国文化;主流新闻界也持反对态度。这些反对意见都被公司官员们视为是微不足道且缺乏代表性的。不过迪士尼公司还是预见到可能将会面临的文化障碍,任命会讲法语、十分了解欧洲且有位法国妻子的罗伯特为欧洲迪士尼乐园总裁,然而他并没有取得应有的信赖,虽然他忠告说不要将巴黎当做佛罗里达,但没有人听他的,1993年一位法国人接替了他的职位。

1992年4月,欧洲迪士尼乐园在巴黎郊外正式开放了,在美国和日本的成功使决策者认为它的成功似乎已经成为必然。令人难以置信的是,自开放以来的收入没有达到预期的目标。公园开放时正是欧洲经济严重衰退的时期,欧洲的游客就相当节俭,许多人自己带饭,不住迪士尼宾馆。迪士尼公司最初对公园门票和酒店所定的价格,只是为了达到收入的目标。他们以自己的垄断地位认为对它的需求是缺乏弹性的,估计游客会忽略较高的价位,因而每个成人的门票是42.25美元,比美国的门票还要高,迪士尼宾馆一个房间一夜晚的价格是340美元,相当于巴黎最高等宾馆的价格。虽然到这里游玩的游客每月都有近100万人,并很快达到了预期目标,但游客的节俭并没有使迪士尼公司完成其利润目标。他们没有估计到欧洲人的精明,由于价位太高,游客缩短了停留的时间,避免住酒店,许多游客一大早来到公园,晚上在宾馆住下,第二天早晨先结账,再回到公园游玩,并自带食品和饮料,谨慎购买迪士尼商品。公园内不许喝酒的规定,引起了午餐和晚餐都要喝酒的欧洲人的不满,后来取消了这一规定。对游客人数的高峰期和低峰期出现时间的错误估计,意料不到的高、低峰期人数差别之大(10倍),早餐时餐馆规模显得过小(以350个座位提供2 500份早餐),过小的旅游汽车司机休息室(仅容纳50人,而高峰期有2 000人)等都令经营者极为"尴尬"。到1993年12月31日累计损失10.3亿美元。29亿美元贷款的沉重利息负担(最高的利率达11%),使公司已经无法靠经营收入来弥补因利率上升而增加的管理费用。管理者们希望通过出售宾馆来减轻利息负担,但仅有的55%的出租率难以吸引投资者。造成出租率低的原因除了经济衰退之外,还由于对需求的错误估计,因为从公园到巴黎市中心只需35分钟,许多游客就住在了市区。

1987—1991年期间,3个耗资1.5亿美元的大型游乐场在法国大张旗鼓地开放了,但都以萧条而告终,到1991年其中已经有2个倒闭了。但它们的失败被认为是互不相干的。

第二节 房地产投资财务分析

进行投资财务分析的目的,是为了确定投资计划是否可行,是进行投资决策的重要依据。传统的投资分析方法有收益倍数法、财务比率法、赢利能力法、回收期法等,现代投资分析方法有净现值法、内部收益率法。净现值法在开发投资可行性研究部分介绍,内部收益率法由于其较大的缺陷而可以不予采用,在此也不予介绍。

一、收益倍数法

收益倍数法是将房地产的投资价值(购买价格)除以年总收入或净收入,求得的值越小则说明该投资项目的报酬越好,越值得投资。常用的指标有总收益倍数、净收益倍数。总收入倍数等于房地产价格除以该房地产的潜在年总收入。净收益倍数等于房地产价格除以年净收益。比如,某房地产的价格为100万元,投资该房地产后预计潜在年总收入为22万元,年净收入为10万元,则总收益倍数和净收益倍数分别为4.55和10。将该倍数与相同市场范围内可比实例的倍数指标进行比较,初步判断该项目投资是否可行。

二、财务比率法

财务比率法有经营成本比率、收支平衡比率、债务偿还保证率等指标。可以用这些指标与其他房地产项目进行比较分析。

(一) 经营成本比率

经营成本比率等于经营费用除以潜在总收入。如上例中的经营成本比率为$(22-10)\div 22=54.5\%$。一般而言该比率越高,项目投资效益越低。不过要具体分析经营费用的构成,在经营费用主要是由房产税、房屋保险费等固定支出费用构成时,较低的比率说明项目投资的效益较低;在经营费用主要是由管理费、维修费等经营者可控制的可变费用构成时,则该比率主要反映了经营者的经营效率,这时,如果投资者能够通过有效的管理降低可变费用,从而将经营成本比率降低到适当量的话,就具有较好的投资效益。

(二) 收支平衡比率

收支平衡比率等于年经营费用加上年债务偿还额,除以潜在总收益,它反映的是房地产投资所产生的现金流出与流入之间的关系。这一比率越低投资的可行性越好。假如上例中的100万元,有70万元是通过抵押贷款支付的,在年利率8%、还款期25年的情况下按月等额偿还,年本息偿还额为$70\times 0.092\,6=6.482$(万元)。收支平衡比率为$(12+6.482)\div 22=84\%$。

(三) 债务偿还保证率

债务偿还保证率(debt coverage ratio)是净收益与年本息偿还额的比值。该比值越大,说明项目投资的财务风险越小,它反映借贷资金的安全性,多为银行用来评估项目贷款风险和决定贷款额度。上例中的债务偿还保证率为 $10 \div 6.482 = 1.54$。

三、赢利能力法

赢利能力法分析的是项目投资的赢利性,指标有资本化率、权益报酬率、税后权益报酬率、经纪人收益率。

(一) 资本化率

资本化率等于净收益与房地产购买价格的比值,它可以看做是整体资产的报酬率,与净收益倍数互为倒数。

(二) 权益报酬率

权益报酬率等于税前净现金流量(净收益减去债务偿还额)与自有资金投入量的比值,它是投资人的资金报酬率,是投资人所享有的税前投资报酬率。在上例中为 $(10-6.482) \div (100-70) = 11.7\%$。

(三) 税后权益报酬率

税后权益报酬率等于税后净现金流量与自有资金投入量的比值。上例中年净收益为 10 万元,第 1 年债务偿还额中有利息部分约 5.57 万元,假如房地产残值率为 2%,折旧年限为 50 年,则(直线折旧)年折旧额为 1.96 万元。课税所得为 $10-5.57-1.96=2.47$(万元),所得税(税率以 25% 计)为 0.618 万元。税后净现金流量为 $10-6.482-0.618=2.9$(万元),税后权益报酬率为 $2.9 \div (100-70) = 9.7\%$。

(四) 经纪人报酬率

经纪人为了激发投资人购买房地产的兴趣,往往将因偿还债务而增加的权益(本金)部分也计入报酬,这样就增加了税后权益报酬率,使房地产投资项目更具有吸引力。经纪人报酬率等于税后净现金流量加上权益增加量,除以自有资金投入量。上例中的经纪人报酬率为 $(2.7+0.912) \div (100-70) = 12\%$。

四、回收期法

回收期是投资项目的初始自有资金投入量与预期税后年净现金流量的比值。它是对从投资中产生的净收入"偿付"投资成本所需时间的度量。未来某一时点离现在越远,其不确定性或风险就越大,因而投资的回收期越短越好。上例中的回收期按简便计算为 $30 \div 2.7 = 11$(年)。由于所得税在变化,因而税后净现金流量也是变化的,回收期的计算不应该如此直接,详细计算结果见表 6-1,回收期为 12 年。回收期法的主要缺点是忽略了回收期后的现金流量。

表 6-1　回收期的计算　　　　　　　　　　单位：万元

年份	1	2	3	4	5	6	7	8	9	10	11	12
税后净现金流量	2.7	2.68	2.65	2.62	2.59	2.55	2.51	2.48	2.43	2.38	2.33	2.28
累计值	2.7	5.38	8.03	10.65	13.24	15.79	18.3	20.78	23.21	25.59	27.92	30.2

传统的投资财务分析方法主要有以下缺点：①对报酬率的估计仅限于第 1 年或初始的几年，而没有将整个投资期间的净现金流量全部考虑，也没有考虑投资期结束时出售房地产所产生的净现金流量。②没有考虑投资的机会成本。③忽略了货币的时间价值因素。④除回收期法外，传统分析方法都没有考虑投资所面临的风险。⑤没有考虑投资人的风险偏好。虽然传统投资财务分析方法有如此多的缺陷，但仍然被大多数实务工作者应用于实际工作中，其原因在于这些方法简单易懂、成本低，特别适用于投资规模小的项目。不过计算机的使用，将会给使用现代分析方法带来极大的便利。

第三节　房地产投资决策

一、房地产投资决策过程

投资决策过程可以按照图 6-1 所示步骤进行。

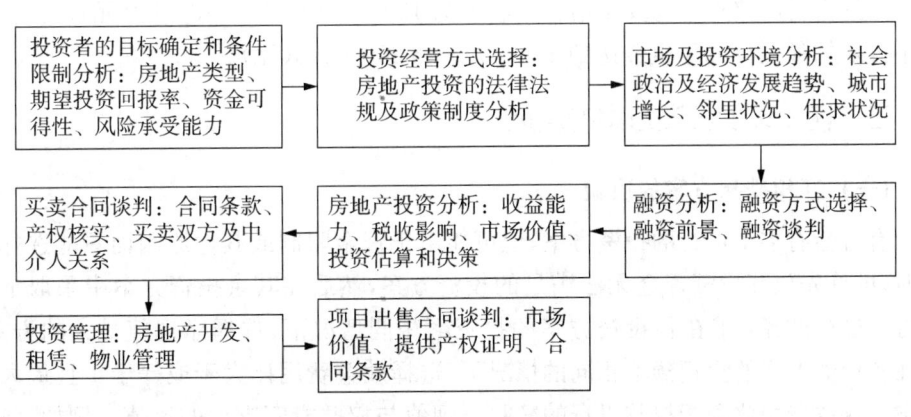

图 6-1　房地产投资决策过程

二、单一投资方案决策

在只有一个投资方案的情况下，我们可以用传统或现代财务分析的结果进行决策。在运用净现值法时，如果净现值大于或等于零，则可以进行投资，否则投资是不可行的。这在开发投资可行性研究中会作介绍,这里仅介绍由格拉斯卡姆(J. A. Graaskamp)在传统财务分析方法基础上发展的两个互逆的简单方法。

(一) 投资价值分析

即通过对投资标的的市场赢利能力的分析,来确定其投资价值。现假定有一房地产,可出租总面积为6 000平方米,每平方米的年租金为500元,闲置损失及营业费用为潜在总收入的53%,贷款银行要求的贷款债务偿还保证率为1.25,贷款年利率为10%,期限为25年,投资者要求的权益报酬率为12%,判定其投资价值。①净收益为$6\,000 \times 500 \times (1-53\%) = 141$(万元)。②年债务偿还能力为$141 \div 1.25 = 112.8$(万元),合理贷款额为$112.8 \div 0.109$(0.109为年抵押常数)$= 1\,035$(万元)。③税前年净现金流量为$141 - 112.8 = 28.2$(万元)。④自有资金的合理投入为$28.2 \div 0.12 = 235$(万元)。⑤投资价值为$235 + 1\,035 = 1\,270$(万元)。

(二) 投资收益分析

即通过房地产价值及有关条件的分析,确定投资标的的最低目标收益,如果市场行情不能满足这一收益目标的实现,则投资不可行。假定有一房地产,可出租总面积为6 000平方米,拟投资购买的价值为1 250万元,银行提供的抵押贷款率为80%,贷款期限为25年,年利率为10%,要求债务偿还保证率为1.25,闲置损失及经营费用(包括了营业税、房产税)为潜在总收入的55%,投资者要求的权益报酬率为12%,确定最低收益目标。①年债务偿还额为$1\,250 \times 0.8 \times 0.109 = 109$(万元)。②投资者要求的年权益报酬为$1250 \times 0.2 \times 0.12 = 30$(万元)。③要求的最低净收益为$109 + 30 = 139$(万元)。④债务偿还保证率为$139 \div 109 = 1.275$,大于1.25,因而符合贷款银行的要求。⑤要求潜在总收入为$139 \div (1-55\%) = 309$(万元)。⑥要求每平方米的最低目标年租金达到$3\,090\,000 \div 6\,000 = 515$(元)。

三、两个以上投资方案的决策

(一) 互相排斥方案的决策

有时会有多个可行的投资方案,但可能由于资金限制或其他原因而只能选择其一时,可首先放弃投资资金无法满足的投资方案,然后在其余投资方案中采取下面的方法进行选择:①在各投资方案的投资额相同情况下,选择净现值最大的方案;②在各投资方案的投资额不相同的情况下,选择效益费用比大于或等于1且最大的方案。效益费用比等于权益投资的净收益现值与权益投资支出的比值。例如,前文中以1 270万元投资的房地产计划经营25年后出售,出售的净收益为620万元,该投资方案的权益投资净收益现值为$620 \times 0.058\,8 + 28.2 \times 7.843\,1$(折现率12%、25年期年金现值系数)$= 257.63$(万元),权益投资支出为235万元,效益费用比为1.096,净现值为22.63万元。前文中以1 250万元投资的房地产也计划经营25年后出售,出售净收益为610万元,该投资方案的权益投资净收益现值为$610 \times$

0.058 8+30×7.843 1=271.16(万元),权益投资支出为250(万元),效益费用比为1.085,净现值为21.16万元。通过比较分析可以看出,按照效益费用比标准,应选择前一投资方案,若按净现值标准,也应该选择前一投资方案。

(二) 存在相关性的多个方案的决策

所谓相关性是指若选择(或放弃)某一投资方案,就必须同时选取(或放弃)另外某个或某几个投资方案,这几个投资方案就属于相关方案。这时就要首先将具有相关性的方案划分为若干个组合投资方案,然后和其他方案一起按照互斥方案决策方法进行选择。

第四节 房地产投资风险

无论是传统的财务分析方法,还是现代的财务分析方法,分析的预期结果与实际投资结果完全吻合的情况几乎没有过,即使有那也是很偶然的。这种预期和现实之间的差异是由于我们不可能将未来发生的情况完全精确地预测到,这种差异的大小及其发生的可能性确切地说是发生的概率,就是风险。由于我们一般只需要考虑不利的风险,因而风险往往是指实际收益低于预期的可能性,实际上也可能出现实际收益高于预期的有利的风险。导致风险产生的因素有政治、经济、财务、法律、经营、自然等多个方面,从投资管理的角度一般将风险分为系统风险和非系统风险。系统风险是指那些影响所有投资者即整个房地产投资市场的因素引起的风险,如战争、通货膨胀、全国性国民经济衰退、国家法律及政策的变动等,这些因素波及所有投资者,因而不可能通过投资多样化来分散,因此又称不可分散风险。非系统风险是指发生于个别投资项目或某类投资活动的特有事件造成的,如由于经营策划失误、欠债过多等原因,造成实际投资收益低于预期收益或投资失败,这类风险可以通过多样化投资组合来分散或消除,因而又称为可分散风险。从理论上讲,不可分散风险是无法消除的,应予以投资风险补偿,一般是在财务分析中以提高投资者所期望的收益率来调整,而不可分散风险则不能在收益率中考虑。

一、房地产投资的风险类型

(一) 经营风险

经营风险是由于投资者决策错误、经营管理不善,导致实际投资经营结果低于预期结果的可能性。经营风险起源于投资内部管理和投资的经济、社会、政治、法律等外部环境。投资内部管理方面包括市场调查不充分或可行性研究不够、投资及经营决策失误、管理水平低下等,这方面的影响是可以分散和控制的。投资外部环境方面包括宏观经济的不景气、经济衰退、金融政策、税收政策、新法律法规的实施、土地利用规划与管制、政治动荡等宏观因素的突发影响,这方面影响是单个投资者无法分散和控制的。有些外部环境产生的风险可以通过一些措施转嫁给别人,如将抵押贷款利率由固定式变为可调整式,从而将利率风险全部或部分转嫁给了借款人。

(二) 自然风险

自然风险是由于火灾、洪水、地震等自然灾害的发生而产生损失的可能性。这类风险往往是人力不可直接控制的,但可以通过保险的方式转嫁给保险公司,因而也称为可保风险。

(三) 流动性风险

流动性风险是由于房地产不具有股票、债券等投资工具,极易在市场上出售变现的特性,从而使房地产投资者在某种情况下不得不很快出售房地产时,以低于市场价格出售造成经济损失的可能性。房地产投资证券化降低了这类风险。

(四) 财务风险

财务风险是因借款而扩大了投资收益变化范围的可能性,是筹资决策(财务杠杆)带来的风险。如果不借款,全部使用股东的资本进行投资,那就没有财务风险。财务杠杆工具的运用即使用借款,也增加了营业净收入不足以偿还债务的可能性,不适当的债务偿还期限安排更会增加这种风险,这都是附带的财务风险。以表6-2说明财务杠杆对投资报酬率变化范围的影响,可以看出财务杠杆的运用扩大了投资收益变化范围。

表6-2 财务杠杆对投资报酬率变化范围的影响　　金额单位:万元

项目		最低值	预期值	最高值
	项目总投资额		100	
未借款时	营业净收入	12.5	15	17.5
	权益报酬率	12.5%	15%	17.5%
借款时	借款额及借款条件	权益资本30,借款70,利率12%,按月等额偿还,25年期		
	营业净收入	12.5	15	17.5
	债务本息偿还	8.847	8.847	8.847
	(税前)权益净收入	3.653	6.153	8.653
	权益报酬率	12.2%	20.5%	28.8%

二、房地产投资风险控制策略

(一) 选择风险较小的项目进行投资

这种策略大大降低了(系统风险的存在是不能完全消除)投资预期的不确定性,但由于风险大小和收益高低存在着对应关系,因而其不足之处是丧失了获取高额利润的机会。

(二) 加强市场调查研究

通过深入的市场调查研究,可以获得较多高质量的市场信息及投资环境等方面的信息,能够提高对投资项目的预期价格、收益、成本等指标估计的准确度,有利于对预期投资结果进行较准确的预测,从而降低了预期结果和实际结果的差距。房地产市场信息的非公开性,决定了房地产市场的低效率,投资者可以利用市场的低效率进行适当的市场研究,从而能够在不承担相应风险的前提下获取额外的利润。不过,随着市场分析研究的不断深入,研究费用也不断增加。在研究深度到达某一点时,进一步研究的边际成本超过其能够带来的边际收益,这一点是进行市场分析研究的最佳程度,理论上如此,然而在实际应用中却很难把握。

(三) 通过投资组合来分散风险

"不要把你所有的鸡蛋都放在一个篮子里"已是人人皆知的一句名言,运用于房地产投资上就是要投资于相关性弱的不同类型、不同地区的房地产。投资于不同类型(大类或小类)房地产时,要求各类型之间的相关性较弱或负相关,才能够起到分散风险的作用。美国许多学者曾对不同类型房地产的相关性进行了研究,Miles 等人的研究结果见表 6-3。Firstenberg 等人在 1987 年的研究表明,风险和收益间的关系与投资组合的资产种类密切相关,在相同的期望投资回报率下,资产组合类型增加,组合投资的风险会显著下降。选择不同地区的房地产进行投资组合时,各地区之间的经济产业结构的相似性、经济活动联系的程度应较低或几乎不存在。Williams 研究认为,经营性收益和投资性收益(reversion)的组合也具有分散风险的作用[①]。虽然投资组合可以降低风险,但对大多数投资者来讲,有限的资金必然限制

表 6-3 不同类型房地产相关系数

项目	写字楼	零售店	住宅
写字楼	1.00		
零售店	0.48	1.00	
住　宅	−0.49	0.080 6	1.00

---

① John E. Williams:"Real Estate Portfolio Diversification By Sources of Return", Alternative Ideas in Real Estate Investment, Kluwer Academic Publishers, 1995. 投资性收益是指房地产的增值收益。

多项目投资组合,若刻意追求多项目投资组合,就必然要以牺牲规模经济为代价,有效解决此冲突的办法就是设立房地产投资基金。

(四) 通过良好的管理控制风险

进行开发投资需要一个优秀的项目经理,进行高效率高质量的管理,对投资开发的进度、成本、质量等方面的风险进行有效的控制。有丰富经验的物业管理者,准确地预测现金流量的能力较强,这就可以降低预期和实际结果之间的差距。良好的经营管理在消除预期和实际结果产生差距的可能性中,也具有很大的作用。

(五) 转嫁风险

在租赁契约中,可以通过采取规定最低租金、租金随价格指数调整、由承租人负担经营维修及保险费等措施,来将风险转嫁给租户。通过购买相应的保险来将可保风险转嫁给保险公司。

(六) 通过"期权"交易控制风险

期权合约可以给投资者一种在一定时期内,以双方商定的价格买入或卖出某种商品的权利。投资者可以通过购买土地期权、贷款期权、预售预租等"期权"交易方式,减少投资中的不确定性。

练 习 思 考 题

1. 某房地产的投资购买价为 120 万元,每年的毛收益为 30 万元,营业费用为 18 万元,贷款 70%,利率 10%,按月等额偿还,期限 25 年,土地价值占 30%,建筑物按 40 年直线法折旧,所得税率为 25%。试求各项传统财务分析指标。

2. 朱某欲投资购买一商店,卖方要价 250 万元,预计可获得 180 万元的抵押贷款,利率 10%,25 年期。预期能够产生的经营性税后净现金流量(债务偿还后)第 1 年至第 7 年分别为 5 万元、6 万元、7 万元、7 万元、8 万元、8 万元、9 万元。预期 7 年后将该商店出售获得投资性税后现金流量(剩余债务偿还后)为 80 万元。计算投资净现值(折现率为 12%)、效益费用比、投资购买价值。

3. 如何进行多样化经营以降低房地产投资风险?现实中房地产投资者的经营范围是否应越广泛越好?

第七章
房地产开发投资管理

第一节 房地产开发概述

一、房地产开发的概念及分类

房地产开发是指房地产开发者为了自己或他人的占用,进行土地改造和房屋建设及租售经营的行为过程。其包括从寻找开发场地、征地拆迁、地质勘察、规划设计、土地改造到房屋建设全过程。如果开发的目的不是为了自己的占用,那就是一种经营活动,这时将房地产开发者称为开发商。房地产开发在开发项目规模和复杂程度上存在很大差异,大到对一个城市的旧城区进行改造或建设一个新城市,小到一幢楼房的建设。

按照开发规模,可以将房地产开发分为单项开发、小区开发、成片开发。单项开发所开发的是规模小、功能单一、配套开发设施简单的相对独立的项目。小区开发包括新城区的小区综合开发和旧城区相对独立街坊的更新改造,在开发小区内应做到基础设施和配套项目齐全、功能完善,如北京市平安大街的改造,国家为北京市高校教师建设的西三旗住宅小区。成片开发是指范围广、项目类型多、投资巨大、建设周期长的综合性开发,如北京市高新技术产业基地的开发。小区开发和成片开发都属于房地产综合开发。房地产综合开发是按照城市规划和发展的要求,在某一建设区域内,对房屋建筑、公共建筑、市政设施进行全面规划、统筹安排、分期施工、协调发展,以取得良好的社会、经济、环境效益的一种房地产开发活动。从开发对象用途的角度,分为居住房地产、商业房地产、工业房地产等类型的开发。从开发的空间位置上可以分为新城区开发、旧城区改造(又称为再开发)。从开发阶段上,可以分为土地开发、房屋建设,土地开发除了规划设计、征地拆迁外,主要是指给水、排水、供热、供气、供电、电讯、道路等设施建设和场地平整活动,简称为"七通一平"。

二、房地产开发的任务

房地产开发的任务主要由以下工作组成:

(1) 对即将可能开发的各种类型房地产,作市场需求调查和分析评价。

(2) 对可能开发的房地产进行场地选择和勘察,以保证所选择场地在自然、经济、环境等方面能够满足房屋建设及赢利目标的实现。

(3) 进行土地改造和房屋建筑的规划设计。

(4) 为土地取得及改造、房屋建设所需资金提供融资安排。

(5) 土地改造和房屋建设的施工组织管理和监督。

(6) 竣工房地产的出售或出租经营。

三、房地产开发的主要参与者

（一）开发商

在房地产开发的全过程中，都需要开发商的参与。作为房地产开发商，必须具备较全面的知识结构，以及与银行、政府、建筑师、律师等房地产开发过程中的众多参与者进行沟通的能力和经验。在西方发达的市场经济条件下，大多房地产开发商出身于集经验和才干于一身的建筑师、承包商、营销商，他们是经过多年的磨炼才以其出众的才干和经验成为房地产开发的带头人的。房地产开发商是房地产开发项目的设想者、倡导组织者、管理者、全程监督指导者，因而不仅需要协调组织才能，还需要丰富的创造力和想象力，来发现开发投资的机会。一个出色的开发商需要具备集创业者、带头人、经理等多种职能于一身的素养：

（1）创业者的职能。开发商要善于结合社会需求，提出各种可能的设想，并对这些设想进行筛选，从而转化为现实。开发商的创业行为主要表现为：①已经拥有了土地，寻求利用土地的最佳方式和最佳时机；②寻求实现某个开发设想的最佳区位的土地；③寻求开发投资的资金；④对原开发项目计划作出更好的修改。

（2）带头人的职能。开发过程的复杂性要求开发商牵头组织各种人力、物力、财力，以保证实施项目的开发。

（3）经理的职能。开发商需要对房地产开发活动的各个环节中人、财、物、时间等作出统筹安排，并负责监管项目开发的全过程，以保证开发目标的实现。

（二）经营合伙人

开发商在从事较大项目的开发时，往往由于自己的资金和精力有限，难以达到开发目标，这时就有可能寻找一个或数个合伙人，为开发项目提供资金，参与项目的开发管理，分担风险，共享投资利润。

（三）金融机构

向金融机构贷款是开发商解决开发建设资金的一个重要渠道。许多开发项目建设完工后向消费者出售时，也需要金融机构为消费者提供购房抵押贷款。往往是由开发商联系一家专门的金融机构，为该项目的购买者提供贷款。

（四）建筑承包商

一般的房地产开发企业都没有也不必有自己的建筑施工队伍，这就需要将项目的建筑施工工程，发包给有一定资质的建筑承包商。对于大型的或结构复杂的建筑工程，可以发包给两家以上建筑承包商联合共同承包。建筑承包商还可以以总承包商的身份，将工程的一部分发包给有相应资质的分承包商。

（五）建筑师

建筑师负责将开发商的设想转化成设计图纸和技术说明，主要承担开发用地的规划方案设计、建筑设计、建筑施工合同管理等工作。总建筑师有时只是负责组织或协调工作,而并不一定亲自完成设计工作。建筑师还应负责组织定期技术工作会议、签发与合同有关的各项任务、提供施工所需要的图纸资料、协助解决施工中出现的技术问题。

(六) 工程师

房地产开发中需要结构、建筑设备、电气等不同专业的工程师,他们除了负责进行结构、水暖、照明等相关设施的设计外,还负责建筑材料及设备购买、合同签订、施工管理等工作中的技术问题。工程师和建筑师需要密切合作,是当今现代化建筑工程的必然要求。

(七) 工程监理师

为确保建筑工程质量,国家规定实行工程监理制度。工程监理师的职责主要是控制工程建设的投资、建设工期、工程质量,进行工程建设合同管理,协调有关单位之间工作关系,参与工程竣工验收。

(八) 会计师

会计师除了负责开发公司的经济核算、财务管理、纳税等职能工作外,还要参加开发项目的财务预算、工程预算、合同付款条款的规定并执行监督。

(九) 经济师及成本控制人员

经济师及成本控制人员负责开发成本的费用估算、编制工程成本计划表、进行成本控制等工作。

(十) 市场营销人员、估价师

市场营销人员除了进行房屋销售工作,更重要的是进行市场需求调查、制定营销策略。估价师在充分掌握市场动态,以及在建筑师和经济师配合下,确定土地的购买价格及房地产出售价格。

(十一) 律师

律师主要参与开发商和承包商、金融机构、经营合伙人、房地产购买人、土地产权人等参与者之间的合同拟订,以及房地产开发过程中的有关法律咨询工作。

(十二) 原土地产权人

如果拟开发的项目尚无"立足之地",那就需要通过和政府的土地及规划管理部门进行协商,或通过政府招标、拍卖的方式取得土地使用权,还可以通过与原土地使用权人协商取得其土地使用权。

(十三) 政府管理人员

房地产开发过程中的项目立项、取得土地、规划及建筑设计、建筑施工、出售等活动,都可能需要和政府的有关规划、建筑管理、环境、产权产籍管理、文物管理部门,甚至消费者保护协会等部门发生关系。

(十四)项目购买人

房地产开发的目的最终是为了通过出售出租来盈利,因而在项目开发前都要进行市场需求数量、质量、样式的调查,以决定项目的开发类型、规模、区位,因而许多开发商在开发前通过认真听取潜在购买人的意见、与需求者签订意向协议、房屋预售等方式提高项目成功的可能性。

此外,还可能有房地产经纪人、代理人、保险公司、物业管理公司等的参与。房地产开发过程中众多参与者之间的关系可以用图7-1表示。

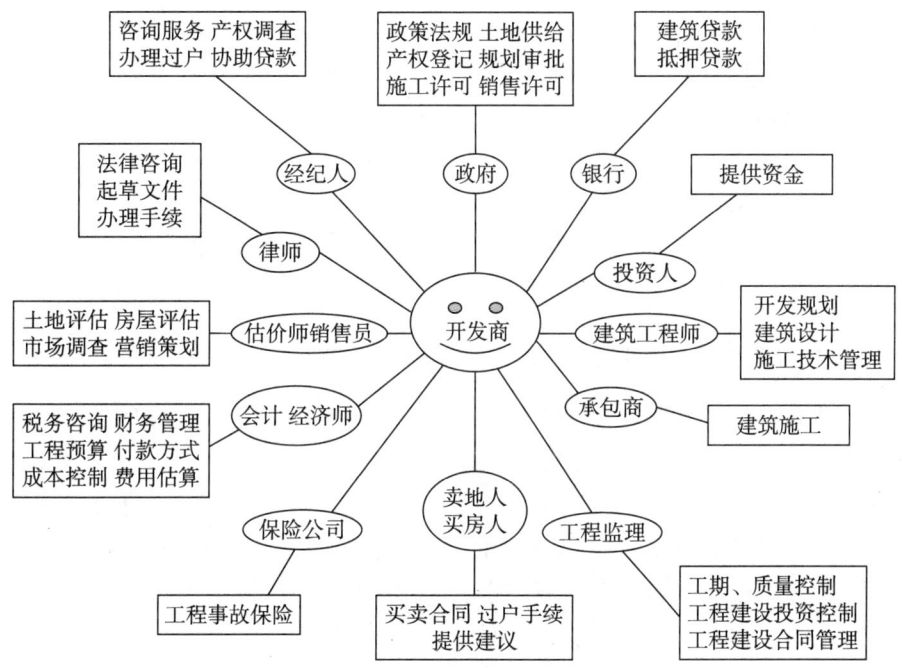

图7-1 房地产开发过程中的参与者

第二节 房地产开发过程

一、提出开发设想

这是开发商根据平时所掌握的经济、社会、文化等各种信息资源,通过自己的综合及创造性思维加工,产生"思想火花",提出初步的项目开发设想阶段。这一设想的内容主要包括开发地点、项目类型、规模、开发方式、如何最大限度地满足未来客户的需求、得到批准的可能性及对成本-收益的粗略估计。开发商如果整天坐在办公室里,则很难提出较好的开发设想。开发商需要通过游览观光、调查研究,了解社会、经济、文化的发展现状及趋势,才可能产生有价值的"思想火花"。

二、开发设想的具体化

开发设想提出后,经过集体讨论觉得可行,就进入将所提出的设想具体化的阶段。设想的具体化包括:

(1) 开发场地的区位选择及确定,要求符合城市规划,并具有相应的市政配套设施。

(2) 与土地产权人进行土地买卖的意向性谈判。

(3) 对场地的自然条件如地质状况、水文状况、土地承载力、地貌形态等因素进行初步勘察分析。

(4) 就所选择场地向城市规划管理部门提出规划及建筑设计要点,由城市规划管理部门提出初步意见。

(5) 寻求投资合伙人及投资贷款人,进行意向性协商。

(6) 市场的初步调查分析。

(7) 起草项目建议书,报送城市计划管理部门,取得项目建议书的批复。

开发设想的具体化相当于投资机会分析选择研究和初步可行性研究。

三、开发投资的可行性研究

开发投资的可行性研究包括针对拟开发项目进行的市场研究、建筑设计方案的拟订、项目开发的限制性因素评价、项目经济分析、项目开发的环境影响评价等工作。如果可行性研究结果表明该项目不宜开发,则放弃进行投资,另寻投资项目,或者对原设想及项目建议书进行修改报批,再一次进行研究,判断是否可行。如果可行性研究结果表明该项目适宜开发,则将编制的可行性研究报告,报城市计划管理部门审批,获得批准后,该项目取得年度预备项目资格。

四、申请项目选址并获取土地使用权

要取得所选择的场地,需要持项目建议书的批复及可行性研究报告等有关文件,向城市规划行政管理部门提出项目选址申请,由城市规划行政管理部门提出初审意见和选址意见,再会同土地管理部门,征求项目所涉及的有关部门的意见后,对初审意见及其选址意见进行复审。对于复审同意的项目报政府审批后,核发项目选址意见书。建设行政主管部门或房地产行政主管部门,组织有关部门对项目的规划设计、开发期限、基础设施和配套设施的建设、拆迁补偿安置提出《房地产开发项目建设条件意见书》。

获取土地使用权的渠道主要有两种:一种是通过国家出让(或划拨)的方式,从国家取得土地使用权;另一种是从原土地使用者手中取得土地使用权。目前,国家只对经济适用房的开发建设,采取划拨的方式提供土地使用权。原土地使用者的土地使用权,如果是以划拨方式取得的,则必须经过土地管理部门的批准,才能提供给开发商用于房地产开发。

五、工程项目的规划及建筑设计

工程项目设计按工作进程和深度不同,一般可分为方案设计、初步设计、施工图设计。小型房地产开发项目,则可以以方案设计代替初步设计,而后直接进入施工图设计。

(1) 方案设计。方案设计一般应反映建筑平面布局、功能分区、立面造型、空间尺度、建筑结构、环境关系等方面。对特殊工程、复杂结构、新型结构的方案设计,应进行方案比较,并提出经济指标。方案设计的内容包括依据说明、总图设计说明、建筑设计、大构想、造型及立面处理、建筑消防安全措施、建筑物技术经济指标及建筑设计特点等说明、结构设计依据的条件、风荷、地震基本烈度、工程地质报告、地基处理及基础形式、结构造型及简要说明、水暖及电气等专业设计说明、建筑方案设计图纸。

(2) 初步设计。初步设计是根据选定的方案设计进行更深入的设计。在论证技术可能性、经济合理性的基础上,提出设计标准、基础形式、结构方案,以及水、电、暖通等各专业的设计方案。设计文件有设计总说明书、设计图纸、主要设备和材料表、工程概算书四部分组成。

(3) 施工图设计。它是在初步设计的基础上进行详细的、具体的设计,以指导建筑安装工程的施工和非标准设备的加工制造,因此,必须将工程设备各构成部分的尺寸、布置和主要施工方法,绘制出完整详细的建筑及安装详图及必要的文字说明。主要包括项目的总体性文件和各建筑物及构筑物的设计文件。

开发商在进行规划及建筑设计前,需要向城市规划行政管理部门申报规划设计条件,以获得规划设计条件通知书[①]。开发商根据规划设计条件通知书,委托有规划设计资格的单位完成方案设计,然后持方案设计报审表、方案设计及其说明书等有关资料,报经城市规划行政管理部门审查,确认符合规划要求后,核发建设用地规划许可证。方案设计得到批准后,即可进行初步设计。城市规划行政管理部门对建设工程的初步设计方案进行审查,确认其符合规划设计要点后,建设单位就可以进行施工图设计。城市规划行政管理部门在对工程施工图及有关材料进行审查合格后,核发建设工程规划许可证。

六、征地及拆迁安置

土地管理部门根据土地使用权证书及建设用地规划许可证进行场地范围的实

---

① 规划设计条件通知书主要规定规划建设用地面积、总建筑面积、容积率、建筑密度、绿化率、建筑后退红线距离、建筑控制高度、停车位个数等。

地划定。开发商在所划定的范围内进行征地及拆迁方案的实施工作。

七、项目融资

通过编制资金使用计划、资金回收计划、资金流动计划来确定每期所需要筹集的资金,进行融资方案的选择、决策、实施。

八、工程招标及施工

工程施工是进行项目开发和完成开发任务的关键,施工的进度、质量、成本对整个开发项目能否按时、保质、经济地完成起着决定性作用。为确保按照建设工程规划许可证的规定组织施工,国家规定必须由城市规划行政管理部门到施工现场进行放线、验线,并到建设行政主管部门领取《建筑工程施工许可证》后才可以破土动工。在施工阶段,开发商的主要工作在于选择好的施工单位和工程监理单位。对施工单位的选择可以通过公开招标的方式进行择优选择。工程监理单位的选择要注重其业务水平及责任心,即使支付较高的报酬聘请负责的工程监理师也是值得的。对缺乏开发项目管理经验的开发商来说,可以聘请专业的工程监理单位参与项目的全程管理。项目施工完成后,要通过城市建设行政主管部门主持的综合竣工验收。

九、市场营销及策划

开发商在项目开发建设完工后,必须将所建房屋租售出去,才能实现其盈利目标。房地产市场营销的具体工作包括进行房地产市场调查、确定营销目标、选择营销手段、确定销售方式、准备租售合同、营销资料准备、营销人员培训、租售等内容。随着我国房地产市场经济的规范化,市场策划在项目成功中所起的作用越加突出。项目的租售必须经过房地产行政主管部门的批准。

十、物业管理

物业管理是房地产开发项目的"售后服务"。如果开发商将所开发房地产项目用于租赁经营,那么开发商就需要自己或委托其他物业管理公司,对所开发项目进行有效的管理,既要保证对租户具有吸引力,达到理想的租金回报,又要保证房地产的保值增值。如果开发商是将所开发项目全部用于出售,那么为未来的住户选择一家服务好、收费低的物业管理公司,也是吸引购买者的一个重要举措。新开发项目的购买者虽然在购房时没有选择物业管理公司的权利(应该有,但实际上很少有这种可能),但他有选择不购买某一物业管理公司所管理的房地产项目的权利。

房地产开发过程中的上述每项工作,都对房地产开发项目的成功具有重要影响,切不可厚此薄彼。每项工作也并非完全按照上述顺序首尾相接,有些工作可以同时进行或互有交叉重叠。例如,市场营销在开发过程的早期(获得土地使用权之后)就可以进行,物业管理公司也可以在建筑设计时为便于以后的管理提出参考建议,项目融资在设想具体化之后就着手进行。一般来讲,每项工作都是前一项工作的延续,也是后一项工作的前提基础,虽然它们不必首尾相接。又如,虽然市场营销可以在取得土地使用权之后就可以进行,但如果不进行建设施工,市场营销就成了"无的放矢"。另外也不一定每一个开发项目都具备上述程序,比如某开发商可能在提出设想之前,原本就已经拥有土地使用权。

案例 7-1

美国最成功的以公共交通为导向的社区开发[①]

奥伦柯(Orenco)车站是一个交通导向型(transit oriented development,TOD)社区,位于美国俄勒冈州波特兰市希斯波罗镇,占地209英亩,除了1 800套住房外,社区还建有市镇中心、办公区和商业区。1998年,奥伦柯车站被美国房屋建筑商协会评为年度最佳社区。

社区背景 通过一条有轨电车与波特兰市区连接起来的奥伦柯,是俄勒冈州种子公司的生活区的一个小城镇中心。第二次世界大战后,全美国像奥伦柯这样有路面电车的步行郊区让位于战后蔓延开发模式;轻轨线被取消,取而代之的是政府资助的道路和高速公路;步行街变成了大动脉;混合用途邻里社区被单一用途的商业街和办公停车场所取代。一切活动都需要汽车帮助,否则寸步难行。随着美国人逐渐意识到蔓延的后果,并寻找更宜居、更适合步行的方式,有路面电车的传统郊区的价值又被重新发现。在奥伦柯车站,老奥伦柯邻里重获新生;虽然新添了互联网和其他现代化设施,但传统邻里结构却没有改变。

项目背景 奥伦柯车站地块原规划为商业和工业用地。早在20世纪80年代初,希斯波罗镇政府就开始规划土地用途,以吸引高科技企业来此落户。到20世纪90年代,该地区周围已经形成一个高新产业区,许多人在此上班,但住宅区很少。波特兰西线轻轨获得批准后,为了获得修建轻轨的资助,希斯波罗不得不对车站周围的用地计划重新分区,从原来的单一商业用途,变为紧凑型、混合用途项目。当奥伦柯被指定为市镇中心后,科斯塔太平洋住宅公司组建了一支包括建筑师、景观设计师、工程师和零售及住宅建筑专家的队伍,他们与当地政府部门一道为新奥伦柯车站社区设计规划。设计小组仔细研究了旧奥伦柯以及波特兰和全美国其他成功的传统邻里,并找到这些地方获得成功的原因。其中一个主要观念是系列公共空间(就像珍珠串)通过连续不断的景观增强行人的体验,创造一种强烈的地方感。历史建筑也与历史背景、风土人情和地形特征建立起情感连接。

邻里结构 市镇中心既是社区的形象中心,也是其功能中心,距轻轨车站只有0.5公里。奥伦柯车站位于开发区南侧的边缘,是社区设计的重要元素。在规划上,奥伦柯车站社区以车站为起点,沿一条行人友好大街由南向北延伸,经过市镇中心,最终到一个由数条步行街环绕的中央公园。这是一条车行和人行交通干线,街道两旁是联排住房,支路和开放空间从主路横向分出,形成四通八达的街道网。整个街道规划以行人活动为中心。在设计上,商业区集中在市镇中心。那里的零售业基本能够满足社区的日常需要,店铺包括清洁店、牙医所、眼镜店、园艺店、会计师事务所、股票经纪所、咖啡馆、酒馆、杂货店和饭馆。奥伦柯车站的许多居民或在附近的高新技术企业工作,或在家办公,或乘轻轨到外面工作,但越来越多的居民选择在市镇中心工作。经营园艺和礼

[①] 《中国房地产报》2007年3月6日。

品的老板詹尼斯·斯坦福德,每天上班只需像散步一样穿过公园,她的伙计就是她家的隔壁邻居。意大利咖啡馆老板吉姆·波奇和印度餐厅老板萨巴哈·拉菲科住在街道末端中心公园里的村舍。艺术家特里·布朗在家办公,楼下是画廊,楼上是卧室,他还在咖啡馆做兼职。妻子黛布拉在市镇中心大楼里经营着自己的生意。

宜居邻里 和其他聪明增长(smart growth)项目一样,奥伦柯车站的成功也得益于公私之间的精诚合作:公共部门愿意为私营开发商提供最大的灵活性。为了营造步行环境,项目规划尝试了窄街道以及紧邻人行道的住房。尽管开发商(以及许多公共部门的规划师)认为,按照传统思想,依赖汽车的人更喜欢宽街道和前院,但这种新的设计形式在市场上同样表现不俗。实际上,市场调研对开发商的决定起了很大作用。在项目开发之前,对1 500多名当地就业者进行了调查,内容包括住房兴趣和居民的需要。大多数受访者优先考虑的是步行街道、邻里商业区以及聚会场所、通勤选择和社区感。居民还表现出对过去"老邻里"的怀念之情。为了满足这些需求,规划师找到了创新性解决方案。比如,公共绿地提供了延续的景观,以增加邻居间的见面机会。紧凑型设计有助于将更多人置于轻轨站以及商业活动的步行距离之内。另一个创新设计是将车库建在房后(从后巷出入),这种设计不仅强化了行人环境,而且增强了传统"老邻里"社区感。行人在前门看到的不再是单调的车库门和车道,而是前廊和各种村舍式设计元素。奥伦柯车站证明,传统蔓延式郊区开发并非市场上唯一卖得好的产品。车站住宅项目不仅销售好,而且价格也比该地区其他郊区住房高25%,尽管后者有更大的院子和面积。由于原来的奥伦柯车站地段缺乏自然景观,既无水资源和漂亮风景,也缺乏大树,现在的社区设计给人的印象更加深刻,可以说有了翻天覆地的变化:贯穿整个项目的大片公共绿地和公园弥补了该地区自然资源的先天不足,成了一个吸引人的宜居社区。受奥伦柯车站市场成功的鼓舞,科斯塔太平洋住宅公司又收购了轻轨站另一侧的大片土地,并将按照聪明增长原则对其进行开发,更大的社区将围绕该中心进行开发。

奥伦柯车站是一个生机勃勃、安静和谐、环境安全、绿地覆盖的社区,非常适合居住。虽然保持了传统邻里特色,但在项目开发上却没有沿用传统的郊区开发模式。首先,它有一个心脏——市区购物和聚会的地方。在5分钟步行范围内,奥伦柯车站每个居民都可以到达市镇中心,去星巴克喝咖啡,上街购物以及到餐馆享受美食。奥伦柯车站的另一大特色是住房的多元化,包括单户家庭住房、联排住房、Loft住房和公寓。其中特别值得一提的是居住办公房,它彻底颠覆了传统的早出晚归的工作模式,只需从楼上的卧室下几个台阶,就可以到一层的工作间。对那些在邻里以外工作的人,奥伦柯车站提供了多种通勤选择。最突出的一点是,社区紧靠轻轨站,居民可以很方便地乘坐轻轨和其他公交工具。所有新来户可以享受1年的免费轻轨车票,鼓励人们乘坐公交车。事实上,根据1999年的邻里调查,1/5的家庭至少有一名成员定期乘坐轻轨,一半以上居民使用轻轨的次数超过了其预期。另外,对于在附近工作的居民,许多人选择步行或骑车上下班。

项目特点 项目开发采用了聪明增长概念中的混合用途设计理念,即在一个步行环境里,创造更高密度的就业和居住以及更便捷的公交服务,社区紧凑,集零售、文化和娱乐活动于一体,具体表现为土地的有效利用,多样化的住房选择。这种设计提高了人们获得商品和服务的便利性,强化了多模式交通,创建了充满生机和吸引力的邻里社区。

第三节 房地产(开发)投资区位选择

区位是指人活动所占据的场所(土地)与周围环境(其他土地)的相对关系。房地产市场具有很强的地区性,因此房地产开发项目的区位选择,是决定房地产开发投资成功与否的关键决策之一。房地产开发项目的区位选择得当,则可以吸引较多的消费者,有利于房地产销售,从而尽快实现房地产开发投资目标;反之,则会出现房地产的滞销积压,给房地产开发企业造成较大的经济损失。

房地产是不可移动的,所以其开发的区位必然是指向消费者市场。这一原则在不同类型房地产开发项目的区位选择中,有不同的体现形式。房地产开发项目的区位选择,包括宏观区位选择和微观区位选择。宏观区位选择是指在对数个城市和地区的自然、经济、政策等因素进行比较分析的基础上,选择自然条件好、经济发展快、政策优惠的城市和地区作为投资地区。微观区位选择是指在一个城市或地区内,寻找最佳位置的开发场地。在进行房地产开发投资区位选择时,首先进行宏观区位选择,然后在已选定的宏观区位基础上进行微观区位选择。

一、宏观区位选择

各类房地产开发项目宏观区位选择的共同点,是研究区域间经济基础差异,选择经济增长、收入提高的城市或地区进行投资。对工业房地产来说,还要考虑到不同工业类型布局对区位的要求。这里只分析比较区域间经济发展的差异对区位选择的影响。进行区域经济发展分析研究的目的,是为了按收入、人口、就业水平来预测未来经济增长。在日益衰落的地区,房地产价格下降;在经济增长的地区,对房地产的需求旺盛,房地产价格上涨。这些因素是项目开发成功的关键。

区域经济发展分析的方法主要有经济基础分析法和投入-产出分析法。不过投入-产出分析法虽然精确度较高,但所花费的成本较高,一般只需用经济基础分析法,对各区域的经济及人口增长进行分析比较研究就可以了。

经济基础分析法的理论依据是城市经济基础理论。城市经济基础理论认为,一个城市的全部经济活动,按其服务对象来分,可以分成城市基本经济活动和城市非基本经济活动。城市基本经济活动是为本城市以外地区的需要服务的,非基本经济活动是为本城市的需要服务的,基本经济活动与非基本经济活动的比例关系叫做基本/非基本比率。基本经济活动是以城市以外地区的服务来为城市创造收入,它是城市得以存在和发展的经济基础,是城市发展的主要动力。基本经济活动的增长与城市的发展之间是一种增值效应,即未来城市的发展是基本经济活动增长的数倍。因此,城市基本经济活动的对外服务能力旺盛,城市就会增长,这种能力衰弱,城市就会萎缩。

区分城市基本经济活动与非基本经济活动的方法,有普查法、残差法、区位商法(宏观法)、正常城市法、最小需要量法等。这里简单介绍区位商法。这一方法的实质是,认为全国行业的部门结构是满足全国人口需要的结构,因此各城市必须有类似全国平均的劳动力行业结构,才能满足当地的需要。如果城市的某一行业部门的劳动力人数占城市总劳动力人数的比重,低于全国平均数,则认为该城市需要从外地输入类似该部门的产品,以满足城市的需求。如果城市的某一行业部门的劳动力人数占城市总劳动力人数的比重,高于全国平均数,则认为该部门存在基本经济活动,大于全国平均数的部分为基本经济活动部分。将城市各部门的基本经济活动部分累加起来,就是该城市总的基本经济活动部分。用数学公式表示为:

$$LQ_i = (e_i/e)/(E_i/E) \qquad i = 1,2,3,\cdots,n$$

式中,LQ_i 为区位商;e_i 为城市中 i 部门职工人数;e 为城市中总职工人数;E_i 为全国 i 部门的职工人数;E 为全国的总职工人数。LQ_i 大于 1,说明 i 部门中有部分经济活动是为外地服务的,LQ_i 小于或等于 1,则说明该部门经济活动全部为本城市服务。具有基本经济活动的部门中从事基本经济活动的职工人数为 B_i,城市中从事基本经济活动的总职工人数为 B,则:

$$B_i = e_i - (E_i/E)e \qquad B = \sum B_i (B_i > 0)$$

从城市就业职工的结构来看,城市总就业人数(T)等于基本经济活动人数(B)与非基本经济活动人数(NB)之和,即:

$$T = B + NB = (1 + NB/B) \times B$$

式中,$(1+NB/B)$ 为经济基础乘数,它表示基本经济活动职工人数(或收入)增加一个单位,引起城市总职工人数(或总收入)的增加量。以收入为例,假定基本经济活动的服务收入为 100 元,其中 20 元用于购买外地为本城市提供的服务,80 元用于支付本城市非基本经济活动所提供的服务,从事非基本经济活动的职工用这 80 元收入,支付外地提供的服务 16 元,支付非基本经济活动服务 64 元,如此往复循环,则城市总收入的增加量为:

$$100+100\times 0.8+100\times 0.8^2+100\times 0.8^3+100\times 0.8^4+\cdots=100\div 0.2=500$$

因而,经济基础乘数为 5。

应用经济基础分析方法来预测某城市的经济发展及人口非自然(迁移)增长趋势,首先需要预测基本经济活动的变化,然后在此基础上预测区域总体经济及人口发展趋势。其中关键是预测基本经济活动的变化,这一类预测比较困难,出错的可能性也较大。预测的结果取决于对两个方面的判断:一是判断该城市以外地区对基本经济活动类服务的需求变化趋势;二是判断该城市在未来市场上满足此类需求的竞争能力。以就业职工人数为例,通过预测分析认为某城市基本经济活动职工人数将增加 5 000 人,如果乘数为 2,则将增加总就业人口 10 000 人(5 000×2)。如果就业人口占总人口的比例为 40%,则可以预计城市人口将增加 25 000 人(10 000÷0.4)。在上面的分析中,没有考虑经济基础乘数会随着城市规模的增长而增大,只是作了静态分析。随着城市经济规模的增长,将导致地方市场及非基本经济活动的扩大,经济基础乘数会变大。通过对不同城市的经济基础分析,可以作出宏观投资区位选择。

不可否认,这种方法有一定的缺陷,特别是没有考虑城市建设条件,包括劳动力、资本、交通及其他基础设施对城市发展的影响,以及社会稳定、行政管理服务、法规、优惠政策等因素对房地产开发投资的影响。当城市发展出现了供给瓶颈时,必然限制基本经济活动的增长及城市的发展。因而,在经济基础分析的基础上,还要对区域经济发展的稳定性、区域人口数量及结构、劳动力素质、交通、能源、自然资源、税收政策等因素进行分析。除此而外,每个投资者可能还会考虑自己的区位偏好、风险偏好等因素。

案例 7-2

美国底特律的房价

19世纪初,占据美国五大湖水路战略地位的底特律发展成为交通枢纽。1815年,底特律正式建市,凭借其地理位置逐渐发展成为水陆交通枢纽。随着造船、航运、制造工业的兴起,底特律稳步成长。1896年6月4日,亨利·福特在底特律的厂房里制造出了他的第一辆汽车。1904年,T型车下线,开启了美国的全民汽车时代。随着制造业的兴起,底特律稳步发展,成为世界汽车工业之都。

凭借工业的发展,底特律人口在20世纪上半叶急剧增长。底特律建造了大量华丽的建筑,被称为"美国的巴黎"。20世纪50年代,底特律的人口达到顶峰,拥有185万规模的人口,成为美国第四大都市。20世纪60年代初,底特律进入全盛期,成为全球最大的制造业中心,高峰期底特律的制造业岗位达到了22万个。底特律从一个3300平方公里的小城市,扩展成为一个上万平方公里的大都会区。

然而好景不长,20世纪60年代中期开始,由于民权活动频繁、汽车工业进入瓶颈期,底特律经历了痛苦的衰退。1967年,底特律发生骚乱事件,警方与市民发生冲突,并进一步演变为美国历史上最多人死亡的暴动事件之一。暴乱最终导致白人大量逃离,黑人居民在底特律市民中比重迅速上升。随着零售商和小业主的离开,城市税收不断下降。大量建筑和房屋也被遗弃,底特律汽车工业的辉煌不再。20世纪70年代,石油危机重创美国汽车工业,日本、欧洲等汽车制造商也对美国传统三大汽车公司造成了威胁。失业人口增多、毒品流入,使底特律变成了一座暴力之城。

20世纪90年代,底特律出现复苏迹象,汽车行业也重新抬头。但2008年的经济危机再次重创底特律。根据美国人口普查的数据,底特律大都市的失业率高达16%,为全美平均水平的两倍以上;截至2012年的5年间,底特律居民的平均收入中位数仅27 862美元,在全美排名远远靠后。作为曾经的全美第四大城市,底特律的居住人口从1950年的180万人,骤减至2012年的70万人。在只剩下70万人口的底特律,遍布了10万多栋被遗弃的空置房。当地许多人失去工作,还不起住房贷款,成千上万的房屋被银行收回拍卖。根据全美住房价格指数显示,截至2013年4月,底特律大都市区域的住房价格比房地产泡沫高峰期下跌超过65%,比2003年4月还低30%。当地一位购房者仅花2 300美元就买下了一座230平方米的房子。

有业内人士透露,目前底特律贱卖的房产,都是由于经济不景气、失业率上升、大量人员撤走而留下的没人要的房子。遗弃房很多是贷款买房的人中断还贷后直接送给了银行,而银行不想因为支付房产税和修缮费用变成负资产,于是给钱就卖,社区居住品质很难保障。

阿尔伯特·汉克姆是底特律当地一名房地产经纪人,他在接受美国《赫芬顿邮报》采访时称,外国投资者对底特律房产市场尤其感兴趣,"比如,中国和其他亚洲国家的投资客。"汉克姆称,虽然外国投资客对底特律的房产市场颇感兴趣,不过对于在底特律购买房产的复杂性几乎一无所知,"他们不明白,如果房子是空的,就会有小偷闯进来,把管子啊、水箱啊都偷走。"底特律的高犯罪率一直备受关注。美国政界刊物《国会季刊》下属的"国会季刊新闻"公布了美国最危险城市排名,底特律、圣路易斯和奥克兰排在了"犯罪之都"前三位。

美国乔治敦大学一位法学博士表示,计算房产税的房屋价值是由政府估的,政府估价都比较高。花500美元买房子,政府可能估价30万美元,每年买房人还要支付6 000美元的房产税。此外,有一些房子还需要好好整修,这都是不小的费用。

因为财政赤字,底特律172所公立学校中有1/4以上被关闭。2013年,底特律市濒临破产边缘,2013年3月1日,底特律宣布进入财政紧急状态。2013年7月24日,美国底特律市府向密西根东区联邦法院递交了第9章破产保护申请。自此,该市财政背负18.5亿美元长期债务的破产案拉开了序幕。

http://news.163.com/13/0320/03/8QCLBGNE0001121M.html#p=8QA14J7T3R710001
陈思进,千万别去底特律房地产市场抄底,证券时报2013年8月7日。

二、微观区位选择

这里主要分析在一个城市内部各类用途房地产的布局,也就是分析城市内土地利用类型的分布。一个城市内各类用途土地的分布,是由土地使用者支付地租的竞争能力(简称"竞租能力")、城市规划、社会环境等因素综合决定的。土地使用者的竞租能力取决于两个方面:一是城市内交通成本和期望避免这种成本的程度;二是资本对土地的生产替代能力。一般来说,竞租能力与这两方面呈正相关。不同行业对同一位置土地的竞租能力不同,同一行业对不同位置土地的竞租能力不同。某一位置的土地是由竞租能力最强者取得。这样土地市场上必然出现为了各种目的的土地需求者,为获得某一位置的土地进行激烈的竞标活动。商业、工业、居住三种类型土地使用者,对城市土地的竞租能力如图7-2表示。通过土地市场竞争,便形成了自城市中心向外依次为商业圈、居住圈、工业圈等同心圆状的单一核心城市土地利用模式。这种同心圆状的土地利用类型分布,最早是由伯吉斯(E. W. Burgess)提出的,他认为人类的空间联系,包括城市土地利用方式,是由人类的本能需求的竞争和选择引起的。

同心圆状土地利用类型分布基于几个假设:匀质性平原地区的单核心城市;所有到城市中心的距离相等的点的交通便捷程度相同;只受竞租能力的影响。实际上,由于交通线路不是由城市中心向外均匀分布的,考虑到城市内交通线路的影响,同心圆状的土地利用类型分布会发生变形,如图7-3所示。

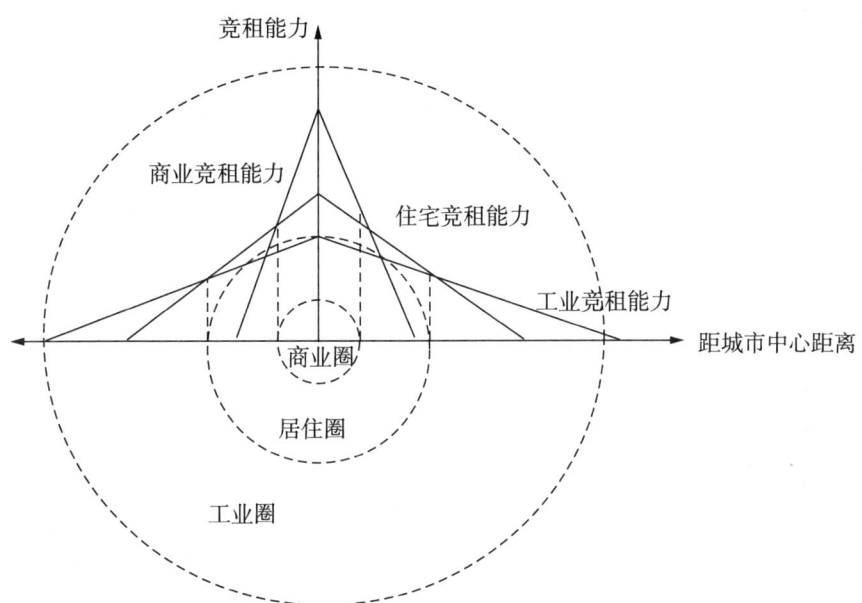

图 7-2 不同用途土地使用者的竞租能力及城市土地用途的分布

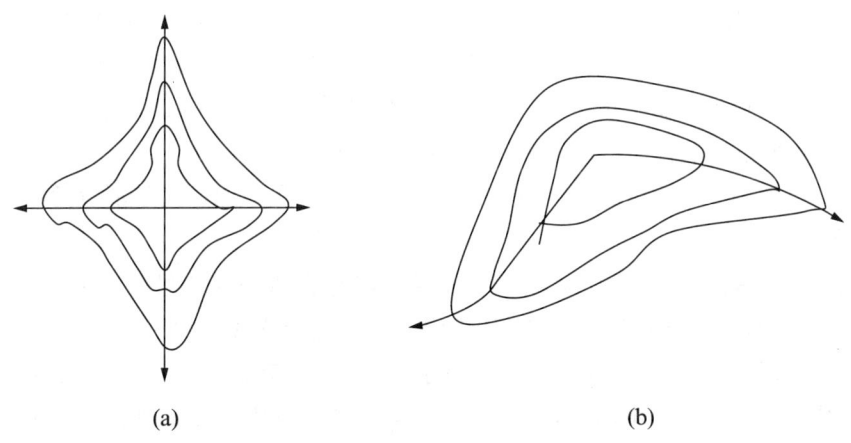

图 7-3 非均匀的交通条件对土地类型分布模式的影响

现代交通的发展,改变了原来单一中心城市发展的状况,使自城市中心向郊区放射性延伸的道路沿线,以及放射性道路和环线道路的交叉点,往往也成为商业服务、制造业的集聚地。由于土地利用类型分布不只取决于用地人的竞租能力,还受到城市规划、社会环境等诸多因素的影响,因此,城市土地利用类型的分布在不同城市之间有许多差异。这里不可能为微观区位选择提出固定的模式,只能为微观区位选择提供一个基本理论上的分析。

三、不同用途房地产项目的区位选择

消费者购买房地产是用于商业经营、居住、生产等目的,因而房地产项目的区位

选择,也就必须遵循消费者的商业经营、居住、生产等行为发生的空间规律。

(一) 商业房地产项目的区位选择

商业活动的职能是实现商品或商业服务的交换。用于商品交换的房地产主要是规模大小不等的商店、饭店等,用于专业性商业服务的房地产主要是写字楼、会务宾馆等。从事商品买卖的经营者(简称商品经营者),要进行商品的收购、销售、调拨、储运,其中收购和销售是商品流通的基本环节。作为商品经营者,一方面要与生产者接触,收买商品,另一方面要吸引许多消费者来购买商品,其经营活动的主要条件是增加销售数量、降低经营成本,这也是区位选择的目标。商业房地产项目区位选择的原则如下:

(1) 最短时间原则。商业的服务对象是顾客,商业行为的基本前提是商品与顾客在时间和空间上的结合,即面对面的交易。因此,传统的商业都混杂在居民区中。随着交通手段的进步,车辆往往成为购物行为的代步工具,顾客购物活动范围在扩大,因此距离已经不是决定顾客行为的主要因素,要考虑更多的是购物行程所花费的时间。

(2) 便捷性原则。商业经营是为争取更多的营业额,因而十分注重区位的便捷状况,高级商业中心地的布局更是如此,因为它的存在很大程度上是取决于其周围的流动人口数量。城市中心是整个城市便捷性最好的地方,从城市各地点到市中心的交通总体上较为方便。市区各地的交通干线附近,也是本区域中便捷性较好的地方。因此,商业布局趋向于城市中心和交通干线附近。

(3) 接近购买力原则。商业利润是建立在居民购买力即购买和消费商品能力基础上,而购买力取决于人口数量和居民收入水平。商业企业的存在,是以一定数量服务人口为前提的,维持一定规模商业服务设施存在所必需的最低服务人口数量,称为该规模商业的门槛人口。所以商业用地区位选择必须考虑所在地的人口数量和密度,特大购物中心或中央商业区的选择,必须与城市人口分布重心相接近。人口只是购买力的一个基本因素,它与一定的消费水平相结合形成现实的购买力。不同规模和级别的商业企业要接近不同层次的购买力群体。

(4) 满足消费者购物行为目的。人们的购物出行通常分为三种:一是为取得一种货物或服务而到达某一家商业企业购物的出行,这称为单一目的购物出行;二是为购买多种货物而到达几家商店或几个商业中心的购物出行,这是多目的购物出行;三是上下班时购物、娱乐时购物等结合其他目的的出行,即联合目的出行。现代生活快节奏,使人们出行购物一般总是希望化较少的精力达到自己最满意的购物目的。因而缩短购物距离和时间是一个重要方面,以多目的或联合目的出行购物日渐增多。居民区内以菜市场为中心,结合粮油、烟酒等商店组成的低级商业中心,或目前在许多城市兴起的超市,就是以满足人们日常多种购物目的的需要。

商业按其性质可分为零售业、批发业、专业性服务业(指律师、会计师、金融等服务行业)。各种商业企业因所经营业务不同,其区位选择所考虑的因素会有所不同。

(1) 零售业区位选择。影响零售业区位选择的最基本因素是服务的居民数量、分布、消费需求,其他还有地理位置、交通运输、流动人口等因素。零售业布局虽然与位置、交通、人流等因素关系密切,但总的来说,都与人口这个最基本因素相联系。零售企业的位置主要应联系人口的数量及分布、交通线路状况,也就是从与各居民点、居住区以及交通运输的相对空间来看位置选择是否恰当。交通运输不仅影响到商品的进出运输,同时也关系到顾客来往是否方便。因而零售业应尽量接近居民区,一般多位于主要街道的两侧,形成商业街,一些主要道路的十字路口、丁字路口更是零售业的最佳选择区位。流动人口是影响零售业选址的一个重要因素,随着流动人口的增加,消费量和购物量相应增大。因此,在客运车站、飞机场、码头、各种娱乐场所等出入人数多、人流集聚的地段,是商业企业选择的位置,但要注意站点流动人口的消费水平和购物种类特征。例如,北京火车站附近不到1公里的范围内,就有5家大型商业楼(包括商店、饭店、宾馆。从火车站坐公共汽车两站地,就是全国著名的王府井商业街),其对顾客的吸引力尚不如一些以中低档服务为主的商业摊点。上海火车站的不夜城,当初开发时就定位于高档次消费,建成后的营业状况也处于尴尬境地。而广州火车站的批发市场倒是经营得红红火火。另外,零售业内部不同行业企业选址也存在一定差异。如仅经营一般消费品的零售业,应设于居民区,经营高级消费品的零售业,应设于市中心商业区;而经营品种单一、体积庞大笨重、占地面积大的零售业,应设于对外交通方便的地方或城市边缘地区。

(2) 批发业区位选择。批发商业活动的买卖双方均是商人,批发商向其他商业企业或生产企业购进商品,售货给零售商或下一级批发商,因此,其区位选择不像零售商那样追求人流拥挤的闹市区。这种商业经营活动需要较大的空间储存货物,占地较多,其支付地租的能力相对较差,一般可设于市内偏远的区域,以接近车站或码头为原则,以保证商品储藏和运输便利,节省运输成本。

(3) 专业性服务业区位选择。专业性服务业所需求的写字楼项目区位选择和不同类型用户有关。①由于复杂的现代化管理,以制造业企业行政首脑为典型代表的写字楼用户,对办公位置的要求是,能够与包括金融、法律、销售服务等机构相联系。具体而言,就是要求便利的交通运输、及时的市场信息和竞争对手信息及政策信息的获取、便于与政府及金融机构等有关关键人员的随时接触。例如,全球大多数跨国公司的总部和区域总部,位于纽约、东京、伦敦三个全球性城市及其周围的次级大城市。澳大利亚全国100家大公司的总部,集中位于6个州的首府,悉尼和墨尔本分别占52家和38家。②会计、广告、商业顾问类机构,要求与市场联系密切,它们一般要求位于城市中心,以便于与客户联系。医院、房地产管理及咨询机构、律师事务所等机构对办公地址的要求,与零售业相似,它们与人群的联系更为密切。③研究与开发机构对区位的要求为,接近科研机构和贸易组织,以获取市场需求信息和科技支持;接近数量充足、素质高的劳动力(科学家、工程师、技工)供应地,以满足研究、开发和试制生产对劳动力的需求;接近新产品的使用者,以便及时对样本及新产品的性能、消费者偏好提供反馈意见,并引导消费。

在进行商业房地产项目区位选择时,要注意项目的规模及档次和其所在的商业中心等级的匹配。比如,在低级商业中心进行高档次和大规模的项目开发,成功的可能性很小。商业中心地的等级一般划分为高级、中级、低级,划分标准因地而宜。前西德1965年颁布的《联邦空间整治法》和1968年空间整治协调会规定的标准见表7-1。前西德的巴登-符腾堡州规定,小中心地人口应达到0.1万~0.5万人,服务圈人口应达到1万人,服务范围为7公里以内;低级中心地人口应为0.6万人以上,服务圈人口应为1万人以上,范围为乘车不超过15分钟;中级中心地人口应为1.5万人以上,服务圈人口应为3.5万人以上,范围为乘车30分钟,高级中心地人口应为10万人以上,服务圈人口应为10万人以上。日本在1969年划分四个等级聚落圈。基本聚落圈半径范围1~2公里,老年人和幼儿徒步15~30分钟,中心地人口1 000人以上,建设的设施应该有保育院和老人福利设施;低级生活圈半径范围4~6公里,时间距离为骑自行车30分钟,乘汽车15分钟,中心地5 000人以上,布局有医疗诊所、中小学等公共基础设施;中级生活圈半径范围7~10公里,时间距离为乘汽车1小时以内,中心地人口万人以上,布局有商店街、专门医院和高等学校;地方生活圈半径范围20~30公里,乘车时间1~1.5小时,中心地人口1.5万人以上,中心地布局有综合医院、各种学校和大型市场等利用范围较广的设施。

表7-1 德国中心地划分标准

中心地等级	商业、金融	休闲、体育	保健方面	教育文化方面	人口、空间范围
高级中心地	大型百货店、银行、保险公司等	动物园、营业到深夜的酒馆、室内大型球场、50米长的室内游泳池等	大学医院、有专门科目的主要医院	大学、区域性图书馆、无闭馆日博物馆、剧场等	区域人口50万人以上、中心地人口10万人以上、公交距离90分钟以内、私人小汽车60分钟左右
中级中心地	百货店、超市、多数专卖店	400米跑道的体育场、多目的室内游泳池等	有三个科目的急救医院、外科医师等	升学辅导学校、职业学校、成人教育设施、市民大学、公共图书馆	区域人口2万人以上、公交距离60分钟以内
低级中心地	零售、手工业、服务设施	游艺场、体育场	医院、药房	基础学校	区域人口0.5万人以上、居住地到中心地公交距离30分钟以内

总之,在进行商业房地产区位选择时,要综合考虑地区的经济、人口、消费偏好、收入、购买力等因素对商业服务的需求,尽可能在交通便利、人口聚集、自然条件好、各类商店集聚的地区选址。另外,要考虑到交易方式的变化,可能影响到商业布局,如网上交易,使商业企业选址主要考虑交通便利、场地宽阔(利于大型仓库建设)、地价便宜,不必考虑是否在中心地。在美国许多大城市,出现城市郊区化或者说城市中心衰退的现象,以至于城市商业中心在写字楼集聚繁荣的同时,专业商店数量减少,关闭或移出商业区到郊区商业街,剧院接近市郊,商业区宾馆转向接近飞机场的商务会议宾馆,开发项目趋向于商、住、办公于一体的多用途混合的建筑物。

(二) 住宅项目的区位选择

进行住宅开发项目区位选择时,应从消费者即家庭对住宅位置选择的角度出发。家庭对住宅的选择,不是为了获得最大的利润,而是为了获得最大的效用。住宅项目区位选择时,一般遵循以下原则:

(1) 对居民的居住面积、租金、交通费及其便捷性、生活费综合考虑的原则。这一原则是从市场经济角度分析个人经济条件如何决定住宅区位。在一定的生活费用下,同样的居住面积,接近市中心则租金高,但可以节省交通成本(包括交通费、时间、精力),而远离市中心则可少付租金,但花费的交通成本多。生活费用和租金一定,则在靠近市中心处租用的房屋居住面积小,但可节省交通成本,在城市边缘租用的房屋面积大,但付出的交通成本多。市民可以根据自己的租金及交通成本负担能力,权衡交通成本和对宽敞住宅的渴望程度,来决定居住地点。因此,应根据项目的不同租售对象,来选择项目开发的位置和开发单元类型。

(2) 社区及邻里原则。① 城市发展过程中,城市内各住宅群体(邻里)不可能同步匀质地发展,不同住宅群体渐渐形成自己的特色,进一步形成社区。因此,不同社区之间的住宅设计类型、住宅功能需求有一定的差异,不同类型的住宅应选择不同类型的社区。

(三) 工业房地产项目的区位选择

在进行工业房地产项目区位选择时,首先要根据工业生产的类型,充分考虑不同地区之间在能源及公用设施方面的供给和成本、自然资源、原材料运输成本和产品运达市场的成本、劳动力的素质和工资成本、税收制度、环境控制等因素方面的差异,选择各方面因素的组合最好并能够带来最大利润的地区;然后综合考虑地区内

---

① 社区是指一定地域内人们相互间的一种亲密的人际关系。它的形成有四个条件:相对独立、一定的社会关系、比较完善的公共服务设施、相近的文化和价值认同感。大体相当于城市规划中的居住区(规模30 000~50 000人、10 000~15 000户、用地50~100公顷)。邻里是社区的最小单位,形成原则是城市交通不穿越、设置有日常生活服务设施。相当于城市规划的居住组团。(周俭:《城市住宅区规划原理》,同济大学出版社1999年版,第1章)

影响选址的地质、地貌、地下水位的高低、交通运输条件、劳动力供应、城市规划、土地取得成本、集聚经济等因素,确定最佳场地,进行工业厂房开发。

项目场地选择所要考虑的因素①

- 区位:接近公路、铁路站点、河运、机场;接近"市场";接近适用于项目的原材料产地(要有足够的量以满足项目使用寿命期的需要);接近技术劳动力市场、劳动力成本;在肮脏、拥挤的城区是否能够吸引就业者;满足职员及其家庭生活的基础设施;环境保护控制的严格程度;税负的高低;对外销售的成本。
- 场地个别条件及城市规划许可:土地面积是否过大或过小;土地形状;气象气候;地貌;地质基础条件;规划图;规划条件;取得规划许可所需要的时间;拆迁安置补偿的费用及时间。
- 生态环境影响:是否会产生噪音及大气等环境污染、景观破坏、社会环境恶化。
- 水、电、天然气等基础设施的负荷及完善程度,基础设施使用成本。
- 其他:地质调查技术和费用;建筑基础及相邻建筑基础类型(由于建筑施工而影响到相邻建筑物地基稳定性的事例在国内并非少见);被污染土地的再开发(如1999年北京丰台区某项目场地曾经用于农药生产,因而在地基施工时,散发出臭恶的气味,引起周围居民强烈的不满,政府不得不出面干预,影响项目的进程。2000年3月17日,北京电视台科教新干线报道,美国有一所投资2亿美元建在废弃油井上的高级中学,因从地下散发出易燃气体而不得不放弃使用);土地产权登记;土地价格;其他可能发生的风险。

第四节 房地产开发融资管理及开发风险控制

一、开发项目融资方式

进行房地产开发所需的资金,一般有企业自有资金、向金融机构贷款、通过发行股票或债券向社会集资、企业间借款、寻求投资合伙人(房地产企业及其他经营类型的企业,银行、保险公司、投资基金等金融机构)、设计和监理咨询公司及建筑承包商垫付、项目租售定金及预售款、利用外资等多种资金来源渠道。融集资金的方式可以分为债务融资方式和权益融资方式两大类。

(一)债务融资方式

债务融资方式一般包括:

(1)向银行借款。可以为房地产开发提供贷款的国内银行有中国工商银行、中国建设银行、中国银行、中国农业银行、交通银行、招商银行、上海浦东发展银行等。可以向一家银行借款,也可以向几家银行借款,还可以采取由多家银行联合提供贷款的方式。贷款具体表现有凭借开发商的资信获取的贷款、开发商以自己的房地产

---

① Dan Lampert, Douglas R Woodley: "Site Selection and Investigation", Gower Publishing Cublishing Com. Limited, 1991.

或其他资产作抵押或质押担保获取的贷款、由第三者提供担保的贷款。

（2）由保险公司、投资基金提供贷款。

（3）向其他企业借款。

（4）向社会发行债券。可发行的债券类型有信用债券、以企业财产作担保的抵押债券、一定条件下可以转化为股权的可转换债券等。

（5）在项目未建成前通过预售预租来收取预付款或定金。

（6）延迟支付向咨询公司或建筑承包商的应付账款。

（二）权益融资方式

权益融资方式一般包括：

（1）与其他企事业单位、金融机构以资金或实物进行合资开发。具体形式可以有共担风险、共享收益、共同管理的形式，以及共担风险、共享收益但不参与管理的形式。分得的收益可以是现金利润、房地产权益股份、房地产所有权或使用权等。

（2）向社会发行股票。可发行的股票类型有优先股、普通股等。

另外，还可以根据融资期限的长短分长期融资、短期融资；根据负有偿还债务义务的资产范围分为房地产开发公司融资、房地产项目融资（有限追索融资）。

二、融资方式的选择

进行融资方式的选择需要综合考虑不同融资方式的特点、融资成本（包括资金使用成本、融资交易成本）、宏观金融环境、项目建成后的经营方式、企业自身的资信和财务状况等。

（一）不同融资方式的特点（见表7-2）

表7-2 不同融资方式特点

融资方式	资金成本及风险	难易程度、对经营权的影响	可融资量及资金使用期限
股票	成本较高、风险小	手续多、时间长、对经营权的影响取决于股份的稳定程度	可大量融资、无期限资金
债券	成本低、风险高	手续多、时间长，一般需要担保，需要支付利息和还本，经营不佳时难以筹措	数额大、期限长
贷款	成本低于债券、风险高	手续简单，有时不需要担保，支付利息和还本，经营权有时受到干预	数量可大可小、有长期但以短期为主
延期支付	成本较低（加价形式）	容易取得，经营权不受干预	数额有限、短期

(续表)

融资方式	资金成本及风险	难易程度、对经营权的影响	可融资量及资金使用期限
合伙投资	成本高、风险低	难易程度视项目的盈利前景而定,影响经营权	无期限

(二) 主要融资方式的资金成本

资金成本包括资金占用成本和资金筹集(交易)成本。资金成本一般用相对数来表示,称为资金成本率(K)。

$$K = C_d/P(1 - C_{ind}/P)$$

式中,C_d 为资金占用成本;P 为融资额;C_{ind} 为资金筹集成本;C_{ind}/P 为融资费用率。

(三) 宏观金融环境

宏观金融环境主要包括金融市场状况、通货膨胀状况、利率、融资制度的约束等。利率影响到不同融资方式的成本,融资制度影响到对可采取的融资方式的选择。例如,目前我国一般中小房地产开发商,如果计划通过发行股票或债券方式融资,则极不现实,因为很难得到政府金融管理部门的许可。

(四) 项目建成后经营方式

项目建成后一般采取出售或出租的经营方式。综合考虑融资风险和成本及获利能力,若采取出售经营方式,则宜采取利率较低的短期融资方式;若采取出租经营方式,则宜采取长期融资方式。最佳组合是在项目开发时期采取短期融资,项目建成后再转为长期融资方式,如表 7-3 所示。如果企业能够较确切地知道项目未来的销售及资金回收情况,它就可以将债务的到期日与未来的净现金流量准确地对应起来,以获取最大利润。

表 7-3 短期融资和长期融资的选择

经营方式 \ 融资期限	短 期	长 期
出售	适度的风险-获利能力	低风险-获利能力
出租	高风险-获利能力	适度的风险-获利能力

(五) 企业资信和财务状况

企业资信好时,融资方式的优先顺序是延期支付、贷款、债券、股票;资信差时选择顺序为贷款、延期支付。财务状况特别是资本结构影响到债务融资和权益融资比例的选择。

三、融资管理①

(一) 编制项目预算资金投入计划表(见表7-4)

表7-4　项目预算资金投入计划表　　　单位：万元

项目任务名称	月(或季度)													小计
	1	2	3	4	5	6	7	8	9	10	11	12	13	…	
A															
B															
C															
…															
合计															

(二) 编制项目资金回收计划表(见表7-5)

表7-5　项目资金回收计划表　　　单位：万元

项目资金回收科目	月(或季度)													小计
	1	2	3	4	5	6	7	8	9	10	11	12	13	…	
A															
B															
C															
…															
合计															

(三) 编制项目资金流动计划表(见表7-6)

表7-6　项目资金流动计划表　　　单位：万元

名　称	月(或季度)													小计
	1	2	3	4	5	6	7	8	9	10	11	12	13	…	
资金投入合计															
资金投入累计															
资金回收合计															

---

① 汤礼智:《国际工程承包实务》,中国对外经济贸易出版社1993年版。

(续表)

名 称	月(或季度)													小计
	1	2	3	4	5	6	7	8	9	10	11	12	13	…
资金回收累计														
回收减投入合计														
回收减投入累计														

表 7-6 中,"回收减投入合计"等于资金投入合计减资金回收合计,出现负数表示该月(或季节)需要筹集投入的资金量。"回收减投入累计"等于资金回收累计减资金投入累计,出现的绝对值最大的负数表示该项目需要筹集的最大资金量。

(四) 编制项目融资计划表(见表 7-7)

表 7-7 项目融资计划落实表 单位:万元

名 称	月(或季度)													小计
	1	2	3	4	5	6	7	8	9	10	11	12	13	…
回收减投入合计														
自有资金投入														
融资渠道 1														
融资渠道 2														
……														
合计														

合计一项如果出现负数,则表示该期资金尚未落实的数额,如果出现正数,则表示该期需要减少筹集的资金数额,以降低融资成本。

四、融资方案选择

通过对融资的时间和数量、融资方式和步骤的安排,确定融资方案。有时可能会先提出几个不同的融资方案,然后通过对不同融资方案从安全性、经济性、可行性方面,进行综合分析评价选择。

(一) 安全性

按照风险程度由小到大分为四级:
(1) a 级。融资的主要风险如利率风险、汇率风险均已经作了调整甚至基本消除;资金提供者的资信等级很高;承担融资代理的机构有很好的资信,并已承担了部分风险。整个融资过程发生较大事故而导致房地产项目产生损失的可能性很小。

(2) b级。融资的主要风险在一定程度上已经减小,但未完全消除;提供资金者资信等级较高;代理融资者资信一般。整个融资过程因发生意外事故而发生损失的可能性较小。

(3) c级。融资的主要风险已作调整,但未消除的风险仍然很大;提供资金者资信不佳;没有委托金融机构代理融资。整个融资过程可能因意外事故的发生而导致损失。

(4) d级。融资的主要风险没有经过调整;提供资金者资信很差;没有金融机构承担代理融资业务,整个融资过程因意外事故而发生损失的可能性很大。

(二) 经济性

经济性以综合融资成本费用率来衡量。综合融资费用率表示为:

$$C_T = \left(\sum C_d + \sum C_{ind} \right) \Big/ \sum M$$

式中,C_T 为综合融资费用率;$\sum C_d$ 为资金使用成本;$\sum C_{ind}$ 为融资过程中支付的手续费等成本;$\sum M$ 为融资总额。按照综合融资成本由低到高分为四级:A级融资成本 $C_T < 70\%R$;B级融资成本 $C_T < R$;C级融资成本 C_T 接近或略高于 $130\%R$;D级融资成本 $C_T > 130\%R$。R 为融资同期银行贷款利率。

(三) 可得性

按照资金的落实程度由高到低分为四级。A级:融资方案提供的资金渠道已得到可靠的承诺;B级:融资方案提供的资金渠道已经基本得到认可,承诺的资金额达90%以上;C级:承诺资金额为80%~90%;D级:承诺资金额低于80%。

五、房地产开发风险控制

房地产开发投资同其他投资一样,也是有风险的,但是我们可以在房地产开发的不同阶段,采取一些相关措施,来尽可能地降低或控制风险。

(一) 初始阶段

(1) 要注意正确客观地评价自己进行房地产开发投资的能力和财力,切忌自以为是,过分夸大自己的能力和财力,盲目投资。

(2) 从财力或工作能力、工作业绩等方面,正确判断项目各个参与者的资格和能力。

(3) 协调好开发过程中不同利益行为个体之间的关系。

(4) 认真分析宏观经济形势,正确把握投资时机。

(二) 可行性研究阶段

(1) 在时间和成本-效益允许的范围内,尽力提高对各种预期租售价格、租售数量、开发成本等变量进行调查、估计的准确度。

(2) 加强对项目限制性因素和环境影响方面的研究。

(三) 土地取得阶段

(1) 认真核实土地的产权状况及规划条件,争取在政府有关部门的帮助下,依法做好土地征收或拆迁安置工作,处理好与被征收人或被拆迁人之间的关系。

(2) 确定适当的土地取得方式,在土地买卖合同中,尽可能规定一些有利于保护自身利益的保证条款,比如在市场行情可能发生较大不利变化时,可以对规划条件作出适当修改的约定。

(四) 规划设计阶段

(1) 增加与规划部门的沟通,邀请参加对规划设计的指导咨询工作,认真履行规划条件。

(2) 加强对规划设计方案及图纸的复审工作。

(五) 项目融资阶段

(1) 认真分析不同融资方式的利弊,尽力作出最佳的不同融资方式组合选择。

(2) 尽可能在利率、贷款支付管理、抵押贷款率、抵押贷款责任等方面保护自己的利益。

(六) 建筑施工阶段

(1) 通过招标方式选择称职的监理公司和建筑承包商,充分估计可能发生的违约等问题,提前做好解决和防范措施,认真履行与施工监理和施工承包商签订的合同。

(2) 定期召开施工各方共同参加的总结协调会议,及时解决出现的成本、质量、工程进度及相关问题。

(3) 邀请政府监理管理部门有关人员进行监督、检查、指导。

(七) 营销阶段

(1) 争取潜在承租者和购买者的合理参与,对规划设计方案提出好的建议。

(2) 通过给予优惠折扣等手段,吸引有一定社会地位和声望的高素质人士、企业来预订,以起到良好的广泛的社会影响,吸引更多的消费者。

第五节 房地产开发投资的其他融资方式

一、开发建设贷款

开发建设贷款包括对购买土地、土地开发及建筑施工等经济活动提供贷款。

(一) 购买土地贷款

购买土地贷款一般可采取抵押贷款的方式,但要注意土地购买后,如果由于资金或市场变化等原因,停止进行房地产开发,而土地本身不能产生经营收益,则必然影响到借款人的还贷能力,从而有发生违约的可能性。作为贷款人来讲,要充分考虑土地在没有"泡沫"时的客观价值,以及借款人违约时处置土地取得的收益补偿贷款的可能性。为购买土地提供抵押贷款时的抵押贷款率,一般不超过60%。购买土地贷款的一种特殊形式是土地契约(也称"卖方融资"),即土地的买方向卖方支付一定比例的价款,然后将所买土地抵押给卖方,作为陆续缴纳剩余部分价款的担保。开发完的土地或房屋通常是分单元出售,而购买者一般不愿意购买设定有抵押负担的房地产,因而在抵押贷款协议中,一般都规定有在偿还部分贷款条件下允许部分解除抵押的条款,此时要保证剩余抵押担保物的价值高过剩余贷款额。

(二) 土地开发及建筑施工贷款

在土地上不存在抵押负担的情况下,土地开发和建筑施工贷款也可以采取抵押贷款的方式,抵押贷款率一般不超过80%。如果土地上已经存在抵押负担,土地开发和建筑施工贷款人就需要慎重考虑在发生借款人违约时,自己与原有的抵押权人在债务偿还保证方面的先后关系。对贷款人来讲,影响其贷款保证能够得到偿还的风险因素还有:挪用贷款、开发及建筑成本的上涨、影响施工的恶劣天气、没有保险的意外损害性事故的发生、项目完工后房地产市场的萧条、项目开发过程中严重违反建筑法等有关法律、法规等。控制这些风险的措施有:①对项目的勘察及规划设计、施工组织计划、政府许可等方面进行认真评价,判断项目的可行性;②确保项目的工作进度按计划进行,工程质量达到国家规定标准;③确保贷款支付给项目负责人,并用于项目计划批准的花费,避免实际成本超过预算;④对已经完工的部分及时进行估价,确保项目已完成部分的总价值低于项目的总债务;⑤对项目进行全程跟踪监督,并及时掌握房地产市场的动态和发展趋势。

二、出售回租(sale-leaseback)

有时房地产拥有者急需大量的资金,却无法取得信用贷款,这时可以用房地产向银行抵押贷款。但银行抵押贷款的条件一般比较严格,抵押贷款率比较低,而且可能还需要相当长时间的协商,这时可以选择出售回租方式。出售回租方式是先将房地产以较低(8折)的价格出售给某人,然后继续租赁使用该房地产,向购买人按时缴纳租金,一定期限后再以出售价格或某一确定价格买回该房地产。如果房地产价格下跌,原出售者不履行契约中买回房地产的规定,则要赔偿买方的损失。例如,甲将其价值50万元的房地产以40万元的价格出售给乙,并协议甲每年支付乙2.5万元租金(年末支付)承租该房地产,第5年年末以37.3万元的价格买回该房地产(市场年利率5%)。如果卖方是想盘活其房地产占用的资金,可以与买方协商采取更长的承租期限,甚至可以长期承租直到建筑物不能使用。对卖方来讲,有利的是可以取得进行其他项目投资的资金,不利的是折价部分不能作为折旧或租金等形式来扣减所得税。对买方来讲,有利的是有长期可靠的承租者,如果承租者有信誉,则可以获得相对稳定的收益,不利的是如果房地产市场萧条而卖方又破产时,则可能遭受较大损失。

三、房地产投资的项目融资①

(一) 房地产项目融资概念

项目融资是为一个特定的项目所安排的融资,其贷款人在最初考虑贷款安排时,只考虑该项目所产生的经营性收益能否满足于偿还贷款,以及该项目的资产总价值能否满足于担保贷款的偿还,如果两方面都能够满足,则给予贷款。以项目融资方式为某房地产项目投资进行的融资,与房地产投资者的该项目外资产负债及财务状况基本无关。房地产投资的项目融资过程中的主要参与者包括直接参与项目投资和管理的项目公司、项目的实际投资者(项目发起人)、贷款银行、项目使用者、项目建设公司(建筑承包商)、项目的设备及原材料供应商等,他们之间的基本合同关系如图 7-4 所示。

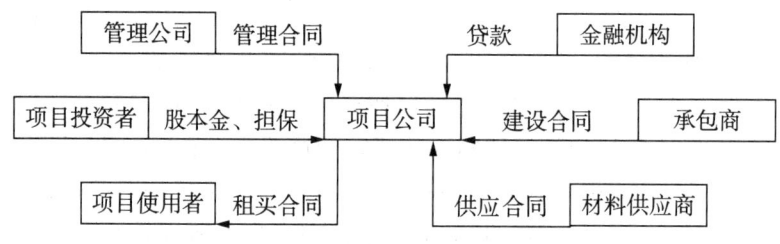

图 7-4 房地产项目融资参与者的基本合同关系

(二) 房地产项目融资方式的特点

(1) 项目融资的安排主要不是依赖于项目发起人的资信,而是依赖于项目本身的资产价值和收益能力。

(2) 有限追索融资,即贷款人可以在项目的特定阶段,比如建设期、试营业期,或一定金额及形式范围内,对借款人实行债务追索权,而不能要求用除了项目资产、项目收益及借款人所承担的义务之外的任何财产来偿还贷款。

(3) 项目风险在参与者之间分担,项目进展的不同阶段,风险分担的结构不同。

(4) 项目的债务不表现在项目投资者(实际借款人)的公司资产负债表中,也就是说是一种非公司负债型融资(off-balance finance)。

(5) 支持融资的信用结构复杂多样,比如要求项目的购买者或使用者提供预订或长期租赁合同,要求项目的设计者提供技术保证合同,要求承包商提供工期及价

---

① 张极井:《项目融资》,中信出版社 1997 年版,第 3—12 页、452—461 页。

格固定合同等。

（6）项目融资的复杂性，使组织融资花费的时间长、费用高，特别是贷款人因承担项目风险而要求较高的资金回报。项目融资的复杂性和高成本性，使其主要适用于豪华宾馆及酒店等投资规模大、档次高的房地产项目，比如越南河内第一饭店改造工程项目，就采用了项目融资方式。

案例 7-3

欧洲迪士尼乐园项目融资

1987年3月，美国迪士尼公司与法国政府签署了一项协议，在法国巴黎的郊区兴建迪士尼乐园。法国东方汇理银行被任命为项目融资的财务顾问，负责项目的投资结构和融资结构的设计及组织工作。美国迪士尼公司对结构设计提出了三个要求：①融资结构必须保证可以筹集到项目所需资金；②项目的资金成本必须低于"市场平均成本"；③项目发起人必须获得高于"市场平均水平"的经营自主权。对美国迪士尼公司的第一个要求，法国东方汇理银行从开始就认为是一个不难解决的问题，而第二个和第三个要求，则是进行项目融资结构设计要面对的重大挑战：首先，欧洲迪士尼乐园项目是一个极为复杂的工程，其开发时间长达20年，不仅要建设迪士尼乐园，而且还要开发饭店、办公楼、小区式公寓住宅、高尔夫球场、度假村等设施。特别是与传统的项目融资结构不同，它没有一个清楚的项目边界的界定（如项目产品、生产和原料供应），并且与项目的开发有关的各种参数、变量也是不具体的，在这种条件下要实现低于"市场平均成本的项目融资"，无论是从融资结构的复杂性还是从成本控制的角度，其难度都是很大的。其次，由于在美国迪士尼公司与法国政府签署的协议中，规定欧洲迪士尼项目的多数股权必须掌握在欧洲共同体居民的手中，这样就限制了美国迪士尼公司在项目投资中占有的股份比例，从而增加了实现其要求获得高于"市场平均水平"的经营自主权目标的难度。

法国东方汇理银行通过建立项目现金流量模型，以20年期的欧洲迪士尼乐园及周边相关的房地产项目开发作为输入变量，以项目税收、利息成本、投资者收益等为输出变量，对项目开发作了详细的现金流量分析和风险分析，在大量方案筛选、比较的基础上，最后确定建议美国迪士尼公司使用的项目投资结构。欧洲迪士尼财务公司的投资结构由两个部分组成：欧洲迪士尼财务公司（简称财务公司）和欧洲迪士尼经营公司（简称经营公司）。如图7-5所示。

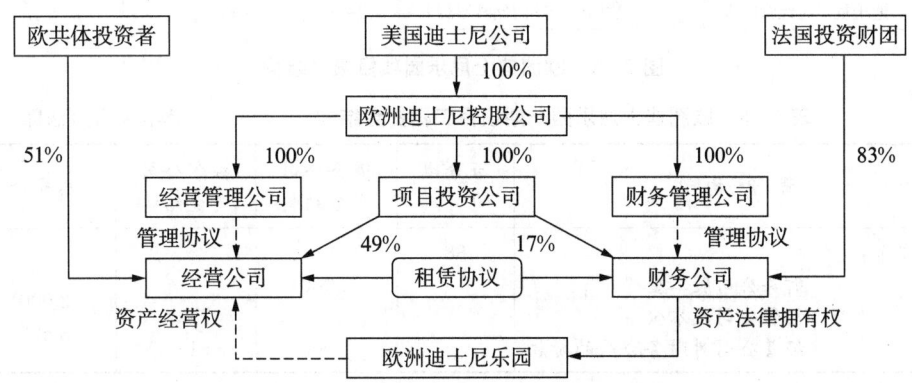

图7-5 欧洲迪士尼乐园项目投资结构

财务公司的设计是为了有效地利用项目的税收优势。与所有利用项目融资方式安排资金的大型工程项目一样,欧洲迪士尼项目初期的巨额投资所引起的高额利息成本,以及资产折旧、投资优惠等所形成的税收亏损,无法由项目本身在短期内有效地消化掉。进一步而言,这些高额折旧和利息成本的存在,也使项目无法在早期形成会计利润,从而就无法形成对外部投资者的吸引力。为了有效地消化这些税收亏损,降低项目的综合资金成本,在欧洲迪士尼项目的投资结构中,部分地使用了类似杠杆融资结构的税收租赁模式,即普通合伙制结构,也就是说,财务公司的投资者(合伙人)能够按投资比例直接分享项目的税收亏损或利润,与其他来源的收入合并纳税。财务公司将迪士尼乐园的资产,以一个20年期的杠杆租赁协议租赁给了经营公司。预计在项目的头10年,因利息成本和资产折旧而产生的高额税收亏损,将由财务公司的投资合伙人分享。租赁协议到期后,经营公司以折旧后的账面价值从财务公司买回迪士尼乐园,财务公司解散。

经营公司的设计是为了解决项目的绝对控制权要求。经营公司的投资结构近似于有限合伙制结构,美国迪士尼公司是唯一的普通合伙人,这样尽管它只占少数股权,但也完全控制着项目的管理权。同时,经营公司的投资结构还具备一种有限合伙制所没有的特点,即具备在证券市场发行股票筹集资金的能力,从而使通过项目的直接上市所筹集的资金,成为欧洲迪士尼项目融资结构中主要的股本资金来源,这是该项目融资结构的一个重要特征。

欧洲迪士尼项目的第一期工程(即迪士尼乐园主体工程)耗资149亿法郎,其融资结构和资金构成分别如图7-6和表7-8所示。

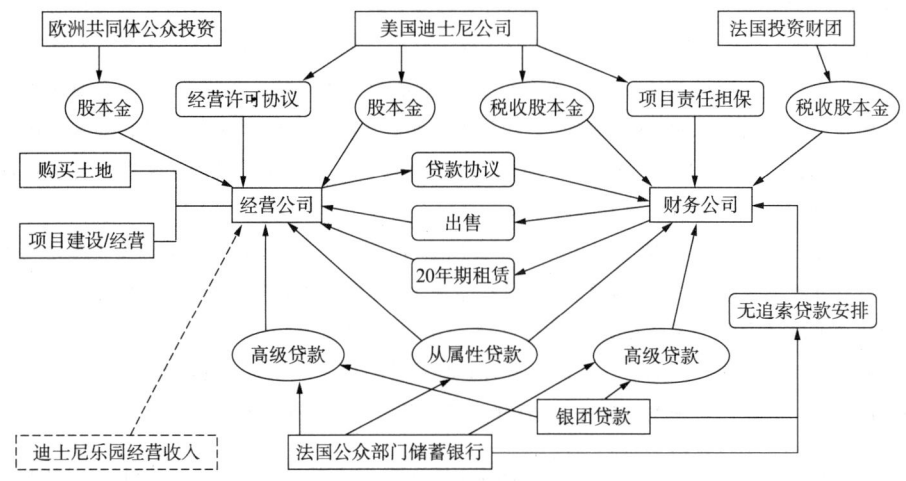

图7-6 欧洲迪士尼乐园项目融资结构

表7-8 欧洲迪士尼乐园一期项目工程资金结构　　　　　单位:百万法郎

资金构成	百分比(%)	财务公司资金结构	经营公司资金结构	总资金
股本金:	38			
财务公司股本金		2 000		2 000
经营公司股本金			3 600	3 600
经营公司对财务公司的贷款		1 000	−1 000	

(续表)

资金构成	百分比(％)	财务公司资金结构	经营公司资金结构	总资金
从属性债务： 　法国公众部门储蓄贷款	19	1 800	1 080	2 880
高级债务（项目贷款）： 　辛迪加银团贷款 　法国公众部门储蓄贷款	43	4 219 1 200	281 720	4 500 1 920
总计	100	10 219 69％	4 681 31％	14 900 100％

从表 7-8 可以看出项目资金是由四个部分组成的：①财务公司结构组织的 20 亿法郎"税务股本资金"。该部分资金投入是一种不可撤销的承诺，并且是一种具有极强股本性质的从属性债务，从属于任何其他形式的债务资金。由于杠杆租赁结构可以有效地吸收项目前期巨额税务亏损，所以这部分资金的成本较低。实际上在前 20 年的项目融资期间，这部分资金的平均成本低于 7％，在整体上降低了项目的综合资金成本，总体上增强了项目的经济强度。另外，这部分资金的使用比较灵活，在税收亏损产生之前这部分资金即可被提取（在普通合伙人可以实际吸收税收亏损之前，其资金使用需要收取正常的贷款利息），而在通常以税务为基础的杠杆租赁结构中，股本参加者的资金一般是在项目商业完工时才投入项目的。由于财务公司结构中的投资者具有普通合伙人的性质，尽管他们根本不参与项目的任何管理，但也同样承担无限责任，即同样面临着潜在的银行债务风险和项目责任风险。为吸引以税务利益为主要目的的投资者，财务公司在融资结构上作了以下两方面的安排：一是对于银行债务风险，通过财务公司与贷款银团之间的无追索贷款协议，以银行放弃对普通合伙人债务的无限追索权利的方式解决；二是对于项目责任风险，则以安排由美国迪士尼公司出具一个担保上限为 5 亿法郎的有限担保来解决。②经营公司的股本金。经营公司股本金中的 51％是通过在证券市场上公开发行股票筹集的，其余 49％的股本金则是由美国迪士尼公司投资。尽管欧洲迪士尼项目结构复杂，但是股票发行却获得超额认购，取得成功，说明这个项目在当时的资本市场上是很受欢迎的。③从属性债务。项目第一期工程中的 28 亿法郎从属性债务，是由法国公众部门储蓄银提供的，这也是项目开发协议规定的。这部分资金的利率是很优惠的，法国公众部门储蓄银行同时还为项目提供了一部分高级债务。④项目贷款（高级债务）。项目贷款占项目第一期工程总资金需求量的 43％，是一种无追索的高级债务，由一个贷款银团和法国公众部门储蓄银行提供。欧洲迪士尼项目融资结构通过以上四部分资金的安排和组合，实现了两个重要的目标：一是提高了项目的经济强度，因为从贷款银行的角度看，项目第一期工程需要的 149 亿法郎资金中，就有将近 60％的股本金和准股本金，从而在很大的程度上降低了项目的债务负担；二是由于项目经济强度的增强，实现了一个资金成本节约的正循环，即财务公司中的"税务股本资金"及法国公众部门储蓄银行贷款的低成本，增强了项目的债务承受能力，从而使项目有可能获得低成本优惠的银团贷款，而总体的低债务资金成本，又可以帮助项目在市场上筹集大量的股本金，股本金的增加又进一步降低了项目的债务资金比例。

作为项目发起人,美国迪士尼公司在欧洲迪士尼项目的融资中,安排了一个完整的有限追索融资结构,它在项目第一期工程资金中投入的股本金仅占第一期项目资金的 14.16%。这种利用公众资金及项目的部分内在价值(如税收亏损)的结构复杂的项目融资方式,往往是仅仅依赖于项目发起人的公司资信或资产负债表,无法组织起来的。这一案例还说明,项目的投资结构设计对实现项目投资者目标要求,以及对项目的整体融资结构设计可以起到关键作用,这些作用有时是通过其他方式不可能达到的。

练 习 思 考 题

1. 到一个比较成功的住宅开发小区,调查分析住户选择购买该小区住房的动机。

2. 到一个商业大厦,调查来此大厦购物的消费者的购买力、住地到此的距离远近、是否经常光顾此地、所购物品的档次,分析该大厦的空间影响范围及其与大厦经营规模、区位之间的关系。

第八章

房地产开发投资可行性研究

第一节　房地产开发投资可行性研究概述

一、房地产开发投资可行性研究的概念

可行性研究是随着科学进步和经济管理科学的发展而产生,并日臻完善的一种系统的工作方法。它是投资决策前,对拟议的投资或开发项目进行全面的、综合的技术经济调查研究和科学论证,以决定该项目可实施性的研究。被称为可行性分析研究之父的美国学者格拉斯卡姆(James A. Grasskamp)教授,将房地产投资可行性研究解释为:在特定约束和有限资源等限制条件下所选择的房地产投资行为,经研究具备达到所确定目标的合理可能性时,这一房地产项目投资计划是可行的[①]。因此,房地产开发投资可行性研究,是通过对拟议房地产开发项目的有关市场状况、物质特性、经济、法律、行政、社会、财务等因素进行全面综合的调查研究,分析其潜在的开发效益,为满足明确目标的投资提供科学依据的研究方法。

房地产开发投资可行性研究不同于一般的情况调查报告。它是对开发投资项目的现在及将来的各种情况进行深入调查研究和综合论证,既要有广度又要有深度。房地产开发投资可行性研究具有以下几方面的特点:①房地产开发投资可行性研究是房地产开发投资的前期工作。可行性研究的所有工作都在开发投资前进行,也就是说,只有在可行性研究得到批准后,才能进行开发项目的勘察、规划、设计、建筑、销售等工作。②房地产开发投资可行性研究十分重视地区经济分析和地区市场调查及预测。房地产具有位置固定性,其消费只能限于其所在地,消费者大多生活在其周围一定地域范围内。因此地区经济分析和地区市场研究,是房地产开发投资可行性研究的首要内容。③房地产开发可行性研究以房地产开发投资的经济效益为核心,并综观环境和社会效益。开发项目投资的目的是为了获取一定的经济效益。只有当开发投资的经济效益能够达到投资者的预期目标,而且又有显著的社会效益和环境效益,或不会对社会及环境产生不良影响时,对开发项目投资才是可行的。④房地产开发投资可行性研究是以市场分析的经济数据为基础,广泛采用数据分析和动态分析,具有一套系统的理论和科学的方法。⑤房地产开发投资可行性研究,是房地产开发投资中涉及范围广、难度大的一项极其复杂细致的工作。进行可行性研究,要考虑与房地产开发项目有关的社会、政治、经济、法律等多种因素,涉及社会经济的各个部门、各个学科和各种专业人才。因此,可行性研究一般委托集中了经济学家、市场分析专家、财务专家、建筑设计师、规划工程师、经纪人等各种专家学者,来专门从事投资项目服务的咨询公司或有关科研单位承担。

---

① William M. Shenkel:"Modern Real Estate Principles", Business Pub. 1984, p. 678.

二、房地产开发投资可行性研究的内容

根据不同阶段研究深度不同,国外将可行性研究划为:机会研究阶段、初步可行性研究阶段、详细可行性研究阶段、评价和决策阶段。我国投资项目可行性研究的内容和步骤是参照西方流行的可行性研究方法,结合我国的实际情况逐步形成的。一般分为项目建议书和可行性研究两个阶段。项目建议书阶段主要是通过机会研究(选择)和初步可行性研究,提出项目建议书。可行性研究阶段中包括市场研究、工艺技术方案论证、财务经济效益分析等内容。

房地产开发投资可行性研究,是国内外可行性研究方法在房地产开发行业中的具体运用。根据房地产开发本身的特色,可将房地产开发投资可行性研究分为三个阶段:

(1)市场研究。市场研究对于选择投资方向,初步确定开发目标与方案起着关键的作用。市场研究的内容主要包括:市场区域范围的界定,区域经济、社会、政策、法规、环境等影响市场条件的因素分析,市场供求关系的分析,项目规划设计方案的确定等。

(2)财务效益可行性分析。其内容主要是利用各种财务指标分析模型,对投资项目的经济效益及其不确定性进行预测分析,判断投资项目在经济上是否可行,即是否能够达到投资开发商预期的目的和目标。

(3)环境效益评价。投资项目的建成必然对周围的社会及自然环境产生影响。积极的影响更有利于其投资的可行性,消极的影响可能削弱甚至否定投资的可行性。

进行开发投资项目可行性研究,要把握四个要点:①把准市场,定位适当,眼光超前;②根据项目开发地点的实际环境条件决定项目的功能;③摸清投资开发成本,避免因成本低估而导致"盲目乐观";④既要研究项目开发的可行性,还要考虑其可实施性。

三、房地产开发投资可行性研究在房地产开发过程中的地位和作用

房地产开发过程是指从房地产开发项目建议到开发项目的竣工、交付使用的一系列活动,可行性研究是关系到项目立项建议或设想是否进入实质性开发投资的关键阶段,它是房地产开发过程中不可缺少的步骤。从整个开发过程的管理来看,可行性研究具有以下作用。

(一)可行性研究是开发项目投资决策的依据

开发项目投资成功与否,以及投资效益如何,将受到经济、社会、环境等多种因素的不确定性影响。只有在对投资项目进行深入细致的可行性研究基础上,充分认识影响投资项目的不确定因素,才有可能采取积极有效的措施,以减少各种因素的不确定性影响给项目带来的风险,确保项目的安全性,实现科学化投资决策,提高投

资效益。

(二) 可行性研究可作为向银行申请贷款及筹集资金的依据

在可行性研究中,对开发项目的经济效益、贷款清还能力、投资风险程度等进行了深入细致的分析研究。银行可依据可行性研究报告对开发项目进行全面细致的审查、分析和评价,以决定是否贷款给该项目及确定贷款数量的多少。社会上集资对该项目进行投资的个人和企业及社会团体,都要对该项目可行性研究结论进行全面细致的审查。

(三) 作为与有关方面商谈合同、协议的依据

一个开发项目所需的原材料、规划设计、施工等,需要材料经销商、规划设计咨询公司、建筑承包商等单位的供应与协作。这些供应与协作的合同、协议,大都需要根据可行性研究报告进行商谈。

(四) 可行性研究是项目规划、工程设计的依据

可行性研究对开发项目的规模、布局、市场需求类型、市场特殊要求、建筑方案等进行了调查、研究、论证。因此,只有依据可行性研究进行项目的规划、工程设计,才能保证开发项目满足市场的需求,对顾客有较强的吸引力,达到开发商的经济目标。

(五) 可行性研究是城市规划、建筑及环境保护等政府部门对项目进行审查、审批的依据

案例 8-1

一"纸"招"佳婿"[①]

广州文昌广场是一个拆迁难度大、需要大量资金的旧城改造项目。该项目由广州经济技术开发区房地产公司于1993年10月获得用地红线图及项目开发权。因项目投资规模大,开发商积极寻求合作投资者。但由于前期没有做深入细致的投资分析工作,且恰好遇到房地产市场衰退,经过近1年的努力也未能找到合作者。1994年9月委托珠江恒昌房地产顾问有限公司为该项目引资。恒昌顾问建议首先进行可行性研究,做好充分准备工作后再寻找投资合作者。恒昌顾问经过全面细致的市场调查研究,对项目开发的条件、拆迁、开发成本作了深入的分析研究,提出符合市场需求的建筑设计方案,从市场、价格、成本、经济效益等方面分析,得出项目开发投资可行性的结论。这份可行性研究报告,打动了在港澳地区信誉良好、富有实力及开发管理经验的香港新昌集团。经过反复协商洽谈和论证,新昌集团同意以60%股份分两期投资该项目,并许诺帮助解决注册资本以外的资金,于1995年10月正式签订合同。

第二节 房地产开发投资市场可行性研究

在一个完全竞争市场上,生产投资者是被动的价格接受者,取得最大利润的主

---

① 冯佳等:《现代房地产经典营销全录》,暨南大学出版社1999年版,第158—159页。

要措施在于对成本的控制。然而房地产市场是一个具有较强垄断特征的竞争市场，即不完全竞争市场。因而除了对成本的控制，还需要对房地产市场现状及其走势作深入的研究。谁对市场研究得更好，谁就更容易获得较多的利润。如果投资者能够分析出某一区位的房地产在不久的将来具有竞争优势，他就会抢先在那里以较低的价格取得土地进行房地产开发，在房地产开发完工后刚好以较好的市场价格出售出租房地产，从而获得超额利润。例如，北京市中关村地区的海龙大厦和太平洋大厦。在北京市写字楼市场出现衰落迹象的情况下，投资商瞄准中关村科技园区在21世纪的发展前景，率先在该地区进行了集计算机产品销售和高科技开发研究于一体的综合大厦。1999年，国务院和北京市对中关村高科技园区的发展进行了重点规划，引发了对中关村地区大规模的改造开发，使许多计算机商的经营活动失去"藏身之地"。海龙大厦和太平洋大厦的建成刚好为他们提供了经营场所，在当时北京市整个写字楼市场不景气的状况下却具有较好的出租业绩。

房地产市场研究是通过信息收集、整理加工、分析研究来分析预测各种类型房地产的未来需求量和供给量，以预测未来市场的供求状况和价格，为房地产开发投资及其他方式投资决策、投资行为调整、市场政策调整等活动，提供科学依据的过程。房地产市场研究至少具有以下几方面的作用[①]：①有利于正确地对房地产投资决策和房地产投资方向的调整。②有助于了解房地产市场环境发展变化，把握机会调整经营策略。例如，收入水平、消费方式等因素的变化，将影响房地产租赁需求的变化，这就需要调整租金水平和营销渠道，或者掌握了相互竞争的各房地产租赁经营公司的租金情况，就有助于制定合理的租金水平，并确定最佳的广告方式。③有助于房地产开发方案的正确制定和调整。比如通过对消费者偏好变化的了解，确定能够迎合消费者的建筑设计方案，或者对现有建筑物加以改进，增强对消费者的吸引力。④通过对其他房地产投资者市场经营绩效的调查和评价，改善自己的经营管理方法，提高经营水平。⑤有助于价格策略的制定。

案例8-2

根据市场变化，调整经营思路[②]

1998年，深圳写字楼出租市场疲软，原有的老客户纷纷退房，由于中电物业注重了市场调研和分析，较好地把握住市场的变化，做到了心中有数，遇险不惊。

一、市场调研和分析

随着国家宏观调控、银根紧缩，以及亚洲金融危机的影响，市场出现了急剧变化：①由于资金短缺，许多公司都压缩开支、缩减费用，以降低成本，经济形势和房地产市场的变化使他们意识到

---

① [美]盖伦·E·格里尔、迈克尔·D·法雷尔：《房地产投资决策分析》，上海人民出版社1997年版，第76—78页。
② 《出奇制胜 掌握主动》，《中国房地产报》1999年11月10日。

租房不如买房合算。首期付款一交,每月的还贷额比房租还低。因而那种一租四五百平方米,甚至上千平方米的繁荣景象已一去不复返了。②由于资金周转困难,许多小公司纷纷退出高档写字楼,入住商住两用楼,这样既可办公,又能吃住,还降低了费用,一举多得。③由于客观环境的影响,各公司都在压缩费用,减人增效。过去租大面积写字楼办公的公司现在都改租小面积的写字楼,从目前了解的情况看,一二百平方米的写字楼最好出租。④由于资金紧张,各公司在选择写字楼时,都不愿意出钱再装修,所以价格适中、已经装修(初装修,并有隔间)的房子好出租。⑤在日本、韩国等东南亚国家公司收缩的时候,欧洲、美国的公司却大举进入国内市场。这些公司选择写字楼时注重于档次、环境、配套服务(如演播厅、会议厅、餐厅、健身房等配套设施)。⑥一些国外大公司驻深圳代表处对写字楼的要求是:办公用具一应俱全(包括通信设施);既能办公又可休息;交通方便;酒店式的管理服务。

二、经营策略调整

中电物业在市场调研和分析的基础上,进行了经营策略的调整:①将医疗、食堂、招待所与物业合为一体,为客户提供配套服务。②将闲置的厂房改成单身公寓,优惠出租给客户。③在大厦内开办文具、电报、传真、邮政快件、信件和打字等代办和其他服务。④在电子大厦与车队之间空地上,建设立体化停车场,为顾客停车提供方便。⑤为客户免费提供演播厅、会议室、图书馆、健身房服务。⑥免费为客户租用的房间提供初装修。⑦将一些较高的楼层改造成既有办公间又有休息间的酒店式商用客房,并提供酒店式服务,以适应外国公司住深机构的需要。⑧租房的客户都可获得成本价的医疗、餐饮、住房和其他的社区服务,让客户足不出大厦门,就能获得高档次的全面、周到的服务。

根据市场变化,公司及时调整了市场定位,在满足客户需求的同时,企业也获得了较好的经济效益。

进行开发投资市场可行性研究,首先要进行地区总体市场研究,然后依据总体市场研究的结论选择项目类型(居住、商场、写字楼等),结合城市规划确定开发场地,最后进入特定地点的市场研究。总体市场研究是对某一市场区域范围内特定类型房地产市场现状及前景的分析,如对北京市写字楼市场的研究;特定地点市场研究包括:为特定地块确定最佳利用方式的研究,市场对该用途房地产数量和类型的需求,以及该特定地点房地产项目在市场上的竞争能力的研究。

一、地区总体市场研究

总体市场研究的内容有以下几个方面。

(一) 市场区域范围的限定

房地产市场具有较强的地区性,要了解研究的市场有多大,就需要作一个空间范围的界定。总体市场研究的市场区域范围是人们日常生活、工作、交往等行为活动的空间范围,人们在这样一个空间范围内的日常购物、上下班等活动应该不会受到严重的限制,一般是指一个城市或城市内的某一地区。如果有许多的购物及上下班等日常活动是发生在相邻城市之间的,那么也可以将范围界定为由这些相邻城市组成的一个城市带。

(二) 市场供求现状及前景分析

市场供求分析包括市场需求、供给、价格、租金、出售数量、空置率分析。需求方面侧重于人口、就业、收入、公司数量等因素的预期变化,及其对房地产面积大小、建筑风格、室内布局及环境、建筑设施等要素的需求变动影响分析。供给方面侧重于从分区规划、建筑许可、开工数量、建筑成本、用途变换等因素对市场未来供给量的影响分析。价格、租金、出售数量、空置率的变化都反映了市场的供求动态,它们的变化趋势、变化幅度或变动率,是最关键的分析资料。空置率是指某一时间点的房屋空置量(待租待售状态)占全部房屋存量的比例。空置率有实际空置率和自然空置率。自然空置率是指长期市场供求均衡下的空置率。两者的差异是反映市场状况的一项关键指标。假设某城市某类房地产的自然空置率为7%,则在实际空置率分别为12%、9%、7%、5%、2%的情况下,开发商会分别作出停止开发、慢于正常开发速度、按正常速度开发、快于正常开发速度、加速开发等不同反应。

(三) 房地产信贷条件分析

房地产金融市场的变化如资金供给量、资金流向、利率、抵押贷款年限等因素的变动,影响到房地产市场供求,对房地产市场的周期波动具有显著影响。

(四) 房地产业周期波动分析

受宏观经济周期的影响,房地产业活动也存在相类似的周期波动现象。相对于其他行业,房地产业对经济周期的影响更为敏感。这是因为:①房地产是一种经济寿命长的资产,它的生产开发活动对未来经济预期较敏感。在经济衰退时,人们对耐耗品消费的需求停止或延迟,在经济增长时房地产价格上涨,人们又急于购买。②房地产的开发供给和需求都需要巨额的资金,开发商及房地产需求者都往往以举债方式筹措资金。另外,还有许多影响经济周期的因素同样在经济发展时刺激房地产业活动,在经济衰退时抑制房地产业活动。

房地产业周期可以分为复苏、繁荣、衰退、萧条四个阶段(见图8-1)。房地产业周期各个不同阶段的时间界线的划分不是很精确的,因此,要将整个房地产业活动

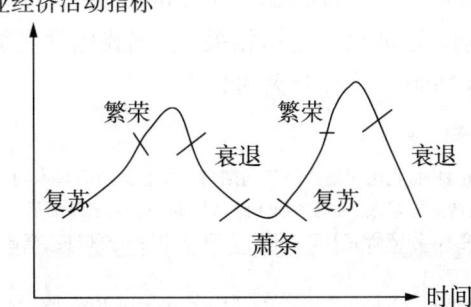

图8-1 房地产业周期

周期的每一时刻都明确指明属于哪一个阶段是不可能的。但也不能就此否认房地产业周期分析在市场投资决策分析中的作用。对投资者来讲,在繁荣期和衰退的早期阶段进行投资时,应特别慎重决策,因为面临投资后房地产价格下降从而亏损的可能。进行投资的最佳时机是在萧条时期,该阶段房地产价格低,投资成本也低,预期房地产业的复苏会导致所投资房地产价格上升,从而获得较高的利润。在萧条时期进行房地产开发,土地、劳动力、建筑材料等生产要素价格低,开发成本较低,而开发建设需要较长的时期,如在复苏期建成完工,则能够以较高的价格很快出售。

房地产业周期一般要超前于经济周期,这是因为:①房地产业是受利率上调损害的首要经济部门之一。房地产业投资多以长期举债融资方式进行,对贷款的依赖性较强,对利率的变化较为敏感。②房地产业是首先反映投资者和消费者信心下降的经济部门之一。许多经济部门的活动因房地产开发数量的下降而受到抑制,因此不可能通过对经济周期阶段的分析来预测未来房地产经济活动所处的周期阶段。一般需要对价格、租金、交易量、空置率、房地产供给量、利润率、就业率、利率等指标进行综合分析,其中,利率是一种相当可靠的领先指标[1]。

房地产业周期波动有长期的、短期的、季节性的、随机性的。在美国20世纪40年代以前,房地产业大约18年一个周期,形成这种长期周期波动的因素主要有人口数量、年龄结构分布、婚姻率、收入、建筑成本、偏好等。第二次世界大战以后,这种长期周期循环特征已经不明显,取而代之的是周期为3～6年短期周期波动,主要影响因素是抵押贷款利率和抵押贷款资金供给量的变化,利率上升则房地产业衰退,利率下降则房地产业发展,房地产业的变动与房地产抵押贷款市场的变化相一致。例如1966年、1969—1970年、1973—1974年、1979—1982年,信贷资金短缺、利率上升导致整个美国住宅开发活动的锐减。这使得美国房地产投资者在投资决策时,更加关注当前和预期的货币政策,而不是长期周期波动。不过,20世纪80年代进行房地产金融制度改革,采用可调整利率抵押和抵押证券化工具,大大降低了房地产业的不稳定性。在第二次世界大战以后,日本房地产业波动周期大约为10年左右,这从日本的地价变动周期就可以反映出来,它和日本的经济结构、经济增长速度、城市化及国土开发、金融市场波动等密切相关[2]。据我国学者梁桂、何国钊等研究表明,我国房地产业周期1980—1995年大约为4～5年。

---

[1] 据梁桂先生研究表明,我国房地产经济周期与宏观经济周期基本同步,但超前于通货膨胀周期。何国钊先生等研究认为,房地产业的繁荣、衰退超前于经济周期,复苏、萧条滞后于经济周期。梁桂:《中国不动产经济波动与周期的实证研究》,《经济研究》1996年第7期;何国钊、曹振良、李晟:《中国房地产周期研究》,《经济研究》1996年第12期。

[2] Dennis J. Mckenzie, Richard M. Betts: "Essentials of Real Estate Economics", Prentice-Hall, Inc. 1992. p. 40; Alfred A. Ring: Real Estate Principles and Practies, Englewood Cliffs New Jersey, 1985;乔志敏、马洪波:《地价与国民经济的关系》,《中国地产市场》1998年第7期。

二、特定地点市场研究的内容

在开发项目的场地、项目类型及用途已经确定的情况下,市场研究的内容一般包括五个方面。

（一）是否受到城市规划、基础设施、交通、环境保护、地质地貌、社会环境等因素的限制

这些因素的限制会增加开发成本,甚至可能使开发不能进行,所以,在项目开发前应研究这些因素对开发项目的限制程度。

（1）城市规划。一般情况下,城市规划已对各个位置的土地用途、容积率、建蔽率等作出规定,如果开发项目的用途、容积率等与规划相符,则不存在规划限制。否则,就要视改变规划的难易程度来决定是否要进行下一步的工作。对规划进行适当的改变,都可能增加开发成本。例如,经城市规划部门许可,将原规划容积率提高,可能需要开发商补交一定数额的地价给政府。

（2）基础设施及其他娱乐设施。这些设施是否齐全,以及在开发项目完成后能否满足其服务要求,都会影响项目的开发。如果设施不齐全、服务能力有限,开发商就须考虑对原有设施进行改造扩建的投资。对居住类和工业类房地产项目的开发,还需考虑学校及文化生活设施、商业服务设施等。对豪华别墅区,需考虑游泳池、高尔夫球场、网球场等高消费娱乐设施。

（3）交通运输条件。交通运输条件反映特定地点与其他区域联系的方便程度。交通运输条件好,对外联系方便,开发项目在未来市场上的竞争能力就比较强。

（4）社会环境。开发项目要与所处地区的社会环境保持和谐,要与所处地区的经济、文化、风俗习惯等相协调一致。开发项目可能对所处地区的社会环境产生破坏,引起周围居民和政府的不满。社会环境也可能对开发项目产生负面作用,降低开发项目的价值。

（5）水文、地质、地貌。水文、地质、地貌主要影响开发项目的施工困难程度。地下水位过高、土质疏松、地质基础不稳定、地貌复杂,都会增加开发施工的难度,从而提高开发成本。

（6）环境保护。开发项目可能对周围地区造成空气污染、水污染、噪声污染,改变周围的生活环境,给居民及其他经营者带来不利的影响。对开发项目进行环境效益评价是研究项目开发是否可行的重要内容。

（二）未来市场需求规模及开发项目对市场需求分享比例的预测分析

未来市场需求规模主要通过总体市场研究中的需求分析进行估测。进行较长时期的预测时,还必须估算在整个时期内不同时间段的需求数量。对市场需求的分享比例,主要依赖于项目在市场上的竞争能力,通过分析开发项目所处的区位条件,以及开发商在消费者中的影响,估计开发项目可能占领的市场的份额。另外,还要

分析开发项目在未来市场上全部出售、出租所需时间的长短。全部推销所需时间的长短影响开发商的经济效益。出售出租拖延时间越长,越不利于开发商经济效益目标的实现。在进行这项内容研究时,必须注意不同类型及规模房地产的市场(地理)空间影响范围不同。

(三) 预期价格、租金分析

主要依据未来市场上的供给量和需求量,以及开发项目相比其他同类房地产的竞争能力,评估房地产市场预期价格和租金。

(四) 设计类型及单元规模分析

研究市场对居住或商业房地产类型及单元面积的需求趋势。住宅有一室一厅、二室一厅、三室一厅、三室二厅等多种类型,每种类型的单元面积也不完全一样,可以根据特定地点开发项目所吸引的消费者的家庭结构、生活水平等因素,确定设计类型和单元面积。最好将几种类型和规模的住宅,按一定的比例组合(分主力户型、辅助户型)进行开发,以满足不同条件的需求者。另外,还要考虑许多消费者的比较特殊的需求。比如,如果所开发住宅项目定位的需求者是在大公司就职的高级工作人员或白领阶层,这时就需要考虑是否专门设计独特的书房或家庭电脑用房、家庭健身房。对商业房地产开发商来说,要根据未来的营业范围、市场未来吸引的顾客量、所处商业中心的级别等因素,确定商场的设计和规模。

(五) 是否需要为开发项目提供特殊服务设施的分析

比如,在大型高档写字楼项目开发中,就需要考虑是否在写字楼内开发设计包括商业设施、文化设施、娱乐设施、会议室等附属服务功能的设施。

三、特定地点市场研究的步骤

对特定地点市场的研究,按以下步骤进行:①明确市场调查研究的问题,并为这些问题的研究拟定初步计划;②开发项目的限制性因素评价;③市场区域范围界定;④市场竞争情况调查分析;⑤估计对该开发项目的需求量;⑥综合分析供求状况,为开发项目的投资提出建议,这一步需要分析以下问题:预测目标房地产的未来出售情况;市场调查资料的分析总结;为规划设计计划和财务分析提供数据资料。规划设计计划所要求的资料包括有开发项目的建筑风格、单元类型、单元规模、项目所需的附属设施;财务分析所要求的资料包括有预期能出售出租的各类单元数量、单元租金及出售价格等。

(一) 市场区域范围的界定

(1) 住宅项目的市场区域范围。一般是以公共交通或私人小汽车等交通方式,到达该项目地点所需行驶时间(比如说在特大城市 40 分钟、中小城市骑自行车 20 分钟)反映的空间距离范围,作为市场区域范围。在该区域范围内的某一定收入水平或文化阶层的就业人口,都是该项目的潜在购买者。

(2) 零售业房地产项目的市场区域范围。它是指它所能够吸引的主要消费者的地理分布范围,一般也是以一定旅行时间所反映的空间距离来度量。邻里(街区)购物中心的市场范围为旅行时间大约 5~10 分钟,社区购物中心的市场范围为 10~15 分钟,地区性购物中心的市场范围为 15~30 分钟。

(3) 写字楼项目的市场区域范围。一般项目所吸引的租售对象是所在地行政区范围内的注册公司,大型或作特殊用途的写字楼项目的市场范围,可能是整个城市内的大公司或特殊经营类型的公司。

(二) 市场竞争情况调查及市场占有率分析

通过对市场区域范围内,与所开发项目真正具有可比性或者说竞争性的房地产项目(包括已经建成、正在建设或将要建设)的调查分析,判断拟开发项目的预期租金或价格水平、在规划设计方面更能满足客户需要而必须注意或加强的重点方向、项目的竞争能力、开发规模等。调查的内容包括竞争性项目的区位、单元数、单元类型、单元面积、装修、附属或辅助设施、租金或售价、租期、所采取营销策略及市场租售平均花费的时间、空置率、营业面积、停车条件、商业经营范围及管理水平、净租面积、建筑设计及使用特色、综合竞争力分析。比如,对住宅项目来讲,首先通过对市场范围内收入、职业特征、人口统计要素、价格、利率、经济预期等因素的分析,估计未来一定期间就业人数和人口的增加量,判断潜在购买力;其次再进一步分析项目的竞争能力,确定预期的市场占有率。

第三节 房地产开发投资财务可行性研究

一、房地产开发成本、收入、融资分析

(一) 房地产开发成本分析

所谓房地产开发成本分析,是指找出与房地产项目开发活动有关各项成本要素,并对各项成本要素的费用进行估算。房地产开发的成本要素主要有下列各项:

(1) 土地购置费。它包括取得土地所要支付的土地价格、与土地购置有关的律师费及评估咨询费。土地价格采用市场比较法和假设开发法进行评估,并与原土地使用权人及政府协商确定。其他费用根据通常经验以地价的一定百分比估算。在有的城市将土地价格分为土地出让金和城市建设配套费,有时还包括征地或拆迁安置补偿费。所包括的内容根据具体情况而定。

(2) 前期工程费用。它主要包括与开发项目的前期规划、设计、可行性研究、水文地质勘察,以及"三通一平"等活动有关的费用支出。项目的规划设计、可行性研究所需的费用支出一般按项目总投资的一定百分比估算。一般情况下,规划设计费

为建安工程费的3%左右,可行性研究占项目总投资的1%～3%。水文、地质勘察所需的费用可根据所需工作量结合有关收费标准估算,一般为设计概算的0.5%左右。"三通一平"等土地的开发费用,包括地上原有的建筑物、构筑物拆除费用、场地平整费用和通水、电、路等费用。这些费用的估算可根据实际工作量参照有关计费标准估算。

(3) 房屋建设费。它包括建筑安装工程费、附属工程费和室外工程费。费用的估算可以采用单位面积法、概算指标法、指数调整法、工料测量法等。

(4) 管理费。管理费是指企业各职能部门为进行项目的筹建、建设、试运营、验收等管理及组织活动所发生的各种正常费用,包括工作人员工资、工资附加费、劳动保险费、待业保险费、办公费、差旅交通费、劳动保护费、工具用具使用费、固定资产使用费、零星购置费、招募生产工人费、技术图书资料费、印花税和其他管理性质的开支。管理费可按项目投资或前述三项费用的一定百分比(一般为3%左右)估算。

(5) 其他费用。它主要包括临时用地和临时建设费、工程招标费、施工许可执照费、工程监理费、竣工图编制费、保险费、概算审查费等费用。这些费用一般按当地有关部门规定的费率估算。

(6) 不可预见费。不可预见费根据项目的复杂程度和前述各项费用估算的准确程度,以上述各项费用的3%～7%估算。

(7) 财务费用。企业为筹集资金而发生的各项费用,主要为借款或债券的利息,还包括金融机构手续费、融资代理费、承诺费、外汇汇兑净损失以及企业筹资发生的其他费用。利息的计算可参照金融市场利率和资金分期投入的情况按复利计算,利息以外的其他融资费用一般占利息的10%左右。

(8) 租售费用。该项费用是指项目出租出售所需要的各项费用。

(9) 与项目有关的税费。它包括取得土地的契税、所得税、营业税等项目所负担的各种由政府收取的税费。可行性研究中的成本分析,是项目具体开发前对其费用进行的测算和评价,这种方式可称为事前成本分析。其目的是通过掌握成本,确切判断未来获得的利润,因而事前成本分析应具有客观稳妥性。在成本分析时,要注意对各项成本发生的时间点作出估计,以保证对货币的时间成本的准确评价。

(二) 房地产开发收入分析

对开发商来说,开发项目的收入主要是出售价格或租金。可行性研究中的收入分析,是对开发项目未来的出售价格或租金进行预测。收入分析是建立在市场分析对售价或租金预测的基础上。出售总收入等于总面积乘以出售单价。出租年收入等于年租金乘以一定空置率下的可租的面积。房地产开发项目并不一定是竣工后就可立即全部出售完的。虽然有些项目以预售的形式出售,但一般情况是竣工后相当长一段时间才能全部售完。开发项目在同一时间售出的可能性较小,因此,选择恰当的收入评价时间是相当重要的。对租金的预测须注意,近期租金较确定,而远期租金却具有极不确定性,这就使对租金总收入的分析预测比较困难。

(三) 房地产开发融资能力分析

融资能力分析主要是通过对企业在筹措内部资金、债务融资、权益融资方面的能力进行综合评估,以判断能否及时筹措到项目开发所需资金。影响资金筹措能力的因素可以分为内部因素和外部因素。内部因素包括企业规模、组织形式、创建时间长短、信誉及公共关系、领导及管理人员的素质和能力、领导对风险的态度、企业盈利及发展前景、项目的营利性。外部因素包括金融、经济、政治、行业等因素。

融资能力开发的措施[①]包括:①提高赢利能力,改善资金结构;②提高对金融机构的交涉能力:充分了解金融机构的贷款政策和方针;选择贷款政策合理的金融机构;与金融机构保持良好的关系;③增强企业领导和资金筹集人员不断开发利用新的融资渠道和工具的能力;④扩大企业影响,提高企业信誉;⑤制定有效的企业发展战略。

二、房地产开发投资的财务效益分析

房地产开发项目投资的财务效益分析,是从项目投资者的角度出发,通过一系列指标的测算和分析,研究投资盈利的可能性和盈利大小,以确定项目投资活动的财务可行性为中心任务的评价和分析。项目投资的财务效益分析方法有投资回收期法、投资收益率法、净现值法、内部收益率法、获利指数法等。从国内外可行性研究的经验来看,净现值法和内部收益率法的应用较为普遍。比如,世界银行和亚洲开发银行最经常用的是内部收益率法,美国国际开发署规定只能用净现值法。从各种方法的比较分析也可以看出,净现值法是最好的方法[②]。

房地产开发投资净现值分析法,是将整个开发过程中的净现金流量,按期望的收益率换算成现值(PV),以求得投资的净现值(NPV)。用公式表示为:

$$NPV = \sum (CI_t - CO_t)/(1+i)^t \quad t = 1, 2, \cdots, n$$

式中,CI_t 为第 t 年的现金流入量;CO_t 为第 t 年现金流出量;i 为期望收益率。

净现值为正或等于零,表明该项目开发投资的收益率高于或等于期望的收益,该开发项目的投资方案可接受;若净现值为负,表明项目开发的投资收益率低于期望的收益率,应放弃对该项目进行投资;在多种互斥方案选择中,应选取净现值最高者。

房地产开发投资净现值分析,按照以下步骤进行:

(1) 估算项目投资费用,并结合工程进度编制资金投入及资金筹措计划。

[①] 刘志远:《企业财务战略》,东北财经大学出版社 1997 年版,第 239—249 页。
[②] [日]鸟山正光:《工程项目可行性研究理论与实践》,清华大学出版社 1984 年版,第 50 页;[英]菲尔·荷马斯:《投资评价》,机械工业出版社 1999 年版,第 55—68 页。

(2) 估计项目的租售收入。

(3) 进行借款还本付息计算。

(4) 进行营业利润及税费测算。

(5) 编制现金流量表,确定期望收益率,测算项目净现值,判断项目的可接受性。

前四步之间有较大的相互关系,在进行各项因子的估算及表格编制时,要注意前后协调,交叉进行。

下面举例分析项目开发投资净现值的测算。现有一拟开发项目(住宅),总用地面积 34 100 平方米,最佳建筑容积率为 3,经过与规划管理部门初步协商有希望得到批准,因而该项目可开发总建筑面积为 102 300 平方米。通过市场分析,该项目有较好的市场前景,估计在较好的房型设计条件下,建成后可以 6 500 元/建筑平方米的价格出售。

(1) 估算土地购置费、城市建设配套费、房屋建设费、管理费、招标等其他费用、不可预见费的额度及其发生的时间(见表 8-1),判断每年所需要的建设投资资金量。

(2) 进行项目收入及其发生时间的预测。该项目准备通过预售来筹集部分建设资金,预售的价格给予一定的优惠(参见表 8-2)。

(3) 依据销售安排,估算销售费用(销售收入的 3.5%)的额度及其发生时间(见表 8-1)。

(4) 测算项目所需的建设投资、销售投入、流动资金,与自有资金的差距,安排合理的融资渠道,并进行资金成本及借款还本付息估算(见表 8-1、表 8-3)。

(5) 估算营业税及附加(城市维护建设税、教育费附加等)、土地增值税、所得税及税后利润分配(见表 8-4、表 8-1)。

(6) 编制财务现金流量表,确定期望收益率 13%(等于无风险利率、预期通货膨胀率、风险报酬率之和),测算项目净现值(见表 8-5)。测算的净现值为 194 万元,不小于零,该项目可以开发。

这里需要说明几点:①在运用净现值法分析评价项目的财务效益时,利息支付不能作为现金流出量。②建设项目(开发商)的各种利息收入,作冲减工程成本处理[①]。本例在估算所得税时,从融资资金成本作了冲减(见表 8-4)。③预售所得价款在财务会计上属于预收账款,不能算作收入(是债务),因而从理论上讲,不应在预售当年支付该部分的营业税及所得税。该部分收入应在交付房屋的当年,才确认为"真正"收入的一部分,交付营业税和所得税。但在实际工作中,预售收入要在当年缴纳营业税和所得税(应属于预交)。为了计算上的便利,这里是按前一情况考虑的。④土地增值税暂行条例及实施细则规定,销售费用和管理费用只能在开发成本的 5% 以内扣除,因而本例对这一项的扣除确定为(40 000-1 100)×0.05=1 945(万元)。

[①] 财政部基本建设司:《基本建设财务管理若干规定讲解》,中国财政经济出版社 1998 年版,第 12 页。

表 8-1　投资成本及有关费用估算、投资计划、资金筹措计划表　　　　单位：万元

项目任务		费用	2010年	2011年	2012年	2013年	2014年
土地购置费(不含大市政费)		7 800	7 800				
城市建设(大市政)配套费		2 200		900	1 300		
前期工程费		1 200	1 200				
房屋建设费	建安工程费	23 000	5 000	13 000	5 000		
	附属工程费	2 100	300	600	1 200		
	室外工程费	800	100	200	500		
管理费(3%)		1 100	420	420	260		
其他费用		600	300	100	200		
不可预见费(3%)		1 200	750	300	150		
建设投资(以上合计)		40 000	15 870	15 520	8 610		
流动资金		320	320				
销售费用		2 263		129	580	1 321	233
以上合计		42 583	16 190	15 649	9 190	1 321	233
资金筹措	自有资金	5 000	5 000				
	合伙投资人	4 000	4 000				
	贷款	19 156	7 190	11 966			
	财务费用 利息(7%)	3 689	252	940	1 424	1 073	
	融资费用(融资额的0.5%)	96	36	60			
	(预)出售价款			3 683	9 190	1 321	233
营业税及附加		3 556					
土地增值税		2 606					
所得税		4 612					

表 8-2　项目收入预测　　　　单位：万元

年份	出售比例/单价(元/m²)	2011年	2012年	2013年	2014年
1998	20%/6 000	3 683(预付)	3 683(预付)	4 910	
1999	40%/6 300		12 890(预付)	12 890	

(续表)

年份	出售比例/单价(元/m²)	2011年	2012年	2013年	2014年
2000	30%/6 500			19 948	
2001	10%/6 500				6 650
合计	100%	3 683(预付)	16 573(预付)	37 748	6 650

表8-3 借款还本付息计算表　　　　　　　　　单位：万元

项　目		2010年	2011年	2012年	2013年	2014年
年初借款	本息累计		7 442	20 348	15 323	
	本金		7 190	19 156	15 323	
	利息		252	1 192		
本年借款		7 190	11 966			
本年应付利息		252	940	1 424	1 073	
本年还本					5 025	15 323
本年付息					2 616	1 037
偿还借款本金来源	预售价款				7 383	
	(预)售款利息				258	1 275
	销售收入					15 085

表8-4 营业利润测算表　　　　　　　　　　单位：万元

项　目	1997年	1998年	1999年	2000年	2001年	合计
出售收入				58 004	6 650	64 654
建设成本(分摊)				35 500	4 500	40 000
销售费用(分摊)				2 030	233	2 263
营业税金及附加(5.5%)				3 190	366	3 556
融资资金成本(扣减利息收入)				2 252		2 252
土地增值税				2 338	268	2 606
所得税前利润				12 694	1 283	13 977

(续表)

项 目		1997年	1998年	1999年	2000年	2001年	合计
所得税(33%)					4 189	423	4 612
所得税后利润					8 505	860	9 365
特种基金(25%)					2 126	215	2 341
可供分配利润					6 379	645	7 024
分配利润	合伙投资人				2 835	287	3 122
	开发商				3 544	358	3 902

表8-5 财务现金流量表　　　　　　　　　　　单位：万元

项 目	合计	2010年	2011年	2012年	2013年	2014年
现金流入						
出售收入	64 654		3 683	16 573	37 748	6 650
回收流动资金	320					320
流入小计	64 974		3 683	16 573	37 748	6 970
现金流出						
建设投资	40 000	15 870	15 520	8 610		
流动资金	320	320				
销售费用	2 263		129	580	1 321	233
融资费用	96	36	60			
营业税金及附加	3 556				3 190	366
土地增值税	2 606				2 338	268
所得税	4 612				4 189	423
特种基金	2 341				2 126	215
流出小计	54 473	16 226	15 709	9 190	11 843	1 505
净现金流量	10 501	−16 226	−12 026	7 383	25 905	5 465
累计净现金流量		−16 226	−28 252	−20 869	5 036	10 501
净现值系数(13%)		0.885 0	0.783 1	0.693 1	0.613 3	0.542 8
净现值	194	−14 359	−9 418	5 117	15 888	2 966

三、房地产开发投资的不确定(风险)性分析

前面对房地产开发投资的财务效益分析,是在开发人员内部的各种专家顾问对影响投资效益的各项成本、收入提出确定数字的基础上,运用财务分析方法对这些数字进行的准确计算。事实上,正是这一系列固定单一的数字和准确的评价分析方法,掩盖了评价分析背后的不确定性。通常,我们将"不确定性"和"风险"互换使用,实质上这两个词是有区别的。一个项目的开发,最终只会产生一种结果,但会产生什么样的结果,这有多种可能。假定所有可能的结果都可以识别,那么"风险"就是指决策者有足够的信息来确定每一种可能结果发生的概率时的状况,而"不确定性"是指决策者不能确定每一种可能结果发生的概率时的状况。对开发项目进行不确定性评价分析,主要是由于以下两方面的原因:①房地产开发是一个动态的过程,开发项目所处的环境不可能不发生变化。政治、经济、技术、社会等方面的因素的变动、时间的推移等,都使项目的各方面发生相应的变化。②对项目评价分析的手段是不完善的。在项目评价分析中所使用的各项指标、数据,有时是在一定假设前提下确定的。有些基本数据如成本、工期、售价、租金等,则是通过预测和估计确定的。房地产开发的动态变化过程,使人们很难在一开始就对整个开发过程中的有关费用和收益情况作出精确的估计。

在不确定性的评价分析基础上进行投资决策,带有一定程度的风险。为尽量避免决策中的风险以减少失误,就要对各种不确定因素及其对项目投资经济效益的影响程度进行分析,以求找出降低和规避风险的途径。

(一) 不确定因素分析

影响财务效益分析的不确定因素,主要是影响对开发成本和收益准确估测的各种可变因素。即:地价及获取土地时的各种附加费用、工程建造成本、专业服务费用、开发周期、销售费用(租售代理费、广告费)、租金和售价、利率。

(1) 地价及获取土地时的各种附加费用。地价在房地产开发成本中占有较大的比例。如果在投资可行性分析时,已获得土地的使用权,则这项是确定的。如果开发商在可行性研究前,还没有获得土地使用权,只是有在某土地上开发投资的设想,那么这时的土地成本,可通过土地估价和对方要价两方面来假定,但这仍然与以后取得土地的实际地价有差异。若已获取土地,获取土地时的附加费用则也是确定的,否则,可按假定的地价的一定比例来核定。这项费用一般是某一固定数量的项目费用,在购买土地使用权前能较准确的核准。它由代理人佣金、法律费用、契税、印花税等项构成,在整个开发费用中只占很小一部分。

(2) 工程建造成本。在开发项目规模、类型确定的情况下,建造成本的估价较容易。然而由于建造成本随物价变动,所估建造成本与实际建造成本之间不一定相符。工程建造成本的可变性,视开发商与建筑承包商签订合同的时间及内容不同而

不同。

（3）专业服务费用。这部分费用包括可行性研究、建筑设计及施工监理费，是工程建造成本的另外附加费。在工程建造成本确定后。这项费用能按一定的标准较精确地估计出来。

（4）开发周期。开发周期大体上由购置土地、施工、竣工或项目出售三个阶段组成。每一个阶段的时间变化会影响整个开发周期的长短。开发周期延长会导致开发商的资金成本提高、现金收入延迟，甚至可能错过良好的市场机遇，给开发商造成巨大的损失。

（5）销售费用。租售代理费部分可按现有的有关收费标准估算，这一因素的可变性不大。广告费用的变化主要随广告方式、广告数量的改变而改变，这部分在开发总成本中占很小的比例。

（6）租金和售价。租金和售价是开发项目评价中主要的可变因素之一，它直接决定了开发商的收入，从而影响开发商的利润。租金和售价虽然也考虑了物价上涨和未来市场行情，但往往由于主观随意性和预测方法的局限性的影响，预测值和实际值还有很大的差别。

（7）利率。利率的变化影响开发商的资金成本，它对开发项目评估结果影响很大。利率的变化受经济发展形式及货币政策的影响。

以上分析的七类可变因素，不一定在每个开发项目的财务效益分析中都是可变的。从大多数房地产开发计划的成败来看，主要可变因素是工程建造成本、开发周期、利率、租金和售价。

（二）敏感性分析

通过上面对不确定因素的分析可以看出，有很多可变因素可以决定投资方案的净现金流量，而大多数变量的值都非确定可知的。敏感性分析是一种对项目不确定因素进行系统分析的简单易行的方法。敏感性分析的目的是判别项目的获利能力对哪些因素最敏感，从而为决策者更加努力获取这些因素的有关信息，以及加强对这些因素的控制提供重要线索，为有效地进行项目开发管理提供依据。开发项目敏感性分析的一般步骤是：

（1）选取不确定性因素为敏感性变量。
（2）确定所选不确定性因素的变化范围。
（3）根据变化后的不确定因素值，调整项目的净现金流量，测算净现值。
（4）将各个不确定性因素变化后的财务净现值，进行比较分析找出敏感性因素。

表8-6显示的是前述开发项目的净现值，对该项目的出售收入（价格）、工程建造成本、利率三个不确定因素的敏感性分析。可以看出在这三个因素中，净现值对出售收入最为敏感，对工程建造成本较为敏感，对利率最不敏感。由于出售价格及收入与出售期、工程建造成本与房屋建设期具有相关性，所以这里没有再对开发周

期进行分析。另外，还可考虑多种因素同时变化时引起的净现值变动。

表8-6 净现值对出售收入(价格)、工程建造成本、利率因素的敏感性分析

单位：万元

不确定因素	原估计值	原估计值增加10%后的净现值	原估计值减少10%后的净现值	备注
工程建造成本	30 000	−1 829		期望收益率为13%
利率	7%	−919		期望收益率为13.7%
出售收入	64 654		−2 012	期望收益率为13%

敏感性分析为开发商提供了关于项目盈利的有用信息，以及盈利对不确定因素的敏感性，指出了对财务效益影响较大的关键变量，但这种方法仍有一定的局限性。这是因为投资项目的风险取决于两个因素：①财务效益对关键投入变量的敏感性；②关键投入变量的值在概率分布中的可能散布范围。敏感性分析只考虑了对关键投入变量的敏感性，因而这种方法无法完全衡量出投资的风险。

(三) 期望净现值分析法

期望净现值(ENPV)法首先要分析确定需要考虑的不确定因素，然后确定所选不确定因素的各种可能的量值及每一量值发生的概率，最后计算项目的期望净现值。如表8-7所示，选择考虑出售收入和建造成本两个不确定因素，估计出它们的可能量值及其概率，求出出售收入和建造成本各种不同量值组合下的净现值A、B、…期望净现值就可以用下式计算出来：

$$ENPV = 0.25 \times 0.15 \times A + 0.25 \times 0.6 \times B + 0.25 \times 0.25 \times C +$$
$$0.65 \times 0.15 \times D + 0.65 \times 0.6 \times E + 0.65 \times 0.25 \times F +$$
$$0.1 \times 0.15 \times G + 0.1 \times 0.6 \times H + 0.1 \times 0.25 \times I$$

投资者如果同时面临多个可行开发方案，而只能选择其一时，就需要根据自己对风险的偏好，运用贝叶斯-拉普拉斯法则(the bayes-laplace criterion)、最大最大法

表8-7 项目期望净现值分析   单位：万元(概率)

项目	出售收入为 58 187(0.15)	出售收入为 64 654(0.6)	出售收入为 71 120(0.25)
建造成本为 33 000(0.25)	A	B	C
建造成本为 30 000(0.65)	D	E	F
建造成本为 27 000(0.1)	G	H	I

则(the maximax criterion)、最大最小法则(the maximin criterion)、赫维斯基法则(the hurwicz criterion)、最小最大后悔法则(the minimax regret criterion)等简单的博弈论方法进行决策。这些方法在许多投资评价著作中有详细表述,在此不予赘述。

第四节 房地产开发投资的环境影响评价①

任何开发活动都可能引起生存环境条件的改变或新的环境条件的形成。即开发活动对环境可能产生的影响。开发活动对环境产生的影响可能是有害的,也可能是有利的。开发活动的性质、范围和地点不同,对环境所产生的影响也不同。比如,在同一地点进行住宅开发和工业开发将对环境产生不同的影响。产生高强度噪声的开发活动出现在住宅区时,其对环境的影响也不同。因此,对不同性质、范围、地点的开发活动来说,关注的环境条件也不同。这样一来,应该一开始就分析评价项目对环境产生的影响,预测项目开发的自然、社会、美学、经济等环境效应,为决策提供客观依据。为此就需要对环境影响进行鉴别、测定和综合分析,得出全面评价的结论。环境影响评价的主要内容是:①就评价项目进行环境要素现状调查。②预测开发活动对环境可能产生的影响。不仅要预测原生性影响,而且还要预测次生性影响。③综合评价开发活动对环境的影响。

一、环境影响因子的选择和测定

(一) 原生性影响和次生性影响

通常把对环境产生的影响分成原生性影响和次生性影响。一般来说,开发项目的投入产生原生性影响,开发项目的运行引起次生性影响。

(1) 原生性影响。原生性影响是开发活动的直接结果。例如,开发活动对周围环境造成的噪声污染、水污染,以及对项目所在地土地用途的改变和景观的改变,都属于原生性影响。

(2) 次生性影响。次生性影响是开发活动的间接性或诱发性结果。它包括与开发活动有关的投资和可能诱发的社会经济活动方式的变化。例如,一项商业设施建成运行后,将产生与土地利用方式改变和人口密度变化有关的环境影响,以及对大气质量、水质及其他自然资源的影响,还包括由新建设施引起的地区性经济增长。

虽然原生性影响一般比较容易分析和测定,而次生性影响则往往难以分析和测定,但次生性影响往往比原生性影响更重要。例如,日本对住宅开发的环境影响评价主要内容是:住宅区投入使用后因家庭厨房等方面的燃烧能源排出的气体;上下班通勤及学生走读增加交通量时汽车排出的尾气;家庭污水及粪便处理;居民的固

---

① [美]约翰·劳等:《环境影响分析手册》,北京科学技术出版社 1986 年版;约翰·A·狄克逊等:《开发项目环境影响的经济分析》,中国环境科学出版社 1990 年版。

体废物处理；人口增加产生的社会经济影响；住宅区占地产生的影响等。

(二) 影响因子的选择和测定

在进行环境影响评价时，评价因子的选择一般因评价项目的不同而不同。选择确定环境影响评价因子的方法一般是进行分项调查。调查内容包括开发项目对各环境要素造成的原生性和次生性影响，以及影响的程度。比如，开发项目对大气质量影响的调查内容有：是否有有害物质或其他污染排入大气？对大气质量产生什么影响以及影响程度如何？是否会引起大气质量恶化？对社会经济影响的调查内容有：是否会改变当地经济基础？是否会诱发人口及工商业增长？是否增加就业机会？是否增加人口密度？是否加剧交通拥塞？是否引起原住户及企业事业单位的迁移？是否需要增加新的公共设施？是否影响该地区居民生活质量？

进行环境影响评价，必须对所选影响因子的影响程度作出量的测定。这里的环境影响测定，无法用各种精密的环境监测仪器进行，因为它是对环境受到开发项目影响程度的预测。

1. 对自然环境影响的测定

(1) 大气污染。大气污染源有固定污染源和流动污染源两种。固定污染源产生的污染是指与开发项目有关的用热、废物焚烧、各种工业活动排放的烟气等对大气质量的影响。流动污染源的影响是指开发区内行驶车辆的污染物排放。对大气污染的测定可用各种大气污染物每天总排放量的净增加来计算：

住宅项目：单元总数×平均每住宅单元日平均排放的大气污染物总量

工商业项目：经营面积×单位经营面积的大气污染物排放总量

(2) 水污染。开发活动可能引起地貌、渗透性覆盖层的变化，增加地面径流量。在建有化粪池的地方，产生的废物可能超过土壤的自净能力。这些都可能影响地面水和地下水。水污染测定可用水质变化的百分率计算：

$$100\% \times (开发前水质 - 开发后水质) \div 开发前水质$$

开发活动引起的废水量可能超过废水处理设施的处理能力。测定废水的影响，可以估算废水总量，或测定污水排放峰值。

(3) 固体废物。固体废物需要一定的堆放场所，燃烧时还会对大气造成污染。对固体废物的测定可用下式计算：

$$(雇员)人均固体废物 \times 住宅区(或企事业单位)总人数$$

(4) 噪声污染。噪声污染包括施工期噪声影响、项目运行后因交通运输及其他活动的变化引起的长期噪声影响。噪声污染测定可用项目开发前后受影响人数变化的百分率表示。

2. 对社会环境影响的测定

(1) 学校。新的开发项目可能使一个地区的学生人数及年龄结构特征发生变化。根据这些变化,可以判断学校校舍、教学实验设备、文体器材、教师人数能否满足新增加学生的需求。住宅和工商业开发对学校的影响都可用新生增加人数来表示。

(2) 公园。开发项目可能使所在地的常住人口或流动人口增加,人均公园面积减少,使公园承受过量的游园人数。过量的游客既不能满足人们游园的情趣要求,又不利于维持公园优雅的环境。对公园的影响程度可用需要增加的公园面积来表示。

(3) 用水量。新开发项目都需要一定数量的供水。如果新开发项目的需水量远超过当地原供水能力盈余,则会引起供水量的不足。对用水量的影响可用单位时间的耗水量来计算。

(4) 能耗。在开发项目规模很大的情况下,可能引起或加剧地区能源供应短缺的状况。对能源供应的影响可用电力或天然气的消耗量来计算。

(5) 交通运输。新的住宅开发或工商业开发,可能使对公共交通的需求量大增,对公共交通的线路、时间安排、方便程度、拥挤程度都产生影响,可能需要开辟新线路,或在原有线路上增设服务机构,建立新的公交系统。对公共交通的影响评价注重居民或雇员外出、上下班、购物等行为的公交方便程度。对公交系统的影响可用开发地搭乘公共运输工具的人数变化百分率来表示。项目的开发还可能使开发区周围的交通压力增加,导致交通严重拥挤、堵塞现象。交通拥挤、堵塞程度可用拥塞持续时间和拥塞严重程度来表示。拥塞持续时间为两点间行驶时间超过非高峰行驶时间的百分率,拥塞严重程度用两点间最长行驶时间与非高峰行驶时间之比来表示。因此,对交通的影响可以用拥塞持续时间和严重程度的变化百分率表示。

(6) 社会治安。开发活动可能会影响一个地区的犯罪率,从而影响社会治安。对社会治安的影响可用开发区犯罪的变化率或对社会治安力量需求变化的百分率来表示。

(7) 防火。开发活动对火灾的影响可以从火灾发生率、火灾发生后的蔓延程度、对生命及财产的威胁程度三方面的变化来考虑。对防火的影响用需要增加的消防人员数量、需要增加的消防总费用、火灾保险额的变化百分率表示。

(8) 人口构成。开发活动可能导致人口的迁移,使地区人口的年龄、性别、文化等结构特征及人口的分布发生变化,进而影响到人口的拥挤程度、风俗习惯、爱好等的变化。

(9) 居住条件。开发活动可能导致地区住宅市场供给或需求的变化,从而使地区居住条件发生变化。居住条件的变化,以人均住宅面积或平均每个普通家庭可使用的住宅单元数的变化来表示。

3. 对美学环境影响的测定

(1) 绿地和空地。开发活动会直接影响地区的绿地和空地。绿地对心理、美学等有重要的作用。空地影响人的娱乐活动、小气候以及人们对拥挤的心理反应。开发活动对绿地和空地的影响用面积变化百分率来表示。

(2) 视野。影响人们视野的新开发项目特征,主要是项目的高度、项目规划设计风格。对视野的影响可用受影响的人的数量来表示。

(3) 文物古迹、风景。文物古迹和风景的重要性,取决于其古老性、罕见性、学术性、交通便利性等因素。开发活动对文物古迹、风景的影响可用其旅游及学术价值的变化程度来衡量。

4. 对经济环境影响测定

(1) 就业水平。开发活动对就业的影响程度,取决于开发项目的类型。工商业开发项目能为社会提供长期就业。不仅开发项目本身可提供长期就业,它对经济活动的促进作用也增加长期就业机会。这是因为,工商业开发项目产生的每一种新职业,会刺激附属性服务业的发展。开发活动对就业水平的影响,用其可能提供的就业人口总数来表示。但还需要考虑提供的就业总数中,有多少提供给了当地居民。

(2) 地区财政状况。项目及其乘数效应所产生的税金和利润收入,增加了政府的财政收入,同时,政府也因为需要为开发项目及其引起的社会经济活动提供服务,而增加了支出。一个项目的开发活动,对地方财政的影响可以用地方财政收入和支出变化来确定。财政收支状况在很大程度上取决于开发活动完成后,政府是维持还是改变地区的服务水平和质量。另外,基本建设费用的摊派也是影响财政支出的重要因素之一。新开发活动对地区财政状况的影响,可用收支比例变化作指数。

(三) 环境影响综合评价

环境影响的综合评价是把单项的评价结果综合起来,得出总的评价。综合评价上述各项环境要素的分析结果,可采用多种方法。

(1) 罗列判别法。根据所罗列的环境要素的分析结果,进行宏观的综合评价。这种方法是用来粗略评价可能产生的影响范围和这些影响的一般性质。这是基于主观感觉的定性评价。这种评价方法把一个项目对各环境单元(要素)的影响归为:无影响、正效应、负效应、有利的、有害的、长期的、短期的、可逆的、不确定的等几种情况。这种方法的思维过程是清晰的,但其理由是模糊的。

(2) 麦克哈格(McHarg)法。这种方法是将开发区的一组环境因素特征进行叠置,得出该区的环境综合特征;然后标明开发区内环境受影响的情况,得到表示影响类型、影响范围及其相对地理位置的图形。

(3) 加权法。这是一种根据各环境因子的重要程度,对评价因子进行加权的方法。运用这种方法时,不应忽视个别重要因素在环境影响评价中的单项否决权。

除上述介绍的三种方法外,还有许多种方法,如矩阵法、网络法、颜面分析法、顺位法等。运用何种方法进行综合评价,要视开发项目对环境影响的复杂程度而定。对较简单的项目,一般只需进行简单的定性分析即可,对复杂的项目,需要定性定量相结合,运用多种方法进行评价。

(四) 环境影响评价报告内容模式[①]

环境影响评价报告的内容一般按照下述模式编写：①项目简述；②环境现状描述；③拟开发行为对环境的影响，包括对土地利用结构的影响，噪声影响，水质影响，大气质量影响，对自然系统的影响（景观、野生生物、植物），对公园、娱乐设施等的影响，对历史及科学资源的影响，对其他环境特征要素的影响；④不可避免的一些负向（消极的）环境影响；⑤为使不良影响最小化所应采取的措施；⑥其他可选择的开发行为；⑦开发行为与社会可持续发展的关系；⑧开发行为可能对环境造成的不可逆转的影响变化；⑨次生性影响；⑩结论。

第五节　可行性研究报告的编写

一、可行性研究报告纲要

可行性研究报告的内容主要包括下述方面。

(一) 摘要与结论

该部分主要是按照报告书的目录顺序，点明各章的要点，看起来就像是一份简明完整的报告，不要过长也不要过短。另外，最好还能注明其在正文中的页数以便于参考。分析的结论应该是条理清楚、阐述明确。

(二) 项目背景说明

说明项目背景的目的是为了让读者对项目有如身临其境般的了解，使人清楚地了解项目的全貌、重要性等。

(三) 市场分析

市场分析的内容包括：

(1) 地区及城市的社会和经济发展趋势、人口、收入、交通等因素的宏观分析。

(2) 项目市场区域范围内的经济、人口、交通、邻里特征分析。

(3) 项目所选地址的建筑规划管理、基础设施、交通通达性、宗地规模及形状、地貌等因素分析。

(4) 项目的市场需求趋势分析。

(5) 竞争项目的区位、租金或售价、空置率、销售进度、环境舒适性调查分析。

(6) 与项目有关的城市基础设施供给状况、规划及开工建筑许可、社区综合规划分析。

(7) 项目的规模及设计标准、租金售价分析。

[①] G. Vincent Barrett, John P. Blair: "How to Conduct and Analyze Real Estate Market and Feasibility Studies", Van Nostrand Reinhold Com. 1988.

(四) 财务分析

财务分析的内容包括:

(1) 开发成本、收入、融资分析。

(2) 项目所得税前及税后净现金流量分析。

(3) 通过不确定性及风险分析,判定投资价值。

(4) 投资与否的决策分析,包括所有重要投资决策人的决策意见。

(五) 环境影响评价分析

二、报告书编写要领[①]

(一) 准备

(1) 可行性研究项目经理要熟悉全部调查内容、报告书编写要领、所采用的分析方法、可替代方案等。这些必须事前装在脑子里,否则报告书就可能会不协调也不充实。

(2) 构成可行性研究小组的技术方面人员和经济方面人员的比例,一般为3∶7或4∶6,不可倒置。

(3) 对所要调查的内容进行分析后,选定调查组成员。要和每个组员充分协商调查内容,并将调查提纲分发给每个人。

(4) 绘制分析流程图,流程图要明确分析的内容、作业情况、日程安排。

(二) 作业

(1) 侧重于现场调查。

(2) 和委托人及地方政府有关管理部门经常保持联系,出现问题要尽快协商解决。

(3) 尽可能将以前的调查报告弄到手,细心参考阅读,并分析地方政府部门对报告书的有关评论。

(三) 分析

(1) 通过对具体数据的分析引导出结论,比单纯叙述数学公式和理论方法要好。

(2) 不要引用与分析无关的不必要的数据资料。在没有资料的情况下,要避免引用其他地区的资料,要尽可能获得本地区的资料。

(3) 选择适用于该项目的最佳分析方法。

(4) 不确定性因素及环境问题分析,没有必要勉强用数据表达。

(5) 避免对委托人的不合理要求妥协,结论应该是有理有据并经得起评论的。

(6) 对报告书中存在的因资料不足而分析不够充分的地方,以及存在的其他有

---

① [日]鸟山正光:《工程项目可行性研究理论与实践》,清华大学出版社1984年版,第25—31页。

关问题,均要作出明确的说明。

(7) 项目财务评价部分要认真详细地分析,在得到最终的效益分析结果前,常常会因为遇到好多困难而泄气,这就需要再加把劲才能最终完成,绝不要半途而废。

(四) 执笔

(1) 报告力求简洁,体裁要吸引人,表现手法要简单明了,使读者只看正文部分就可以明白,不要让读者非看完每篇资料才能理解。比如不要表达为:"这个供分析的基础资料见附表……"而应该表达为:"项目净现值为194万元,详细内容可参见附表……"

(2) 在每小节之间要有间隔,每小节内容应该统一,两种不同内容不要放在一节中。一小节内容不要太长,如果很长,可以将其归纳成两小节以上。行文中章、节编号要规范。

(3) 不要只叙述计算结果,要使读者明白结论的推导过程。

(五) 编辑

(1) 报告要有简明的摘要。

(2) 正文与资料分开编册,参考文献也要列入报告中。

(3) 不要弄错图表。

(4) 要尽量多利用地图,使读者即使未到过现场,也能和报告中出现的地名对上,特别是在报告的最前面应附一张能够反映项目区位的地图。现场和实物的照片也应放在报告中。

(六) 完成

(1) 对有争议的问题重新调查时,要写明调查的困难性、工作成果、调查背景等,尽量达成一致的意见。

(2) 要及早催促委托人早些提供开发项目的计划草案。

练 习 思 考 题

1. 房地产开发投资市场可行性研究内容包括哪些?
2. 房地产开发投资财务可行性研究内容包括哪些?

第九章

房地产投资信托

信托意指信任委托,是一种代人理财的制度安排。我国《信托法》中所称的信托,是指委托人基于对受托人的信任,将其财产权委托给受托人,由受托人按照委托人的意愿,以自己的名义为(委托人所指定的或者法定的)受益人的利益或者特定目的,进行财产管理或者处分的行为。虽然人们对信托观念是起源于罗马法上的"遗产信托",还是仿效日耳曼法上的"受托人"制度,尚有争议,但都认为现代信托制度的发展最早是从英国封建时代的用益权制度开始的。

第一节 现代信托制度的发展

一、现代信托制度的确立

早期在英国出现的"信托",称为"用益设计",当时的目的是为了规避封建法律制度对财产(尤其是土地)转移所加的限制和税负。当时的英国人民非常虔诚于宗教信仰,因而有死后将土地捐赠给教会等宗教团体的习惯,但教会土地可以永久免税以致影响到封建诸侯的租税利益,再者封建诸侯丧失了取得无人继承土地的机会,封建诸侯不得不出台禁止将土地捐赠给教会的规定。于是,人们采取了先将土地让与他人,再由受让人管理土地并将土地收益交给教会,达到与直接捐赠给教会时相同的目的,从而规避了禁止捐赠土地给教会的规定。人们还采取同样的方法规避了土地长子继承制。另外,在由国王、领主和佃户组成的英国封建土地制度下,每当土地的"占有"或"所有权"发生转移时,受让人需要缴纳大笔税金,因而人们采取了转移土地"占有"而保留土地"用益权"的方式,使这种负担得以规避。由于英国的普通法并不承认这种用益设计制度,因而受让人(实际上是受托人)是否遵守与委托人之间的协定不受法律的约束,而仅仅是依照良心和道德来管理财产,如果受让人不讲信用,委托人和受益人都无可奈何。在15世纪形成与普通法院分庭抗礼的衡平法院的大法官,以尊重法但不应该忽视道德为理由,承认并赋予了用益设计制度的合法性。用益设计制度的合法化招致了封建诸侯的不满,1535年,亨利八世颁布了《用益法》,将受益人的受益权确认为法律上的所有权,目的是为了使受益人承受所有权人地位而无法规避税负。1925年,英国以《财产法》废除了《用益法》,现代信托制度得以确立。

二、消极信托向积极信托的转化

由于早期信托中的受托人仅仅承受信托财产的"名义"所有权,对信托财产不负任何积极管理的义务,信托财产的实际管理权和受益权由受益人拥有,也就是说受托人只是"人头"设计。通过利用受托人的"人头"设计,可以达到成功规避对财产转移的限制和不合理税负,因而这种信托被认为是消极信托。随着历史的发展,封建制度崩溃,政治上民主化,经济上市场化,凌驾于财产转移上的种种限制和税负也纷纷取消或合理化,人们由确保土地财产世代相传的观念转变为以赚取利润为目标,农业经济时代向工商经济时代的转化,也使财富来源的形式由单一的土地转向多元化。经济的发展和社会的进步,使受托人从满足消极的"人头"设计需求,转变为能够满足受益人对提供积极、专业的财产管理方面的需求。信托和投资的结合日益紧密,营业信托事业日益兴旺发达,积极信托主导了现代信托的发展。

三、现代信托制度的传播和创新

英国虽然是信托事业的发源地,但长期停留在不以盈利为目的的民事信托阶段。19 世纪 60 年代,因产业革命的成功而资金充裕的英国民众,急于投资于利润丰厚的欧美地区,但缺乏国际投资经验,于是中小投资者集中资金交由可信赖的投资经验丰富的受托人代为运作,双方约定受托人只收取一定的报酬,并将投资收益返回给投资者。以后,受托人发展为专业化公司,并通过发行等值的基金单位而募集成立了信托基金,由此产生了"单位信托"。20 世纪 20 年代,这种单位信托制度传入美国,并发展成为"投资信托",以后又从美国传入日本、韩国等东南亚地区。两者的区别在于单位信托是以契约方式运作的"开放式基金",而投资信托是以股份公司形式运作的"封闭式基金"。目前,英国和美国都有民事信托和商事信托,但限于习惯和民事信托旷日持久的发达,民事信托仍然是英国信托业务的主体,而美国的民事信托和商事信托同样发达。日本信托与英美不同的是几乎都属于商事信托,特别是在第二次世界大战后特殊的经济环境中独创了"贷款信托",为日本的经济发展作出了重大贡献。

第二节 美国的房地产投资信托

一、房地产投资信托的概念

房地产投资信托(real estate investment trust,REITs)或被称为房地产投资(信托)基金[①]。美国《国内税收法典》(2005)规定,房地产投资信托是指符合下列条件的一个公司、信托或非法人组织:

(1) 由一个或多个董事或受托人进行管理。一个 REITs 的管理机构为董事会(当 REITs 组建成信托机构时为受托人)。董事会由股东选举产生,并向股东负责。董事会由 7~9 名董事(受托人)组成,董事成员要求有 3 年以上房地产管理经验,任

---

① 投资公司又称为共同基金,是一种将小投资者的零散资金汇集在一起,而投资于证券的投资工具,只要符合法定的条件,对其分配给股东的收入免征公司所得税。REIT 和共同基金具有相似的商业组织形式,不过是投资于房地产而非证券,因而有人称为"投资于房地产的共同基金"。美国众议院筹款委员会(House Way and Means Committee)认为共同基金的税收优惠也应当适用于 REIT,从而推动了 REIT 的发展。

期1年,可以连任。董事会的董事大部分应是独立董事。根据北美证券管理者协会 NASAA 的定义,REITs 的独立董事应当是现在和过去2年内与 REITs 的发起人或顾问公司都没有直接或间接关系。董事会的职责主要是决定 REITs 的投资策略,监督和指导企业的业务运作,但不直接参与企业的经营。

(2) 其所有权权益(beneficial ownership)是由可以转让的股票或受益凭证来体现的。

(3) 不符合该部分规定的则按照国内公司纳税。

(4) 不能是任何形式的金融机构(如银行、互助储蓄银行、合作银行、国内建筑与信托协会,以及其他储蓄机构)或保险公司。

(5) 必须由100名及以上数目的股东(包括个人股东和法人股东)组成。

(6) 非封闭型。

(7) 具体的限制性要求:①至少95%的总收入来自于股利、利息、房地产租金、股票证券处置收入、房地产权益和抵押权益收入、房地产减税退税、实施抵押权的收入、签订房地产抵押贷款合同或租买合同时的所得或应收价款、非禁止性的房地产出售所得[不构成禁止交易的出售:持有该房地产不少于4年(实施抵押权取得除外);近4年可包含在该财产税基中的支出花费合计,不超过财产净售价的30%;纳税年度已销售财产的总调整税基不超过年初全部资产总税基的10%,等等]。②至少75%的总收入来自于房地产租金、房地产抵押贷款利息、房地产权益和抵押权益收入、拥有其他 REITs 的红利及股份转让收益、房地产节税、实施抵押权的收入、签订房地产抵押贷款合同或租买合同时的所得或应收价款、非禁止性的房地产出售所得、合格的短期投资收入。③在纳税年度的每季度末,至少75%的资产由房地产、现金或现金科目及政府证券组成;不包括政府证券在内,其所持有证券的价值不得超过总资产的25%;持有的应税房地产投资信托子公司证券资产,不超过总资产的20%;所持有任何一个发行人(政府及子公司除外)的证券价值,不超过其总资产的5%,不得超过公开发行的证券总价值的10%,所持有任何一个发行人的有投票权证券,不得超过该单位发行的总投票权的10%。④每年应税收益中不少于90%必须以股利方式分配给投资者。

二、美国房地产投资信托的起源

国内许多关于 REITs 的介绍或研究文献,大都在认可 REITs 基本理念起源于19世纪中叶的马萨诸塞信托(Massachusetts business trust)的基础上,明确将美国1960年的《国内税收法》或《房地产投资信托法案》作为房地产投资信托的发端、起步、创立。然而,根据《菲茨罗伊迪尔伯恩银行业及金融百科全书》(The Fitzroy Dearborn Encyclopedia of Banking and Finance)的解释,"REIT"一词最早创立于美国1954年的《国内税收法》,而于1960年的《房地产投资信托法案》中对其符合免公司税的特定条件进行了规定。从美国1960年的《国内税收法》对 REIT 所作的"拥有可转让收益股份并有多个受托人管理的非公司组织"①界定来看,1933年版布莱克法律大词典中解释的"trust estates as business companies"②就属于房地产投资信托,可见其早已处于虽无"REITs"之名而有其实的状况。

Massachusetts business trust是针对马萨诸塞州1851年制定的公司法,禁止公司投资性持有和交易房地产的规定而设计的信托制度。它是第一种被允许投资房地产的合法实体,具有与公司同样的转让股权、有限责任及专业人员集中管理等特征。1910—1925年是商业信托在马萨诸塞州最为繁荣的时期。信托公司享有的税收优惠政策成为其吸引投资者的主要动因。商业信托不缴纳联邦所得税一直被以为是自然的事情,这也在1919年的美国最高法院对Crocker V. Malley一案判决中得到确认。其设立之初的目的是为富有投资者提供权益投资渠道,不久之后也开始面向一般投资者了。这种投资信托业务在以后又扩展到了芝加哥、丹佛等城市的房地产开发投资领域。1923年,美国最高法院在对Hecht V. Malley一案判词中,认为商业信托属于公司范畴因而应该课以联邦所得税,不过实践中仍然存在分歧。1935年,美国最高法院在Morrissey V. Commissioner一案的判决中,明确了商业信托的公司税法地位,取消了对其税收优惠的待遇,致使这类信托基金事业走向衰落。20世纪50年代,Massachusetts business trust和real estate trust of America疏通了美国政府,从而使信托基金开始可以享有与投资公司同等的税收优惠待遇了。可以说,REIT是马萨诸塞信托理念的复苏。

三、美国房地产投资信托的分类

(一) 按照投资房地产的类型分类

按照美国REITs投资的房地产类型划分,截至2018年5月,写字楼类REITs占9.7%,商业中心及购物中心类REITs占16.6%,住宅类REITs占13.7%,工业类REITs占7.7%,医疗类REITs占8.9%,自助式仓储类REITs占5.8%,分散化资产类REITs占5.7%,酒店及度假村类REITs占6%,林地类占3.6%,基础设施

---

① An unincorporated association with multiple trustees as managers and having transferable shares of beneficial interest.

② Trust Estates as Business Companies A practice originating in Massachusetts of vesting a business or certain real estate in a group of trustees, who manage it for the benefit of the beneficial owners; the ownership of the latter is evidenced by negotiable (or transferable) shares. The trustees are elected by the shareholders, or, in case of a vacancy, by the board of trustees. Provision is made in the agreement and declaration of trust to the effect that when new trustees are elected, the trust estate shall vest in them without further conveyance. The declaration of trust specifies the powers of the trustees. They have a common seal; the board of trustees; it is governed by by-laws; the officers have the usual powers of like corporate officers; so far as practicable, the trustees in their collective capacity, are to carry on the business under a specified name. the trustees may also hold shares as beneficiaries. Provision may be made for the alteration or amendment of the agreement or declaration in a specified manner.

类占12%,数据中心类占6.1%,其他占4.2%。

(二) 按照投资业务分类

根据REITs的投资业务划分,可以将它们分为股权信托、抵押贷款信托、混合信托三类。

(1) 股权信托(equity)。该类REITs主要投资并拥有房地产,其主要收入来源于房地产的租金。该类信托占到美国REITs的90%以上。

(2) 抵押贷款信托(moetgage)。主要投资于房地产抵押贷款或房地产贷款支持证券(MBS),收益主要来源于房地产贷款的利息。

(3) 混合信托(hybrid)。采取综合前两类的投资策略,投资领域既包括房地产本身也包括房地产贷款。

股权信托的投资业务主要是房地产的所有权(收购现存房地产或即将开发的房地产),其投资人取得的是房地产的股份所有权;抵押贷款信托的主要投资业务是房地产抵押放款,投资人取得的是抵押贷款债权;混合信托则兼有股权信托和抵押信托双重性质和特点。

股权信托的投资魅力在于:①通过资金的"集合",为中小投资者提供了投资于利润丰厚的房地产业的机会;②专业化的管理人员将募集的资金用于房地产投资组合,分散了房地产投资风险;③投资人所拥有的股权可以转让,具有较好的变现性。

抵押信托的投资魅力在于:①为中小投资者提供了介入房地产抵押贷款市场、获得较高借贷利差的机会;②专业化的管理人员将募集的资金用于多个房地产项目的抵押贷款,分散了房地产借贷风险;③投资人所拥有的股权可以转让,具有较好的变现性。

(三) 按照资金募集及股份交易方式分类

按照资金募集及股份交易方式的不同,REITs可以分为公开上市交易REITs、非上市交易REITs、私募REITs。(见表9-1)

表9-1 REITs按照资金募集及股份交易方式分类

项目	公开上市交易REITs	非上市交易REITs	私募REITs
总体特征	在美国证监会备案,股票在全国性证券交易所交易	在美国证监会备案,股票不在全国性证券交易所交易	不在美国证监会备案,股票也不在全国性证券交易所交易
流动性	股票上市并每日进行场内交易,具有最低流动性标准	股票不在公开交易所交易。股票赎回程序因公司而异,而且有一定限制。一般有最短股票持有期限制。投资者的退	股票不在公开交易所交易。是否存在股票赎回程序以及最短股票持有期限的长短,因公司而异,而且有一定限制

(续表)

项　目	公开上市交易 REITs	非上市交易 REITs	私募 REITs
		出策略一般有两种：①一定时期（经常为 10 年）REITs 清盘时退出；②REITs 在全国性交易所上市时退出	
交费费用	经纪商的佣金视服务质量高低，一般为每笔 20～150 美元。投行在承销 REITs 的 IPO 和增发时一般收取 2%～7% 的费用。发行费用因规模而异	每次交易中，金额的 10%～15% 一般用来支付经纪商的佣金、发行费用和前期承购（up front acquisition）或咨询费用（费用一般在关联中介和第三方经纪商之间分摊）	因公司而异
管理	一般自己提供咨询和管理	咨询和管理一般均外包	咨询和管理一般均外包
最低投资额	一股	一般为 1 000～2 500 美元	一般为 1 000～25 000 美元；私募 REITs 主要针对机构投资者，因此认购起点较高
独立董事	新的交易所规则要求大部分董事必须独立于管理层。新的纽约证券交易所和纳斯达克证券交易市场规则要求在审计、提名董事时做到完全独立。要求建立完全独立的薪酬委员会	受到北美证券管理机构协会（NASAA）有关规定的制约。NASAA 的规定要求董事会多数成员必须是独立董事，董事会下的各个委员会的多数成员也必须是独立董事	没有规定
投资人控制权	投资人可以重选董事	投资人可以重选董事	投资人可以重选董事
公司治理	证券交易所有相关的具体规定	受到州和北美证券管理机构协会（NASAA）有关规定的制约	没有规定
业绩衡量	可以通过多种独立的业绩评估标准来跟踪公开交易的 REITs 行业。投资者也能获得多种分析报告	没有独立的业绩数据来源	没有公开或独立的业绩数据来源

资料来源：NAREIT。

(四)按照房地产投资信托的组织形态分类

按照组织形态分为契约型 REITs 和公司型 REITs 两种。契约型 REITs 是以信托契约为基础形成的非法人委托代理投资信托(见图 9-1)。在契约型信托形态下,受托人声明他们将保有和管理受托财产,为信托受益凭证持有者谋利,早期此信托并不产生单独的法律实体,只代表受托人与受益凭证持有者之间的信托契约关系。契约型房地产投资信托自马萨诸塞商业信托开始,直到 20 世纪 70 年代都处于主导地位。公司型 REITs 是具有独立法人资格的投资公司进行的委托代理投资信托(见图 9-2)。公司型的 REITs 是一个独立的法律实体,公司由股东所有,管理机构为董事会。董事和工作人员进行管理和日常经营。董事会由股东选举产生,并向股东负责。董事会由 7~9 名董事(受托人)组成,董事成员要求有 3 年以上房地产管理经验,任期 1 年,可以连任。董事会的董事大部分应是独立董事。董事会的职责主要是决定 REITs 的投资策略,监督和指导企业的业务运作,但不直接参与企业的经营。1960 年的房地产投资信托法不允许设立公司型的 REITs,认为公司型 REITs 会使经营房地产业务的公司逃税。不过后来的实践证明,设立 REITs 的严格条件,足可以避免利用公司型 REITs 逃避税收。公司型的 REITs 是在 1976 年税收改革法案取消了 REITs 必须是非公司组织的限制,从而其税收优惠地位得以确立后,才迅速发展并已居于主导地位。1976 年的税制改革法允许设立的公司型 REITs,是一种广义的信托,即一个人不是基于自己的利益,而是为他人的利益或特定目的来持有或管理财产。2004 年版的《布莱克法律大词典》已将 REITs 解释为:把大部分信托收益分配给信托股份持有人的房地产组合投资管理"公司"。

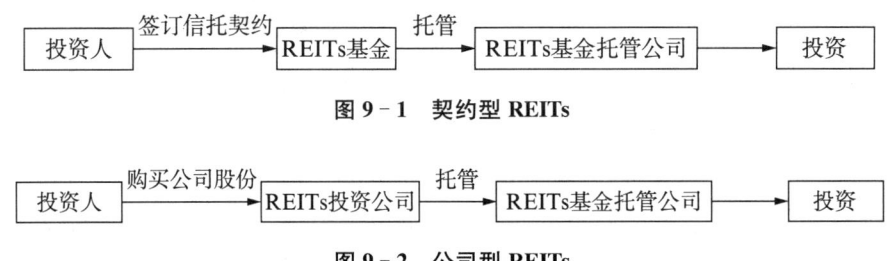

图 9-1 契约型 REITs

图 9-2 公司型 REITs

REITs 的组织形态由契约型到公司型的演进,和信托与公司体制的互动不无关系。商业信托是利用信托的形式,以投资者(受益人)名义进行投资活动,投资者既可以像公司股东选择董事一样选择信托的受托人,也可以像转让公司股份一样转让信托受益凭证。商业信托的最初设立无非是运用信托的灵活性或弹性特点,来规避公司法对公司的禁止和限制性规定,其本质不过是一种以信托形式成立的企业组织,以至于美国有些州法院将其视同公司。美国特拉华州 1988 年颁布的《商业信托法》规定,受益人享有与营利性私人公司股东同样的有限责任原则的保护,赋予了商业信托以公司所具有的法律人格和债权人权利机制两方面特征。商业信托法的根本贡献也就在于为委托人、受托人、受益人与第三人之间权利和责任的重新安排提供了途径,即确立了债权人权利机制。具有作为法律主体和财产独立性公司属性的现代商业信托已经普遍存在。

四、美国房地产投资信托的运作模式

美国房地产投资信托的运作模式主要有传统模式、UPREIT(UMBRELLA PARTNERSHIP REITs,伞形合伙 REITs)和 DOWNREITs 模式(见图 9-3、图 9-4、图 9-5)。伞形合伙房地产投资信托是 1992 年 Taubmans Centers 公司首次公开发行采用的一种新型结构 REITs。UPREITs 的主要出发点是避税。合伙企业将其股份而不是房地产,出售给一家 REITs 公司,REITs 通过对合伙企业的拥有而持有了房地产。因而,UPREITs 是一家拥有经营合伙公司的 REITs,该 REITs 的大部分资产是持有合伙权益凭证 OP 的股权。REITs 的股东和 OP 的单元股份持有人共同拥有 REITs 的资产组合。该结构的优势表现为:REITs 可以使用现金或 REITs 股份来购买房地产,从而降低了其资本需求规模;REITs 可以为房地产的卖主提供延迟纳税的优惠①。DOWNREITs 结构是 UPREITs 结构的演变。DOWNREITs 同样可以允许 REITs 发行 OP 单元股份,在提供延缓纳税优惠的条件下,取得房地产,而房地产拥有者以房地产向经营性合伙企业出资,换取 OP 单位,成为有限责任合伙人。不同的是,在 DOWNREITs 结构中,REITs 可以和所购买的多个房地产形成多重合伙关系,更加具有灵活性。UPREITs 和 DOWNREITs 的不利方面可能在于,其保持纳税记录的成本比较大,特别是当 REITs 通过发行 REITs 股份来购置房地产或拥有多重合伙关系时尤为如此;以房地产资产"入股"的有限合伙人,参加 REITs 的主要吸引力在于延迟纳税的优惠,为保护对其优惠地位,REITs 在制定公司的债务水平及物业处置决策时,可能因不得不考虑合伙人的利益,而与 REITs 投资人之间产生利益冲突。

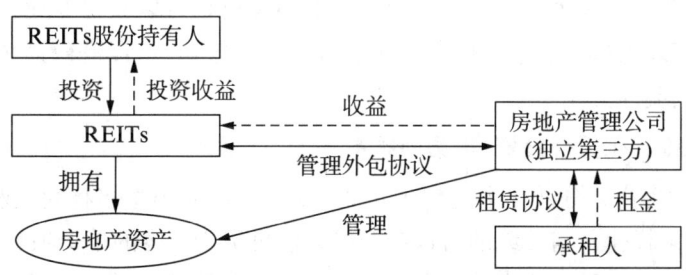

图 9-3 美国传统 REITs 的运作模式

---

① 将房地产出售给 UPREITs 的房屋所有者,在选择将其持有的 REITs 股份出售前,可以不受惩罚地延期支付资本利得税;房屋所有者在将其房地产转换为(OP)股份时可推迟纳税,(OP)股份持有者拥有将其股份转化为 REITs 股份的权利,不过,在这种转换交易发生时则需要纳税。

图 9-4 UPREITs 的运作模式

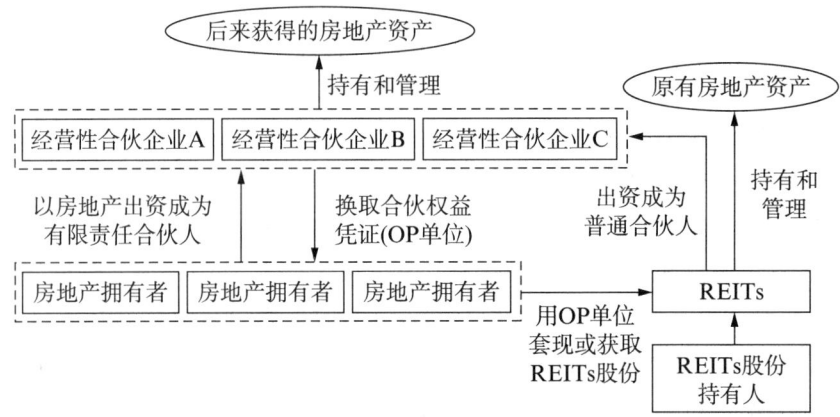

图 9-5 DOWNREITs 的运作模式

五、房地产投资信托的优势

(一) 流动性

房地产属于不动产,由于其本身的固定性使它的流动性较差,投资者直接投资于房地产,出售物业的难度大且成本高。REITs 是一种房地产的证券化产品,通常采用股票或受益凭证的形式,具有相当高的流动性。投资者可以通过出售来防范风险。

(二) 专业化的管理方式

美国 REITs 由房地产专业人士管理。中小投资者可以获得专业化团队管理带来的好处。管理人员在房地产投资信托中占有很大股份,可以有效避免管理人员与股东之间的利益冲突。

(三) 属多元化组合投资,市场回报高

REITs 的资产是分散化了的房地产资产组合,物业类型多样化,物业所处地区多样化,资产多样化。与传统的房地产开发只能投资于固定的单个项目相比,REITs 可以投资于不同的项目,能有效抵御市场变化和通货膨胀变化的风险,投资风险小,收益稳定。1976 年 6 月至 2006 年 6 月,其年收益回报率达到 13.6%,超过 S&P500 的 12.2%,NASDAQ 的 11.2%。

(四) 税收优惠

REITs 在税法上是一个独立的经济实体,根据 1960 年《美国国内税收法案》规

定,如果REITs将每年度盈利的大部分以现金红利方式回报投资者,则无需缴纳公司所得税,这就避免了对REITs和股东的双重所得课税。此外,投资人可以通过提高REITs的负债率和降低房地产资产折旧年限等方式来实现REITs的"账面损失",这样就可以降低其应缴纳税收的基础(所得税税基)。通常房地产投资信托公司是将每年盈利的大部分以现金红利方式回报给投资者,再由投资者自己缴纳个人所得税,因此REITs所发红利特别高。

(五) 较低的负债水平

REITs平均负债水平为40%~45%,而房地产业总体负债水平超过80%。较高的权益资本结构使REITs避免了严重的市场波动。

(六) 公司治理及独立评估

房地产及REITs的公司治理指数(corporate governance quotient)达到61.0,超过产业平均数50.5,仅次于公共事业(69.0)。90%应税收益分配的要求,使其事业的发展必须寻求资本,这必然要以其良好的治理结构和经营绩效为基础。

六、房地产投资信托与房地产股份公司的不同

虽然房地产投资信托与房地产股份公司都是将所募集资金用于房地产投资,但两者具有显著的区别,主要表现为:

(1) 房地产投资信托的功能在于"受人之托,代人理财",是财产管理与金融功能的统一,虽然它通常以股份公司的形式出现,但同时要受到公司法和信托法规范;而房地产股份公司主要受到公司法的制约。

(2) 法律对房地产投资信托的资产结构、收入结构、收益分配作了原则性的规定,如关于资产价值的75%以上必须由房地产、抵押票据、现金和政府债券组成的规定,关于来自于租金、抵押贷款利息和房地产销售的毛收入不低于总毛收入75%的规定,关于分配给股东的金额不低于应纳税收入90%的规定等,从而对其业务性质作出了强制性约束;而房地产股份公司的业务性质则不受到法律的约束,其资产结构、收入结构、收益分配最终体现为股东的意愿。

(3) 房地产投资信托的经营管理活动带有消极性,而房地产股份公司的经营管理活动是积极的。REITs的消极性或者说消极地位是指其仅仅是获得消极收入,并将其大部分分配给投资者的一个导管。因而,1960年立法开始就规定REITs不可以参与对所持有房地产进行经营管理的活动。将其限制于消极地位的原因在于:一是来源于房租和利息所收入类似于共同基金投资的消极活动本质,适用于税收优惠政策;二是如果允许其从事积极业务,会使一般公司以成立REITs为借口,将其收入分配给股东,进而主张分配给股东的收入部分不应该缴纳公司所得税。消极地位的规定:一是限制REITs的收入来源,排除对房地产进行直接或间接经营管理的收

入;二是规定独立承包商(independent contractor)①制度,由独立承包商提供房地产的经营管理服务(外部管理)。1976年税制改革法允许REITs向承租人提供与房地产出租相关的符合惯例的服务②,1999年的REITs现代化法允许REITs的应税子公司③向其承租人提供服务。

七、美国房地产投资信托组织运营条件的演进

美国自1960年的《房地产投资信托法案》开始,从税收优惠的角度对REITs组织的运营方式作出了一定限制。

(一) 股权结构方面

要求股东的人数不得少于100人(包括个人股东和法人股东)。在每一纳税年度的最后半年内,持有股票最多的5个股东拥有的股票不得超过50%(5-50规则)。在实际操作中,另有法律规定个人(或有隶属关系的群体)不得拥有价值超过9.8%的股份。为了遵守至少100名股东的要求和5-50规则,法律规定,如果股权转让会导致REITs少于100名投资者,那么这种转让是被禁止的,同样如果股权转让会导致某人持有的REITs股份的比例超过发行额的9.8%,这种转让也是禁止的。1993年的《综合预算法案》,改变了退休基金投资REITs的5-50规则,允许其按退休金持有人来计算投资人数,从而为退休基金投资房地产投资信托铺平了道路。

(二) 资产持有方面

要求总资产的75%以上是由房地产资产(包括房地产权益、房地产抵押权益、在其他REITs中的股份、土地及附着物的权益等)、现金或政府债券组成;所持有的全

---

① 独立承包商如果是个人,则他直接或间接持有的REITs的股份或收益凭证不能超过总数的35%;如果是一个公司,则要求任何持有该REITs股份超过35%的人(或法人),不能持有该独立承包商公司总资本(或总资产)35%及以上的股份。法律规定REITs的员工不能成为独立承包商,REITs的顾问或顾问公司也不能成为独立承包商,因为他们负有对企业忠诚的责任。如果REITs的董事或高层人员持有的股份额符合上述要求,那么他们可以同时是独立承包公司的股东,或者同时出任独立承包公司的董事。

② 有关REITs的法律强调REITs的经营活动要体现被动性,如房地产出租,经营者只能提供称为符合惯例的服务。如下服务项目被认为是符合惯例的:供水、供电、供热、空调、电梯、游泳池、保卫、公共区域维护、洗衣房等,但为租户开设健美课程、在租赁期间为租户重新粉刷房屋等则被视为不符合惯例的服务。符合惯例的服务收入是合格租金,否则就是不合格租金。对于不合格的服务项目,如果这种服务收入不超过所服务房地产所发生的总收入的1%,则是允许的,但因有95%利润来源的限制,整个REITs的这种不合格服务收入不能超过总收入的5%。超出此限,所有收入都变为不合格,全部要交税。法律禁止REITs从独立承包商处获得收入,但如果独立承包商出于管理REITs房地产的需要,租用REITs的房屋作为自用的办公室,那么由独立承包商缴纳的租金是REITs的合格收入。

③ 直到1987年,法律才允许REITs拥有子公司。REITs可以设立合格子公司或应税子公司等附属机构来管理其物业。合格子公司是指REITs必须自始至终持有100%股份的子公司。合格子公司同样享有REITs的税收优惠待遇。REITs设立子公司的目的是为了建立一种远离破产或债务的机制来管理房地产。应税子公司是指REITs无控制权(持有不超过10%的有投票权的股份),但直接或间接持有其股份,并与该公司共同决定将其作为应税子公司。设立应税子公司是为了有效地开展业务,提高经济效益,同时又不影响REITs的法律地位,因为其经营可以不受REITs被动经营的限制,从而提高服务质量,增强竞争力。

部债券的价值不超过其总资产的25%;所持有任何一个单位发行的证券价值,不超过REITs自身总资产的5%(政府债券除外);所持有任何一个单位的有投票权证券,所占股份不超过该单位发行总额的10%。限于最后一条法律规定,直到1987年才允许REITs拥有自始至终持有100%股份的子公司,子公司同样享有REIT的税收优惠待遇。REITs设立子公司的目的是为了建立一种隔离破产或债务的机制来管理房地产。2004年10月,布什总统签署的出口税改法案允许REITs在不丧失其法律身份的前提下可以获得一定数量的贷款。

(三) 收入及分配方面

REITs总收入中至少90%必须来源于股利、利息、房地产租金、出售财产以及持有其他信托股份和其他房地产资产所得,75%必须来源于房地产租金、房地产贷款利息、出售房地产收入、拥有其他REITs股份的收益、房地产节税收益、房地产抵押处置中所得受益。REITs收益的90%以上必须以分红的形式分配给投资者。1976年税收改革法案将收益分配比率从90%提高到了95%,1999年《REITs现代化法案》又将收益分配比率调回到90%(2001年生效)。

(四) 管理行为方面

1986年以前,法律要求REITs的受托人、董事或雇员不得从事REITs资产的经营管理运作,而是雇用与REITs无关的独立承包商(independent contractor)来负责房地产租赁、维护等管理业务。1986年《税制改革法案》对REITs自身可以从事的管理业务做了比较宽松的修改,现在REITs本身就可以从事房地产买卖、物业管理和租赁、维修、房地产开发、抵押、证券投资等业务,但它仍然要体现经营的被动性,比如为租户开设健美课程、在租赁期间为租户重新粉刷房屋等被视为不符合惯例的服务,因而相应的收入部分则要缴税。如果REITs想为租户提供超出惯例的服务项目或从事商业贸易等积极性活动,则必须通过独立承包商。1999年,《REITs现代化法案》又允许REITs为租户提供某些服务,2001年,美国国内税务署再次重申贸易及商业活动可以作为REITs的房地产租赁业务部分。

从美国房地产投资信托在股权结构、资产持有、收入及分配、管理行为等方面的演进趋势来看,除了在资产持有和收入来源及分配方面,依然要求以投资房地产业务为主和将大部分收入分配给股东外,其经营的限制性条件趋于宽松,以至于REITs越来越"公司化",特别是从被动商业实体向积极商业实体的演进。

八、房地产投资信托税收优惠的制度根源

美国对房地产投资信托可能采取任何形式的征税,有时可按信托征税,有时可按公司征税,这完全取决于其具体的特征,或者说是否满足限制性条件。房地产投资信托之所以能够享有税收优惠,是与其"导管"(pass-through)这一法律特征密切相关的。在计算应税所得时,信托仅仅是作为一个导管,应税所得被分配到受益人

手中,是受益人的而非信托的年度分配所得被课以所得税,只有当信托收益累计而不是分配给受益人时,才对信托自身进行征税。所谓的"导管"也就是我们通常所说的"受人之托,代人理财"这一信托基本特征。正是因为"代人理财",所以才有必要避免双重征税,而也只有将大部分乃至全部的信托收益分配给受益人,才真正符合信托的"代人理财"。尽管美国国会1936年将信托型的导管税收待遇延伸至以公司形式组织的共同基金,1976年又延伸至公司型的房地产投资信托,但并没有放弃对其在"代人理财"的收益分配方面的限制。可以认为,REITs的"代人理财"即"导管"特征是有必要对其进行税收优惠的根本原因。美国房地产投资信托自创立即马萨诸塞信托开始,其组织形态的演进却趋向于其创立之初所极力回避的公司形式,以至于现代房地产投资信托的组织形式已经与公司非常的相似,因而更加有必要将其具体特征,特别在收入分配方面是否能够表现出信托的"导管"特征,作为是否给予税收优惠的基本要求。不过,在《2005税法修正法案》作出限制向免税实体使用的房地产分摊收入扣减的规定后,美国房地产投资信托协会考虑到该规定对REITs可能产生的负面影响,向参议院金融委员会郑重提出"REITs在适用该规定时不是'导管'实体(pass-thru entity)"的请求。

第三节 亚洲国家和地区的房地产投资信托

亚洲国家和地区主要是从21世纪开始,在借鉴美国房地产投资信托模式的基础上创立和发展REITs(见表9-2)。

表9-2 不同国家和地区关于REITs的法律规定

项 目	美国	澳大利亚	日本	新加坡	韩国	中国台湾	中国香港
创立时间	1960s	1971	2000.11	1999.5	2001.7	2003.7	2003.8
首设时间			2001.9	2002	2002.1	2005.3	2005.11
管理结构	内部	外部	外部	外部	外部	内/外部	内/外部
投资于房地产的最低比例	75%	消极收入大于50%	75%	70%	70%	75%	90%
国外资产	可	可	可	可	可	需审批	可
国外开发	可	可	否	否	否	否	否
财务杠杆限制	无	无	无	35%	0	35%	35%
收入分配比例	大于90%	100%	大于90%	大于90%	90%	100%	大于90%
税收优惠	有	有	有	有	有	有	无

一、日本的房地产投资信托

截至2005年6月,上市交易J-REITs有17个,总额达199亿美元,平均规模

12.74亿美元。规模最大的Nippon建筑基金有限公司发行33.41亿美元。J-REITs的创立,是基于2000年11月日本投资信托和投资公司法对投资信托资金使用范围扩展的修订。2001年9月发行的日本房地产投资信托和Nippon建筑基金有限公司的单位面值4 000美元左右,年股利4%~5%(当时日本银行存款利率近于0)。日本的J-REITs分为契约型(见图9-6)和公司型(见图9-7)两种。在公司型REITs运作中,投资公司是专门运用投资者的资金,拥有并管理房地产的特殊机构。与其他公司一样,投资公司有自己的董事会,并召开股东(投资者)大会。持有并管理房地产是此类投资公司的必要功能,也是它们的唯一法定业务。投资者把资金委托给投资公司,换取投资凭证,并享有定期获取股利支付的权利。东京证券交易所(Tokyo Stock Exchange,TSE)允许J-REITs上市交易,并提供相应的交易市场。在规定的交易时间里,投资凭证可以在东京证券交易所自由交易,并受到与股票交易一样的交易规则的监管。投资信托管理人(investment trust contractor)负责代表投资公司管理J-REITs所持有的资产,其职能与基金经理人类似,在J-REITs运作中的地位最为重要。投资信托管理人一般从投资公司设立过程开始时就介入

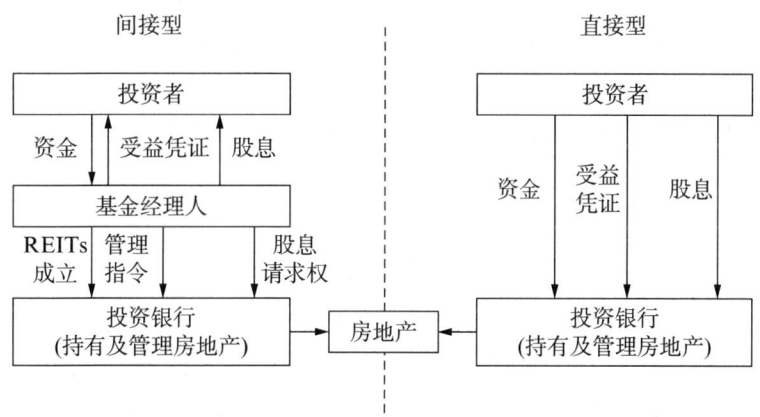

图9-6 契约型J-REITs运作流程

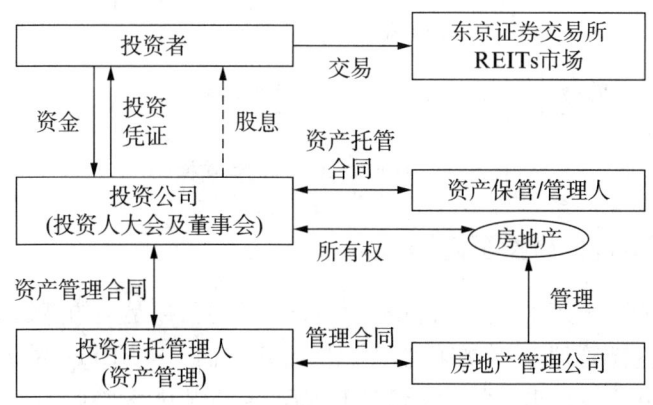

图9-7 公司型J-REITs的运作流程

J-REITs 的运作,然后负责管理和经营房地产,力求最高回报。资产托管/管理人 (asset custodian/administrative contractor)一般由信托银行代表投资公司托管资产 (实际上是权利凭证)。资产实行分账管理。其他诸如投资凭证持有人的登记、新凭证的发行等事务由投资信托和证券公司代表投资公司完成。房地产管理公司(real estate management company)负责房地产的直接管理方面的所有事务,包括房地产的实体管理、处理房地产租赁合同及发票等事务。

二、新加坡的房地产投资信托

1999 年 5 月,新加坡的 Monetary Authority (MAS)开始允许建立 REITs,但直到 2002 年 7 月第一个 S-REITs "Capitamall Trust"才得以上市交易。2002 年 12 月对税收优惠待遇的收入分配要求从 100% 调整到不低于 90%,税收优惠待遇扩展到新加坡永久居民和其他新加坡的非公司组织。截至 2005 年 6 月,有 5 项 S-REITs 在新加坡交易,总额达 52 亿美元。新加坡最大的 REITs 管理者 Capitaland 金融有限责任公司,管理着两个 S-REITs,总资本规模 24.18 亿美元。新加坡的另一个大经营管理者 Cheung Kong 也管理着两个 S-REITs,其中的 Fortune REITs 是亚洲第一个跨国 REITs,其投资组合包括中国香港的零售商业房地产。为推动 REITs 的发展,2005 年新加坡政府宣布 5 年内对 REITs 取得房地产免征印花税。另外,新加坡政府还考虑是否将财务杠杆的 35% 限制提高到 60%。新加坡 REITs 的运作模式见图 9-8。

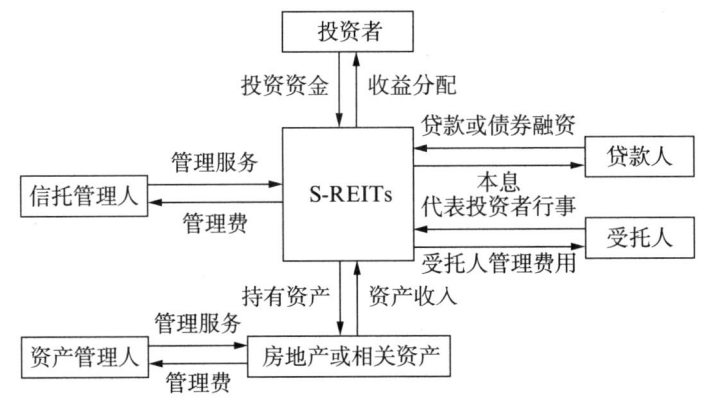

图 9-8 新加坡 RIETs 的运作模式

三、韩国的房地产投资信托

韩国的 REITs 既可以是公司型的 CR-REITs,也可以是契约型的 K-REITs。后者基本上属于内部管理,不存在税收优惠的规定。而 CR-REITs 属于外部管理,有存续期限限制和税收优惠规定。尽管对 K-REITs 的限制条件较少,但因其不享有税收优惠而几乎没有发展。2005年4月的法律修订,有效地扩展了K-REITs的税收优惠地位,以及减缓了对其财务杠杆的限制,从而提高房地产所有者和投资者构建K-REITs的兴趣。2005年,韩国有7项CR-REITs在韩国证券市场公开上市交易。

四、香港及台湾地区的房地产投资信托

香港最初的HK-REITs不享有任何税收优惠,也不可以持有辖区之外的房地产。2004年12月,香港试图发行其第一个REITs-LINK REITs,香港的房屋管理局试图将其拥有的商业中心和停车场通过REITs工具加以证券化,然而由于一位老年公共住房承租人的法律诉讼而不得不推迟。直到2005年11月,LINK REITs才得以成功发行,发行规模26亿美元,是世界上最大的REITs IPO,存续期到2007年3月,股利率6%。台湾2005年3月首次发行了规模1.86亿美元的FUBON 1号REITs,市场反应良好,不过只可以构建成封闭式基金的规定会约束其发展。

五、中国大陆地区的房地产投资信托

中国大陆地区的房地产投资信托主要是房地产信托计划产品,房地产信托计划分为资金信托和财产信托两大类。资金信托又可以细分为债权类投资信托、股权类投资信托和组合投资信托等。房地产信托是信托公司的主要业务和收入来源之一,2013年至2016年期间,信托资产投向房地产业的比例分别为9.88%、9.46%、8.03%、7.38%,呈现下降的趋势。2016年年末,投向房地产业的信托资金规模约为14 822.8亿元。

(1) 债权投资信托。当房地产开发公司在项目开发过程中缺乏资金时,信托投资机构筹集资金,按照贷款的流程发放贷款给房地产开发公司,填补其资金缺口,开发公司在信托计划期限届满时,将资金和贷款利息偿还给信托机构。而信托机构在固定时点向投资者支付收益,并于期满时将最后一期信托受益和本金偿还投资者。

(2) 股权投资信托。信托投资公司将信托资金以股权的方式投资,派出董事或财务人员参与项目管理,成为房地产企业股东或房地产项目所有者,直接经营房地产企业或房地产项目,并根据在房地产企业中所占的股权比例或房地产项目所有情况,获得经营所得,作为信托投资收益的来源。

(3) 股权证券化投资信托。在此类信托中,信托投资公司成为房地产企业股东或房地产所有者之后并不直接经营房地产企业或房地产项目,而是与相关当事人(一般为房地产企业原股东或房地产项目原所有者)签订协议,约定在一定时间后,相关当事人按约定价格回购信托投资公司的股权或所有权,溢价部分为信托投资收益。

(4) 组合投资信托。它是一种兼顾股权和债权的混合信托产品,信托投资公司按照与委托人在信托合同中约定的比例,以股权和债权相结合的方式投资到房地产开发项目中。

(5) 租赁权投资信托。委托人将其合法拥有的资金交付给信托公司,购买物业

的租赁权。投资者在购买租赁权后自己并不参与经营,而是委托信托公司进行统一的管理,享受回报。租赁期满后,由物业所有者或承租方回购商铺剩余年限的租赁权。租赁权投资信托一般只限于商业房地产的经营权转让。

(6) 受益权转让的房地产财产信托。委托人将自己具有的较强现金流和变现能力的房地产委托给信托投资公司,设立财产信托。委托人取得信托受益权,委托人再将信托受益权转让给投资者并取得相应利益实现融资,或者将受益权抵押进行债务融资,目的是用现有的资产为公司或项目融资。

案例 9-1

越秀 REITs

越秀投资有限公司(以下简称"越秀投资")于 1992 年 12 月在香港联合交易所有限公司上市。该公司的控股权股东越秀企业(集团)有限公司是广州市人民政府的驻港企业。2001 年 9 月 25 日,广州市政府将广州城建集团 95% 权益注入越秀集团,越秀集团将重组后的城建集团的权益出让给了越秀投资。重组完成后,越秀投资通过城市建设开发集团(中国)有限公司(GCCD BVI)和广州华振,拥有白马大厦的物业持有者白马合营公司 100% 的权益。越秀投资通过 GCCD BVI 的子公司 Acon BVI 与越秀集团合资成立中外合营企业广州市城市建设开发有限公司(GCCD)持有财富广场、城建大厦、维多利广场三座物业,双方在 GCCD 中的权益分别是 95% 和 5%。2005 年 10 月 19 日,白马合营公司将白马单位的所有权转让予柏达 BVI;分别于 2004 年 9 月 10 日和 2005 年 8 月 8 日,GCCD 将财富广场单位的所有权转让予金峰 BVI;分别于 2005 年 10 月 20 日、21 日、22 日及 26 日,GCCD 将城建大厦单位的所有权转让予福达 BVI;分别于 2005 年 7 月 6 日及 15 日,GCCD 将维多利广场单位的所有权转让予京澳 BVI;作为物业单位受让方的上述四个 BVI 公司都是 GCCD BVI 的全资子公司。最后,越秀投资通过 GCCD BVI 将四个 BVI 公司的股权转让给越秀 REITs(见图 9-9)。

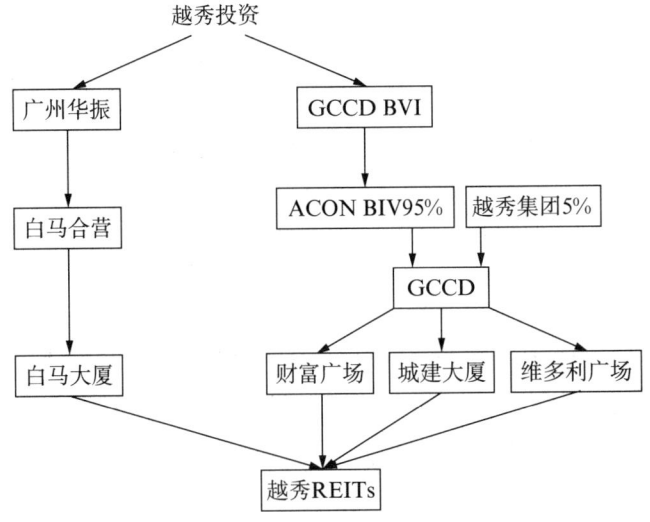

图 9-9 越秀投资有限公司资产的重组

越秀REITs拥有白马大厦、财富广场、城建大厦、维多利广场四个物业,地处广州繁华街区,主要出租用于商业批发、零售、仓储和写字楼。其收入占越秀投资有限公司房地产总租金收入的46%。这部分资产转为REITs资产前的估值为40.5亿元。根据越秀REITs公布的发售材料,越秀REITs上市共发售10亿份基金单位,其中越秀投资持有31.3%,越秀集团持有0.8%,其余67.9%为社会公众份额,以发行价3.075港元计,共募集资金约20亿港元。越秀REITs以物业为支持,向社会发行基金份额募集资金,并交由资产管理公司运作,资金信托人托管。而资产管理公司、物业租赁代理公司和顾问公司,都是越秀控制的子公司,从而形成完整的REITs运作体系(图9-10)。

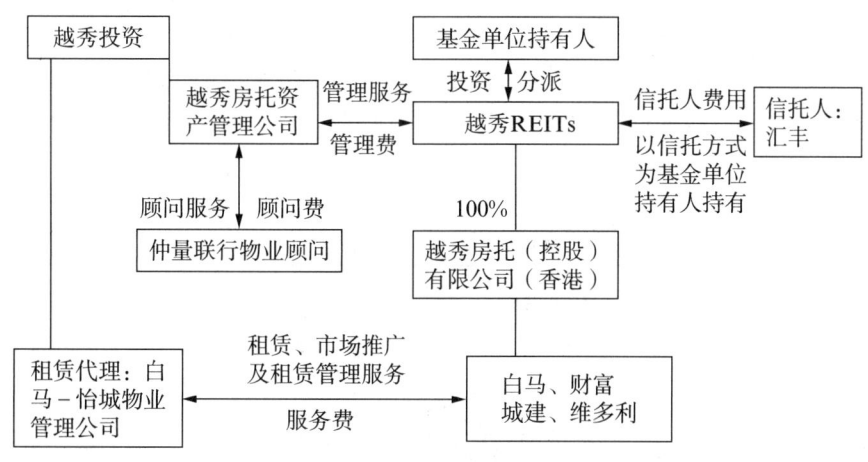

图9-10 越秀REITs的基本架构与合约关系

越秀投资除了在禁售期满后有意继续担任越秀REITs长期投资者外,还与越秀REITs的运作有着密切的利益联系。越秀REITs的管理人越秀房托资产管理有限公司为越秀投资于2005年10月3日在香港设立的全资控股公司;每年越秀投资能从中获取不菲的管理人酬金,根据公开资料,管理人酬金包括:存置资产每年0.3%的基本费用,物业收入净额3%的服务费,日后收购资产时收购值1%的交易费,出售资产总售价的0.5%的交易费,2006年管理人酬金预计将超过2 000万港元。此外,越秀投资控股的怡城及白马物业管理公司将代理越秀REITs物业资产的租赁业务,2006年租赁代理酬金预计将超过1 000万港元。在这一系列的股权变动、组织架构和业务调整后,越秀房地产投资信托基金在香港成功上市。

第四节 房地产财产信托

提起"信托",人们往往狭义地将其与金融、投资联系在一起,或者总是联想到资金信托。从前面对信托发展历程的介绍来看,将信托理解为一种特定的法律上的契约关系[①],可能更加有利于信托制度的灵活运用。具体到房地产来讲,对房地产财产

---

① [美]亨利·汉斯曼,乌哥·马太:《信托法的作用:比较法与经济分析》,载于《比较(第9辑)》,中信出版社2003年版。

信托方面应当更加关注,这在美国的 UPREITs 和 DOWNREITs 运作模式中都已经得到很好的体现。下面从信托制度灵活性视角介绍和阐述房地产财产信托的多样化形式。

一、日本的土地信托

日本的土地信托是土地所有者将土地信托给受托人(信托银行),并从受托人管理和使用该土地的收益中获取信托红利(见图 9-11)。土地信托包括租赁型和处理型。租赁型土地信托是指土地所有者在信托期结束后,收回土地所有权;处理型土地信托是指土地所有者在信托期结束后,领取土地出售所得价款。土地信托基本上是在土地所有者具有开发积极性,而自己没有能力的时候发挥功效,土地所有者能够在保持土地所有权的同时,获得稳定的项目收益,因而对土地所有者来说极具有投资魅力。

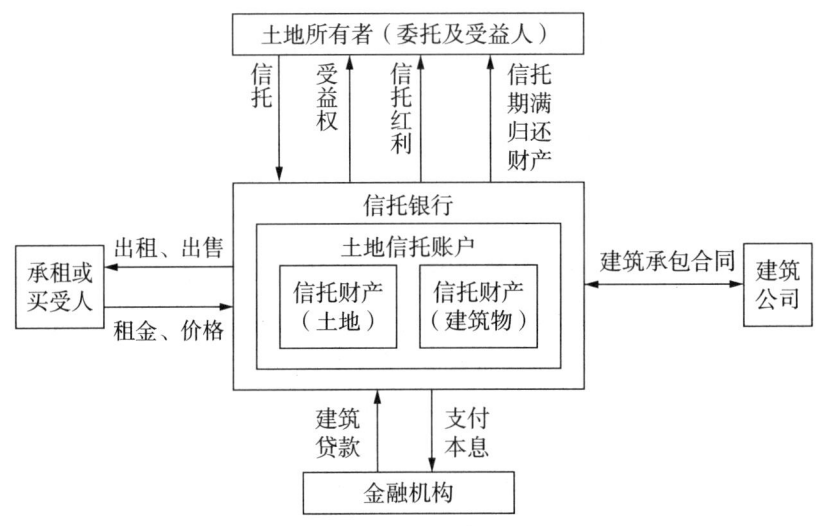

图 9-11 日本土地信托结构

二、美国的社区土地信托

美国社区土地信托制度,是解决低收入家庭住房问题的一种模式。在社区土地信托制度下,社区土地信托公司或组织持有土地所有权,低收入买房人得到的只是房屋所有权和一定年限的土地使用权。因住房价格中不包含土地价格部分,从而保证了低收入家庭对住房价格的可负担性。社区土地信托是不以营利为目的的社区土地信托公司(简称 CLTs),通过保留土地所有权而只出卖住房所有权的形式,向符合条件的低收入者出售其能够负担得起的住房的发展模式。社区土地信托的制度安排降低了住房价格,从而使低收入者也能够拥有住房,同时这些住房保障资源能够得到循环利用。截至 2006 年,美国已经有 186 个 CLTs,分布在 40 个州。与其他成熟的住房保障模式相比,社区土地信托虽然还没有被社会广泛接受,但已引起越来越多专家和政府官员的重视,有些国家也开始引进这一模式。加拿大通过社区土地信托解决了以前合作住房所不能解决的问题,在英国的牛津、斯特劳德和德文郡也成立了CLTs。

(一) 社区土地信托的运作

1. 社区土地信托参与者

(1) 发起人。发起人主要包括社区里的居民、非营利组织、政府等。在社区土地信托发展的早期,社区土地信托主要是由社区里的居民或者非营利组织发起的,后来,政府也逐渐参与其中并起到越来越大的作用。

(2) 社区土地信托公司。从募集资金,购买土地或住房,建造或改造房屋,出售房屋,到售后监管等都由CLTs组织和管理。CLTs除了向低收入家庭提供房屋外,还向社区居民提供譬如教育培训、部分工作岗位等社会服务,以期促进社区的发展。大多数CLTs的董事会是由代表不同利益集团的三方组成。董事会的1/3成员是CLTs的土地承租人,1/3成员是居住在CLTs所服务社区里的非土地承租人,1/3成员是政府及提供住房和社会服务的非营利组织的职员。这样设置的目的是为了平衡社区土地信托所涉及的所有群体的利益,而不是片面强调某一类群体的利益。

(3) 购房者。购房者主要是CLTs服务区域的低收入家庭。致力于社区住房发展的其他非营利组织和政府机构,也可以购买一些住房出租给低收入家庭。

2. 土地的取得

CLTs主要通过市场获取土地,也接受政府及私人的土地捐赠,还可以通过"议售"方式,即以低于市场价格获取土地,价差部分算作出售方的捐赠。CLTs的发展不局限于某一项目,也不局限于社区的某一位置,而是通过不断扩张收购土地,增加可负担住宅的供给。

3. 开发及销售模式

CLTs既可以自己进行房地产开发,也可以把项目交给其他非营利组织或营利组织去开发,而将精力集中在募集资金、获取土地、监督项目开发等方面。CLTs一般都会在调查符合购买由其提供的可负担住房条件的家庭,了解他们对户型、地理位置等方面偏好基础上,进行房地产开发,项目户型有的比较单一,有的也多样化。一些CLTs不仅开发住宅项目,还把少部分土地用来开发公园、高档住宅及商业项目。房屋销售可以由CLTs自己完成,也可以通过中介机构,形式比较灵活。在售前、售后都需要对购房者和潜在购房者进行宣传教育,使他们充分了解社区土地信托制度。

4. 退出机制

购房者在居住一定期限后(一般为8个月)可以出售住宅。CLTs与购房者签订的买卖合同中约定,当房主出售其住房时,CLTs有优先购买权。房主也可以将房屋出售给符合购买条件的其他低收入者。出售价格要按照原房屋买卖合同中约定的方式计算,既要保证住房出售者得到合理的房屋价值补偿,又要确保出售价格在未来低收入购房者的承受范围内。出售价格的计算方式主要有四种:

(1) 以评估为基础的公式,即 $p_{再出售} = p_{初始购买} + \lambda(p_2 - p_1)$

其中,$p_{再出售}$ 表示房屋再次出售时的价格;$p_{初始购买}$ 表示初始购买时的价格;p_2、p_1 分别表示再出售和初始购买时的房屋(或房屋及土地)评估价格,两者之差表示增值部分;$\lambda(0<\lambda<1)$ 根据 p_2、p_1 表示的具体含义而变化。

(2) 指数化公式,即

$$p_{再出售} = p_{初始购买} + p_{初始购买} \times \frac{I_{再出售} - I_{初始购买}}{I_{初始购买}} \times 100\%$$

其中,$I_{再出售}$ 和 $I_{初始购买}$ 分别表示再出售和初始购买两个时点的指数值,可以是家庭收入指数、住房成本指数或者 CPI。

(3) 以抵押贷款为基础,按照当前利率和购房者收入水平下的最大贷款额来计算再出售价格。

(4) 考虑购房者房屋投资的各种影响因素来调整再出售价格。

上述四种计算方式中,前两种方式的运用较为普遍。

(二) 社区土地信托的特点

1. 非营利性

社区土地信托主要是由不以营利为目的的 CLTs 来运作的,CLTs 主要从事向低收入家庭提供住房、防止社区衰退、减轻政府负担等公益活动。

2. 土地租赁

CLTs 通过租赁方式把土地出租(租期可长达 99 年)给房屋及其他地上改良物的所有者,并在租赁合同中对其行为有所约束,包括对房屋的合理利用及出售限制等。

3. 低收入家庭住房的永久可负担性

CLTs 的优先购买权,以及合同中约定的出售价格计算方法,既保证住房出售者得到合理的房屋价值补偿,又确保出售价格在未来低收入购房者的承受范围内,从而保证了社区土地信托提供的住房无论经过多少次的买卖,都在低收入家庭的可承受范围之内。

4. 永久性责任

CLTs 不会在住房出售后就解散,而是有责任关注房屋的合理利用,关注房屋结构的完整性和业主的安全,以及土地的利用和社区发展。CLTs 在一定程度上起到管理和监督的作用。

(三) 社区土地信托中的信托关系

在社区土地信托中,居民、牧师、非营利组织及政府等为 CLTs 提供资金或土地,是社区土地信托的委托人。CLTs 是社区土地信托的受托人。当社区土地信托是作为非营利组织的一个项目运作时，非营利组织就成为受托人。符合条件购买或承租 CLTs 提供的可负担住房的低收入者是受益人。CLTs 所接受的捐赠资金及土地是信托财产。从受益人是不特定低收入者，以及 CLTs 的永续存在性来看，社区土地信托具有公益信托的性质。

三、我国国有土地信托经营管理运作机制的建立

我国城市国有土地所有权是通过出让、出租等经济形式及行政划拨方式实现的，而在日本，国有土地信托也是实现国家土地所有权的一种重要的经济形式。日本的国有土地信托，是吸取民间土地信托制度能够有效利用土地的特点，为促进国有土地的有效利用及处置而建立的，使国有土地的管理及处置手段更加多样化了。日本国有土地信托制度的好处是：在长期持续获得土地收益的同时，保留了将来行政需要的国有土地所有权；将土地及地上建筑物共同进行信托时，土地价值的体现较为隐蔽，可以减少对邻近土地价格的影响；可以利用土地信托制度对再开发中的土地所有权进行调整。考虑到我国的土地制度现状，虽然利用土地信托制度不可能产生像日本那样明显的好处，但至少可以考虑将其作为实现国有土地所有权的一种经济形式，当然，要保证土地信托给国家带来的经济利益不低于土地出让或出租所带来的利益。一般来讲，土地信托利益会高于土地出让或出租的利益，不过尚需要对信托事务作必要的指示、监督和监察。

阅读材料

房地产投资信托研究的进展[1]

房地产投资信托产生于 1960 年美国的《房地产投资信托法案》，自此开始可以像上市公司股票一样在资本市场公开交易[2]。而作为信托发源地的英国，也不过是在 20 世纪 90 年代才出现住房投资信托（housing investment trusts），现在称为房地产投资基金（property investment funds），其发展状况和美国有相当大的差距。澳大利亚虽发展 REITs 较早，但其组织结构仍采用美国 REITs 在 20 世纪 90 年代以前的形式。马来西亚、日本、新加坡、韩国、中国台湾、中国香港等亚洲国家和地区，从 2001 年才开始相继引入 REITs。在德国，虽然 20 世纪 50 年代后期产生了可与 REITs 相比的开放式房地产基金（open-ended real estate fund），2004 年年底总资产规模达到 870 亿欧元，但是没有得到国际上的广泛认知和研究。因而，REITs 在美国的发展最为成熟，研究也最为深入。

美国长期完整的 REITs 公开交易资料为其研究提供了数据基础。自 20 世纪 80 年代至今，对房地产投资信托进行研究的重要文献近 300 项，主要集中于以下几个方面：①REITs 的法律制度环境；②REITs 的投资特征；③REITs 的金融特征；④REITs 的风险与投资回报。

---

[1] 原刊载于《国际金融研究》2009 年第 4 期，有修改。
[2] 在美国大约有 1/3 的 REITs 是非公开交易的。

一、房地产投资信托法律制度环境的发展

REITs 是美国国会在 20 世纪中期通过对投资公司的概念进一步延伸,而产生的超越于股票、债券等证券的一种具有封闭式基金性质的资产类型,在 1960 年的《房地产投资信托法案》中得到公认。法律给予 REITs 的最大便利之处就是其股东股息被免于双重征税,然而这种受益要以其经营行为符合一系列限制性条件,尤其是禁止 REITs 对拥有的房地产资产进行直接经营管理为前提。在 40 多年的发展过程中,法律对 REITs 经营行为的约束逐步宽松。

虽然 20 世纪 60 年代后期公开交易的 REITs 开始流行,但在接下来的房地产市场周期中并没有发展成为房地产资本的主要来源。REITs 经理们鲁莽的举债行为使一些 REITs 在 20 世纪 70 年代早期被迫解散。1986 年年末在纽约和美国股票市场交易的 REITs 不到 50 个,所有的 REITs 中权益资本几乎没有超过 2 亿美元的,大多数低于 1 亿美元。

对 REITs 的主动投资行为特别是直接经营管理房地产的禁止性规定,是导致其在 1986 年之前发展缓慢的主要原因之一。在美国房地产投资信托协会(NAREIT)及相关法律和会计组织的积极推动下,美国国会在《1986 年税收改革法案》中修订了对 REITs 的相关规定。相继出台的《房地产投资信托现代化法案》允许 REITs 直接从事房地产的经营管理。REITs 税收制度方面的变革使 REITs 成了真正的经营性公司。尽管取消了对 REITs 消极投资的限制,REITs 并没有在随后的几年中迅猛发展,到 1990 年年底只有 58 个权益 REITs 公开交易,总规模 56 亿美元。可以说,此时的房地产投资资本总体上仍然来自私募市场,其权益投资主体主要是房地产企业创办者和富有的投资者,以及享有免税待遇的养老基金。

20 世纪 90 年代早期房地产价格的暴跌导致抵押贷款违约的泛滥,进而影响到保险公司的偿付能力。1993 年,国民保险委员会(NAIC)采取了一系列对保险公司的投资进行风险分级和要求风险资本金储备的措施,从而限制了房地产贷款的规模。这就为私募合伙人和投资公司考虑运用权益 REITs 资本来替代债务资本提供了契机。在 20 世纪 80 年代后期到 90 年代早期房地产市场衰退期间,养老基金等机构投资者因持有缺乏流动性的房地产进行组合投资而导致其经营业绩不良。1993 年的《综合预算调解法案》弱化了 5-50 规则对机构投资者投资 REITs 的约束。多方面因素的结合,对机构投资者投资于因公开交易而具有较强流动性 REITs 的积极性具有激励作用。1993 年由私募房地产合伙企业及投资公司向 REITs 形式的转型猛增,新成立的 REITs 就达到 53 个,IPOs 规模达到 83 亿美元。1993 年前后被认为是划分旧 REITs 和新 REITs 时代的标志。经过 1993—1997 年的迅猛发展,1997 年年底公开交易的权益 REITs 达到 176 个,权益资本总规模达到 1 280 亿美元。然而,这并不足以改变 REITs 股票长期绩效不良的状况,1998 年年初 REITs 繁荣兴旺的景象猝然消失。

美国国会通过的《1999 房地产投资信托现代化法案》放松了对公开交易 REITs 的一系列限制。收益分配比例从 95% 下降到 90%,使 REITs 可以保留更多的额外收益进行再投资。REITs 的经营范围不再受限于房地产管理,而是可以直接从事一般商业经营,这就是使 REITs 与一般(不享有税收优惠)的房地产公司展开了竞争。这些变化导致 REITs 更加偏离了可运用其进行投资组合的功能,也和为中小投资者提供商业房地产投资机会这一初始目标相冲突。《2003 房地产投资信托改良法案》终止了对境外机构投资者投资 REITs 的歧视,对具有正当理由而触犯 REITs 资格规定不严重的情况,则给予其一定的货币处罚而不是取消 REITs 的地位。2006 年年末共有 183 个 REITs 公开交易,总资本规模 4 380.7 亿美元。2008 年年末共有 138 个 REITs 公开交易,总资本规模 1 916.5 亿美元。

二、房地产投资信托的投资特征研究

(一) 房地产投资信托是房地产还是股票

REITs 的资产属性对投资组合战略中如何将其纳入正确的投资范畴起到关键的影响。由于法律要求 REITs 必须持有 75% 的房地产及相关资产,因而其投资回报自然与所持有房地产的经营状况息息相关。然而其作为对所持有房地产收益的索取权凭证,却具有完全不同于房地产市场的交易成本低、公开交易等市场交易特点。自 1986 年以来有不少于 40 篇文献就 REITs 到底是房地产,还是金融资产,抑或混合资产这一问题进行了研究。研究文献主要运用了不同的计量方法和不同时段的数据资料,对 REITs、房地产、股票三种资产的市场收益状况进行比较分析,研究结论各不相同乃至相互冲突。不同时期研究结论的变化趋势表明,早期曾经部分得到证实的 REITs 更接近房地产属性的观点,已经随着 REITs 结构的变化和经营约束条件的宽松化,REITs 公开上市交易数量和规模的增长,以及机构投资者的投资参与,而自 20 世纪 90 年代起逐步趋向于股票属性。

(二) 房地产投资信托的资产重组与并购

研究文献对 REITs 资产重组与并购研究的一个主要方面就是对财富效应的关注。研究表明:①REITs 出售资产可以增大股东财富,而取得资产的效应不明显;②兼并可以给目标(被兼并)REITs 带来积极的财富效应;③同一类 REITs(比如具有相似的资产组合)的兼并有利于资产管理水平的提高,进而能够给兼并方带来相对较大的财富效应;④以股权置换方式进行的兼并,会在宣布并购与并购操作期间对兼并方造成一定的负面影响;⑤在创立 REITs 或者非 REITs 公司用房地产置换 REITs 股权时,因其税收待遇优惠的变化而给其股东带来的财富效应可以说微不足道。

(三) 房地产投资信托的信息披露对投资价值的影响

由于早期 REITs 的房地产属性,一些文献研究了 REITs 股票价值与其经营的房地产评估价值的关系。研究表明,相对于其持有房地产的价值,REITs 的价值在公开交易的资本市场上存在较小程度的低估,公布房地产价值损失信息对 REITs 股票价值的负面影响要比对银行股票和人寿保险公司股票的负面影响小。有关房地产价值的信息会引起 REITs 的内部人交易,而超额回报的取得只是发生在 REITs 股票的内部人买入交易情况下。

随着 REITs 属性的变化,房地产价值评估工作对 REITs 价值分析的重要性越来越小。住宅房地产市场和公寓类 REITs 之间关系方面的研究也表明,两者之间不存在因果关系。基于投资者和股票分析师的要求,NAREIT 组织在对 REITs 收益增长的估算和发布方面起到积极的推动作用。虽然股息分配的预告提供了重要的信息,但市场信息不对称情况并没有多大的改观。此外,投资者分析资本市场信息的能力也千差万别。内部人交易的影响也被人数众多的普通交易所抵消。

三、房地产投资信托的金融特征研究

(一) 房地产投资信托的股息政策

法律规定 REITs 要将其收益的 90% 分配给权益人。研究表明,较高的股息支付提高了股东的投资回报率预期,进而降低了 REITs 的市场价值。不过,要求 90% 收益分配给权益人的法律规定对 REITs 股息政策的限制没有预想的那么严重,1985—1989 年许多 REITs 的股息支付率都超过了 95%,这可能有利于降低在资本市场进行再融资的代理成本。现金流波动幅度越大的 REITs 其股息支付率越小。股息的支付与 REITs 的公司绩效、独立董事会结构、CEO 的任期及其在公司中占有股份的多少都有关系。不同的公司组织结构和管理风格具有不同的管理成本,从而对

REITs 的市场价值有重要影响。

（二）房地产投资信托的资本结构

根据金融理论，REITs 的税收优惠地位会使其在债务融资市场具有相对较弱的竞争力，进而较高的债务融资成本对其价值产生负面影响。然而，20世纪90年代以前的研究文献却得出债务融资对 REITs 价值有积极作用或没有负面影响的结论。后来的研究结论认为，REITs 对长期和短期市场利率的变化都比较敏感，相对于非 REITs 组织，REITs 具有较高的股息支付率和较低财务杠杆比率，最小化的财务杠杆比率有助于 REITs 控制其股票市场风险，这并不否认财务杠杆对 REITs 价值产生的积极影响。

（三）房地产投资信托的代理成本

随着 REITs 行业的发展，因经营管理者和投资者之间利益冲突而产生的代理成本也随之提高，而给予经营管理人一定的基于经营绩效的激励补偿，是大多数 REITs 降低代理成本的主要方式。20世纪80年代到90年代初的实证研究表明，激励补偿费用的高低与 REITs 的财务绩效、规模、股息支付、流动性、资产增长率、财务杠杆、可转换债、β值等指标之间存在正相关关系，REITs 发起人和外部房地产管理顾问之间的关联关系不利于代理成本的降低，而董事会内部监管和大股东数目的增加都有利于降低代理成本、增加股东财富。20世纪90年代以来的研究文献主要侧重于对经理人不同激励补偿措施的财务绩效影响分析，股票期权激励和外部独立董事成员人数的适度增加都有利于 REITs 的绩效增长。最有效的独立董事会应该是规模较小、外部独立董事成员较多、CEO 不担任董事长。

UPREITs 结构的房地产投资信托，在取得个人或非 REITs 组织的房地产时，可转换证券的支付方式及较长的可转换闭锁期，有利于降低代理成本。

（四）房地产投资信托的首次公开发行

可能由于研究者所掌握的 REITs 公开发行交易数据资料的时段和平均价格确认机构的差异，关于房地产投资信托的首次公开发行(IPO)是溢价发行、折价发行还是正常价格发行的研究结论大不相同。总体来看，20世纪90年代以前的房地产投资信托首次公开发行多为溢价发行，之后的多为折价发行。这与 20 世纪 90 年代前非机构投资者为投资主体到之后的机构投资者为投资主体的变化，从而由此出现的市场信息完全程度和分析能力的转变有一定的关系。房地产投资信托 IPO 一般倾向于在产业经济发展机遇预期增长的时期进行，和 REITs 资本市场的信息不对称及投资者的非理性无关，因而 IPO 的周期波动和房地产市场状况密切相关。

四、房地产投资信托风险与投资回报研究

（一）房地产投资信托的投资回报

20世纪90年代前的研究工作由于数据、绩效度量及其时段选择等问题，许多文献的研究结论迥然不同。20世纪90年代以后有30多篇文献对 REITs 的财务绩效进行了检验，研究认为：①地区多样化、承租人及租期的多样化、管理团队等特征对投资回报有影响；②REITs 股票在20世纪90年代期间的投资回报低于 S&P 500 和 S&P 400 指数，对债券和股票市场的变化较为敏感；③零售店类 REITs 和规模大的 REITs 存在溢价交易，而仓储、工业类 REITs 存在折价交易。④宾馆类 REITs 和零售店类 REITs 的投资回报差强人意，资本规模小的 REITs 和开发类 REITs 的投资回报高于 REITs 投资回报的平均水平；⑤存在溢价交易的规模较大的 REITs，一般具有较低加权资本成本和较高的股息支付比率，呈现出规模经济效益；⑥从长期来看，REITs 的投资回报与其房地产经营状况有着必然的联系。

(二) 房地产投资信托的风险与投资多样化

有关REITs风险及多样化投资的近40篇文献的研究结论表明：①REITs投资回报的波动性与股票市场投资回报的波动性高度相关，股票和债券市场投资回报可以解释REITs投资回报波动的60%；②20世纪90年代后REITs结构的变化导致其对信贷风险更为敏感；③REITs的规模与其特定的风险呈负相关，在权益REITs的价格中包含有规模因素导致的风险溢价；④REITs的系统风险因其持有的房地产类型不同而不同，房地产类型多样化及地区多样化的投资优势并不明显，房地产类型的多样化投资对REITs价值具有消极的影响。

(三) 房地产投资信托的保值

房地产投资信托的保值问题，从理论角度分析应该是关于REITs具有房地产属性还是股票属性问题的延伸。如果REITs具有房地产属性，就应该具有抵御通货膨胀的保值功能，而如果具有股票的属性，就不可能具有保值功能。然而，20世纪90年代以前的研究结论认为，REITs对长期和短期利率的变化较为敏感，和股票一样对预期的或者未预期通货膨胀都不具有抵御能力。20世纪90年代以后的研究文献则认为，REITs具有抵御长期通货膨胀的能力，利率下降时抵押贷款REITs具有较强保值功能，利率上涨时权益REITs具有较强的保值功能。

五、结论

上述分析表明，产生于20世纪60年代旨在为中小投资者提供商业房地产投资机会的房地产投资信托，其发展得益于股东股息可以被免于双重征税。尽管这种受益要以符合股权结构、资产持有、收入及分配、管理行为等多方面的限制性条件为前提，但在40多年的发展过程中，法律对REITs的经营约束逐步宽松，尤其体现在5-50规则的弱化、允许从事一般商业经营、可以直接进行房地产的经营管理等方面。随着REITs的结构变化和经营约束条件的宽松化，以及机构投资者的投资参与，房地产投资信托自20世纪90年代起逐步趋向于股票属性，房地产价值评估工作对REITs价值分析的重要性亦越来越小，房地产投资信托的公司治理结构、股息政策、资本结构等对其市场价值的影响愈加重要。房地产投资信托的发展虽然促进了房地产市场及房地产资本市场的发展，然而其发展不可能背离房地产实体经济的周期波动，房地产投资信托的IPO、投资风险与回报关系及其抵御通货膨胀能力的研究结论都证实了这一观点。

练习思考题

1. 什么是房地产投资信托？它与房地产股份公司有何不同？
2. 简要说明UPREIT和DOWNREIT的运作模式。
3. 举例分析我国房地产投资信托的运作模式。

参考文献

[1] 特瑞斯·M·克劳瑞特,等.房地产金融:原理和实践[M].北京:经济科学出版社,2004.
[2] 陈淑贤,等.房地产投资信托:结构绩效与投资机会[M].北京:经济科学出版社,2004.
[3] 殷红,张卫东.房地产金融[M].北京:首都经济贸易大学出版社,2008.
[4] 梅建平,等.不动产投资概论[M].上海:上海人民出版社,1996.
[5] 盖伦·E·格里尔,等.房地产投资决策分析[M].上海:上海人民出版社,1997.
[6] 汪利娜.美国住宅金融体制研究[M].北京:中国金融出版社,1999.
[7] 殷红.房地产金融论[D].中国人民大学博士学位论文,1995.
[8] 朱勇.房地产金融风险研究[D].中国人民大学博士学位论文,1999.
[9] 俞明轩.房地产按揭违约风险分析//房地产经济与管理[M].北京:中国人民大学出版社,1997.
[10] 周小明.信托制度比较法研究[M].北京:法律出版社,1996.
[11] 施天涛,等.信托法[M].北京:人民法院出版社,1999.
[12] 周玉华.投资信托基金法律应用[M].北京:人民法院出版社,2000.
[13] 威廉姆·B·布鲁格曼,等.房地产融资与投资[M].北京:机械工业出版社,2003.
[14] 辛利乔,孙兆东.次贷危机[M].北京:中国经济出版社,2008.
[15] 楼建波,杨秋岭.房地产投资信托域外法律法规汇编[M].北京:法律出版社,2007.
[16] 谢哲胜.财产法专题研究(三)[M].北京:中国人民大学出版社,2004.
[17] 王学涵,张守健.国际房地产管理概论[M].北京:中国建筑工业出版社,1997.
[18] 罗伯特·F·哈特利.管理得与失[M].北京:中信出版社,2000.
[19] 亨利·汉斯曼,乌哥·马太.信托法的作用:比较法与经济分析//比较(第9辑)[M].北京:中信出版社,2003.
[20] 任正岩.住房金融政策与经济增长8%[N].经济日报,1998-5-5,5版.
[21] 张海波.日本"住专"风波[N].参考消息,1996-2-18、20、21、22、24、25、26.
[22] 陈志江.日本经济的怪胎"住专"[N].光明日报,1996-2-15.
[23] 宋林峰.美国房地产投资信托调研报告[R].北京国际信托投资有限公司,2004.
[24] 百瑞信托博士后科研工作站.信托研究与年报分析(2017)[M].北京:中国财政经济出版社,2017.